休闲农业系列教材

休闲农业创意

总 主 编：谈再红
本书主编：李卫东

中国农业大学出版社

图书在版编目（CIP）数据

休闲农业创意 / 李卫东主编. — 北京：中国农业大学出版社，2015.3

ISBN 978-7-5655-1192-9

Ⅰ. ①休… Ⅱ. ①李… Ⅲ. ①观光农业 Ⅳ. ①F590.3

中国版本图书馆 CIP 数据核字（2015）第 046539 号

书　　名　休闲农业创意

主　　编　李卫东

责任编辑　张　蕊　　　　**责任校对**　肖江妙

封面设计　廖　畅

出版发行　中国农业大学出版社

社　　址　北京市海淀区圆明园西路 2 号　　　　**邮政编码**　100193

电　　话　发行部　010-62818525,8625　　　　读者服务部　010-62732336

编辑部　010-62732617,2618　　　　出　版　部　010-62733440

网　　址　http：//www.cau.edu.cn/caup　　　　e-mail　cbsszs@cau.edu.cn

经　　销　新华书店

印　　刷　长沙鸿发印务实业有限公司

版　　次　2015 年 4 月第 1 版　　2015 年 4 月第 1 次印刷

规　　格　700 × 1000　16 开本　16 印张　330 千字

定　　价　31.00 元

图书如有质量问题本社发行部负责调换

编写人员

总　主　编：谈再红

副总主编：唐年青

编　　委：（按姓氏笔画排序）

邓灶福　邓建平　阳征助

朱　颖　李卫东　李翠芳

谈再红　唐年青　董益生

本书主编：李卫东

本书副主编：张广平　贺　艺

参　　编：殷　莉　汤功发

高国赋　丁桂花

彭新德　袁正乔

张　剑

主　　审：余　雄

序 言

休闲农业要以园区整体景观提升为目标，从艺术农业、景观农业、观赏农业出发，将农业景观纳入到旅游内容之中。在农业种植景观的基础上，围绕田园风光将主题、文化、休闲等融入其中，为都市人提供认识农业、体验农业的机会。同时还应该在乡村农民创业引导和培训旅游产业工人方面作出示范，让农民积极地参与到旅游开发中来，通过以农耕产品为原材料的农民手工艺制作工坊、农民创意集市等丰富的有田园韵味的项目，形成休闲农业发展的互动引擎。要让“吃、住、行、游、购、娱、体、学、研、悟”等旅游元素与现有农业资源形成良好的互动，通过农耕生产——初级加工——定制成品的模式，提供体验式销售、体验式购物，直接面对都市顾客，提供农产品的定制加工，实现服务业的目标。要结合园区示范种植，从传统农耕中取材，增加乡土、乡俗、乡趣的田园游乐体验内容，展示农业发展进程，对本地的农耕民俗文化进行保护。

休闲农业系列教材——《休闲农业创意》《农庄规划设计》《休闲农庄服务》《农庄经营管理》《农庄养殖技术》《农庄种植技术》《休闲农产品加工技术》，首次系统地介绍了休闲农庄的创意、规划设计、管理、服务等方面的基础理论与专业知识，以及休闲农业的种、养、加工技术。这套教材将对休闲农业人才的培养起到很大的促进作用。

明道大学在中国台湾首创精致农学系，该系拥有占地十余公顷的果园、有机农场及温网室，开设有休闲保健特色专业，培养现代休闲产业经营的新型人才。课程设计注重实务，讨论中强调“案例分析”以增长学生实务经验，并以“专案研究”带领学生深入了解业界实况。“实务实习”课程将直接在职场进行，并训练学生的独立分析、资讯研判及参与协调等能力。学校还开办以下方面的课程：数位设计、时尚造型、景观设计、绿环境设计、精致农业、资讯传播、生物科技等。

明道大学创办人及董事长

明道大学系统总校长 教授

汪大永谨志

序 言

中国台湾拥有一千多家休闲农庄。休闲农庄让中国台湾的农业从第一产业走向了第三产业，使农业实现了产业升级。其中精致种植的水果、蔬菜和部分特色作物从育种、育苗、栽培、防控、加工等方面都处于世界的领先地位。中国台湾的农庄在建设过程中，不是将经济效益放在第一位，而是将环境的保护与改善、生态功能的恢复放在第一位，越来越多的人对其感到向往，进而前去游玩、观赏、放松、体验；并在经营过程中，都明显融入了自己的思想、创意与追求，具有鲜明的个性特征，精致、时尚，富有特色。中国台湾的农庄汲取老子的道教思想，挖掘当地特色资源和本土历史文化，讲究因地制宜，顺其自然，师法自然，道法自然，而不是墨守成规，复制照搬，更不是依靠人力或者机械的力量去改造自然。其农庄多以“小而精”取胜，以质取胜，以特色取胜，并非常注重产品的“口碑”，为保证产品安全营养，他们严格控制化肥、农药、除草剂的使用，保证产品质量。他们不仅设法吸引游客前往观赏、购买产品、享受服务，更注重游客的参与和互动。人们在这里不仅可以避开城市的喧嚣，充分地放松身心、亲近自然，尽情地游玩、休闲、娱乐，还可学到不少在课堂上学不到的知识，因而很受欢迎。

《休闲农业创意》《农庄规划设计》《休闲农庄服务》《农庄经营管理》《农庄养殖技术》《农庄种植技术》《休闲农产品加工技术》是祖国大陆首次介绍休闲农业专业知识的系列教材，其内容通过借鉴中国台湾在休闲农业上的成功经验，运用相关专业知识理论，结合实际情况，全面、系统地阐述休闲农业从规划设计到管理服务全过程的基本知识。这是一套值得一读的好书。

“中华青年企业家协会”荣誉理事长

刘璨树

序言

我国的休闲农业，经过三十多年的发展，在经历早期萌芽阶段、初期兴起阶段、中期崛起阶段后，目前已进入规范、提高、发展的新阶段。新的产业形式、新的经营方式、新的发展方式、新的增收方式与新的统筹方式成为休闲农业在新阶段的本质特征。休闲农业的发展，让农业更强，让农村更美，让农民更富，在促进“三农”发展，促进城乡统筹一体化发展，促进新农村建设、美丽乡村建设与新型城镇化发展等方面，正发挥着越来越大的作用。

休闲农业的快速发展，不仅成为广大农民就业增收致富的一个重要渠道，也成为城乡居民观光、休闲、旅游、度假、养生的重要场所。随着人们收入水平的快速增长，城乡居民在休闲旅游方面的消费理念也在提档，这对休闲农业提出更高的要求。人们不再满足于吃农家饭、住农家屋、体验农事等活动，他们更渴望在农业休闲旅游中体验文化、新奇、时尚等现代休闲娱乐元素，而创意手法的运用则可将这些元素巧妙渗透于休闲农业中，休闲农业创意在促进休闲农业发展上的作用逐步显现。

近年来，随着文化创意在休闲农业中的应用，我国休闲农业不断创新休闲农业产品，形成一批包括产品、包装、文化、游乐、设计等在内的创意成果。为顺应、引导这一趋势，农业部从2012年开始，每两年在全国组织开展休闲农业创意精品推介活动，旨在推进休闲农业创意产业大发展，进一步提升休闲农业的文化软实力、影响力和吸引力。但我们也应该清醒地看到，与国外发达国家相比，我国的创意休闲农业尚处于初级阶段，仍需要不断在实践中探索、完善和创新，打造出具有中国特色的创意休闲农业，从而更好地满足城乡居民休闲消费和文化生活的新期待。

在这样的背景下，李卫东先生主编《休闲农业创意》一书可谓非常及时，也十分必要。本书在章节上的划分较为合理，既涵盖了休闲农业的所有创意领域，同时每章之间又各有侧重，彼此呼应；该书是通过大量收集和分析国内外优秀的休闲农业创意案例的手法、类型，使读者在理性认识之外，能够更直观地体验该领域最先进的创意模式。

在此，也希望《休闲农业创意》，根据读者反馈和编者的研究与实践，不断充实和丰富，促进我国休闲农业的发展，为“两个一百年目标”与中华民族伟大复兴中国梦的实现作出新的更大的贡献！

农业部农村社会事业发展中心主任 王秀忠

2014年12月1日

序 言

休闲农业是以农业为基础，以休闲为目的，以服务为手段，以城市游客为目标，农业和旅游业相结合，从第一产业延伸到第二产业、第三产业，而彼此融合的新型产业。随着经济社会的发展，人们生活水平不断提高，更多的人有了休闲需求。20世纪80年代，起源于四川省的“农家乐”开启了中国大陆休闲农业发展的先河。近年来，由于政策的支持、城镇化的不断推进、居民收入的增长、休闲时间的增加，以及交通状况的改善，休闲农业发展的条件越来越成熟，休闲农业为现代农业的发展注入了新的活力。据农业部与国家旅游局统计，2013年，中国的农家乐超过150万家，各种各样的农业休闲园区、休闲农庄已超过3万家，年接待游客超过9亿人次。可见，休闲农业已经成为中国一个新型农业产业形态，也是一个新的消费业态。

李卫东先生长期从事休闲农业、现代农业、园林园艺、农业区域规划与农庄规划等研究工作，是我所敬佩的年轻专家。他主编的《休闲农业创意》一书，对休闲农业创意进行了系统的阐述，其内容包括：休闲农业的创意原则与方法、休闲种植业创意、休闲林业创意、休闲养殖业创意、吃住行创意、游乐创意、文化创意、节庆创意、科普教育创意、产品创意等。本书作者对休闲农业创意的研究下了功夫，有了心得，形成了体系。书中的各类创意，既有理论知识，也有实践方法，还有不同的案例分析。研究者读之，可以提升休闲农业理论修养；从业者读之，可以更好地经营休闲农业产业；普通人读之，可以增长科学文化知识。这的确是一本不可多得的好书。

中国台湾的休闲农业发展较早，在休闲农业创意方面取得了一些经验。中国大陆具有独特的农业生态资源、不同民族的传统文化、众多的游客需求，以及各种不同的体验设计，休闲农业的发展虽起步较晚，但发展迅速。近几年来，海峡两岸在休闲农业发展方面的差距正逐步缩小。相信，只要利用好现有资源、不断开创独特的风格，朝着产业化、特色化、精致化的方向努力，中国大陆休闲农业的发展一定会显示更蓬勃的生机和更美好的前景。

衷心祝愿《休闲农业创意》的问世，为推动休闲农业的发展作出应有的贡献！是为序。

台湾屏东科技大学副校长、教授、博士生导师
“中华两岸农业交流发展协会”理事长、台湾休闲农业学会理事长
段兆麟 谨志
2014年11月10日

序 言

休闲农业是一种“农业＋旅游业”的新型经营形态。随着经济的发展，人们生活水平的不断提高，人们对休闲的需求越来越大。加快发展休闲农业既是我国经济社会发展的客观需要，也是推进现代农业发展、加快解决“三农”问题的现实选择。在国家政策的支持和经济社会发展需求的双重推动下，我国的休闲农业得到了蓬勃的发展。2013 年全国休闲农业企业数量已超过 150 万家，营业收入两千七百多亿元。休闲农业使农业的功能从食品保障向就业增收、生态涵养、观光休闲、参与体验、文化传承等多方面拓展，使农业产区变成了田园景区，顺应了大众的消费需求，成为推动农业现代化和新型城镇化的加速器。

湖南省是全国发展休闲农业较早的省份之一，2006 年，在全国率先成立了湖南省休闲农业协会，并创办了专门的网站和会刊。当年湖南省政府办公厅发出了《关于加快休闲农业发展的通知》，从政策上为湖南休闲农业营造了一个良好的发展氛围和环境，2007 年，编制了《湖南省休闲农业总体规划》，首次构建了湖南休闲农业的发展布局。2011 年，发布了《湖南省休闲农庄建设规范》和《湖南省休闲农庄星级评定准则》两项地方标准，并有针对性地开展了休闲农业从业人员培训。这些使得湖南省的休闲农业得到了迅速发展，并为全国休闲农业发展提供了宝贵的经验。到 2013 年底，湖南省共有休闲农业企业 4 026 家，实现经营收入 130 亿元，获评国家五星级休闲农业企业 20 家，国家四星级休闲农业企业 35 家，湖南省五星级休闲农庄 170 家。

休闲农业创意是用创意的思维逻辑和发展理念，将科技、文化、艺术等要素有机地融入休闲农业生产经营的全过程，是解决目前相当一部分休闲农业企业特色不明显、文化内涵不深、科技含量不高、经济效益低下的一剂良方，也是推动休闲农业从生产型产业向创造型产业升级的重要手段。李卫东研究员是中国休闲农业与乡村旅游星级示范创建行动专家委员会专家，中国高级注册咨询顾问，湖南省新世纪 121 人才工程人选，湖南省休闲农业协会首批特聘专家，也是我多年的工作伙伴，长期从事休闲农业实践和理论研究，是休闲农业与休闲农庄规划资深专家。此次由他主编的《休闲农业创意》一书，集国内外最新文献资料、大量现场考察实践和长期研究心得而成，内容全面丰富，创新性、前瞻性、可操作性强。该书系统阐述了休闲农业、观光农业、创意农业的内涵及其相互关系，并对休闲农业的创意方法整理归类，按休闲种植业、休闲林业、休闲养殖业、吃住行、游乐、文化、节庆、科普教育和产品等分别对其创意从理论、方法和案例等角度进行了深入浅出的描述，既利于系统学习，又便于直接应用。我很高兴为该书作序，并很乐意向社会各界读者，尤其是休闲农业从业人员、农业管理、农业科研、农业技术开发和农业产业化经营的同仁推荐此书。

湖南省农业厅原巡视员

湖南省休闲农业协会会长

廖东富

2014 年 11 月 28 日

前言

休闲农业是指利用农村自然资源、田园景观、生态环境资源，结合农林牧副渔等农业生产、农业经营活动、农村文化及农家生活，围绕农业产业发展，以缩短农产品流通环节与保障农产品质量安全为基本要求，提供自然观光、休闲旅游、消费购物、农事体验、游乐活动、教育认知、养生度假等多种服务的一种新型高效农业产业形态。

休闲农业起源于19世纪30年代的欧洲，在20世纪70年代得到迅速发展，在美国、英国、法国、日本等发达国家和我国台湾、香港等地形成产业形态。20世纪80年代中国大陆休闲农业开始萌芽，经历了早期兴起、初期发展、规范经营三个阶段。目前，我国休闲农业发展呈现出分布不断优化、新格局逐步形成的态势，由依托城市向依托景区发展，从单一观光型农业向休闲、教育、体验型农业发展，从自发发展逐步走向规范化发展，并在发展中与新农村建设相融合，整体上正进入转型升级的新阶段。

休闲农业要持续健康发展，关键靠人才，既要有足够的人才总量规模满足产业快速发展的需求，更要注重从整体上提高从业人员的素质从而为产业升级提供强大智力支撑。应休闲农业、观光农业专业的教学实践及休闲农业发展研究、休闲农业从业人员的需求，在湖南生物机电职业技术学院、湖南湘教集团的大力支持下，湖南省园艺研究所、湖南省农业信息与工程研究所、湖南大学研究生院隆平分院组织专家、学者编著出版了《休闲农业创意》。

本书是一本内容新颖、全面、图文并茂的教材，为保证编写质量，参编人员查阅了国内外大量书刊资料，参观、考察了中国台湾、北京、天津、四川、江苏、福建、云南、湖南等地多个不同类型的休闲农庄，走访了多位农庄企业的负责人，编写组获得了我国休闲农业发展现状的第一手资料，加深了对休闲农业创意的理解。该书对休闲农业创意进行了系统的阐述，其内容包括：休闲农业的创意原则与方法、休闲种植业创意、休闲林业创意、休闲养殖业创意、吃住行创意、游乐创意、文化创意、节庆创意、科普教育创意、产品创意等。书中的各类创意，既有理论知识，也有实践方法，还有不同的案例分析。全书共10章，集国内外最新文献资料和全体编写人员大量现场考察和长期研究心得而成，适合于大中专院校旅游管理、观光农业等专业教学使用，也可供休闲农业从业人员和规划设计人员参考。

在本书的编写过程中，我们参考了大量的国内外有关著作、论文及资料，有些难以找到原出处，未能一一注明，敬请谅解。谨向有关的专家、学者、单位和个人致以衷心的感谢！

由于编写人员的水平有限，编写时间紧张，书中疏漏和不妥之处恳请广大读者提出宝贵意见和建议，以使我们不断地修正和完善。

李卫东
2015 年 2 月

目录

第一章 绪论

第一节 休闲农业创意的相关概念及内涵

一、休闲农业、创意农业、观光农业与创意休闲农业的概念及区别

（一）休闲农业概述

休闲农业是指利用农村自然资源、田园景观、生态环境资源，结合农林牧副渔等农业生产、农业经营活动、农村文化及农家生活，围绕农业产业发展为核心，以缩短农产品流通环节与保障农产品质量安全为基本要求，发展提供自然观光、休闲旅游、消费购物、农事体验、游乐活动、教育认知、养生度假等多种服务的一种新型高效农业产业形态。休闲农业所表现的是结合生产、生活与生态“三生一体”的农业，不仅供人们休闲旅游，更能增进人们对农业及农村的认知体验，在经营上更是结合了农业产销、农产品加工及游憩服务等第三产业于一体的农业，它将传统农业从第一产业延伸到第三产业。

休闲农业起源于19世纪30年代的欧洲，它将农业生产与乡村旅游、家庭娱乐休闲、参与体验农业生产和农耕文化、吃农家饭和住农家屋有机地结合在一起，为城镇居民提供了一个良好的休闲娱乐平台，是农业与旅游业有机结合的新兴产业。休闲农业在20世纪70年代得到迅速发展，在美国、英国、法国、日本等发达国家和中国台湾、香港等地形成产业形态。1989年，台湾大学推广学系举办“发展休闲农业研讨会”，正式提出了“休闲农业”这一名称，并将其定义为“利用农村设备和空间、农业生产场地、农业产品、农业经营活动、自然生态、农业自然环境、农村人文资源等，经过规划设计，以发挥农民收益，促进农村发展的一种新型农业”。我国大陆地区的休闲农业也于20世纪90年代首先在北京、成都、深圳、广州等大城市兴起，21世纪初得到了迅速发展。近年来，休闲农业已进入新的发展阶段。伴随全球农业的产业化发展、社会经济的发展和人们生活水平的提高、闲暇时间的增多、生活节奏的加快以及社会竞争的日益激烈，人们渴望多样化的旅游，尤其希望能在典型的农村环境中放松自己，体验刺激、时尚、新奇、特色养身等现代休闲娱乐与康体养生元素。那么，休闲农业必须向包含面更广、标准更高、综合性更强、更具创意性的方向发展，通过一系列的创意途径把以上元素融合到农业休闲环境中，从而翻开休闲农业创意的新篇章。

（二）创意农业概述

通常讲的“创意”，是具有新颖性和创造性的想法，体现为创造力在社会经济活动中的运用，是人类基于自身对于艺术、历史、人文、自然、科技等领域的综合思考，而提供的最佳解决方案和实施手段，是通过个人和团队的创造力、技能创作出的成果，也有人称“创意”为“点子”“头脑风暴”。创意具有多元性、叛逆性和拓展性，创意或从无到有、或打破常

规、破旧立新，具有原创性、独特性和效用性。创意需要通过科技与文化的结合，凭借人的想象力和灵感发挥，借助科学技术对文化进行深度挖掘和提升，是人类社会面向未来，把握发展脉络，引领创造与创新，从而实现可持续发展，用具有新颖性和创造性的理念与想法、意念与意向、愿景与期盼来指导生产实践，并使之产生效益的行为。

创意产业是在世界经济一体化、信息化背景中发展起来的新兴产业，被称为“头脑产业”。它强调科学技术、文化艺术和自主创新对经济的支持与推动，是21世纪对国家软实力具有重要影响的产业。借助创意产业的思维逻辑和发展理念，人们有效地将科技和文化要素融入农业生产，进一步拓展农业功能，提升农业附加值，从而使一个新型的创意产业分支、一种新兴特色农业业态——创意农业发展起来。在我国，创意农业于21世纪初在经济发达省份、直辖市，特别是东部发达地区起步并迅速崛起，创意农业已经受到中央领导的高度关注，更有诸多学者如冯建国、王爱玲、王银芹、章继刚等相继于2010年间围绕创意农业的概念从不同角度进行了界定。创意农业是指以市场为导向，以创意为核心、以知识产权为基础，并集农业企业为主体，以增加农产品附加值为目标，充分应用美学、艺术学、生态学、农学、养生学、景观学、知识产权学等多重学科于一体，在农产品研发、生产、加工、营销和服务过程中，以及在农业节庆、农业电子商务、农业审美等活动中，进行生产创意、生活创意、功能创意、科技创意、产业创意、品牌创意和景观创意，创造农民独特的增收模式，实现农业增产、农民增收、农村增美的新型农业生产和生活方式。

创意农业是一种无产业边界的农业发展模式。一是从产品层面看，如果说传统农产品是“为胃服务”，创意农产品就是“为舌尖服务”“为眼球服务”“为肢体服务”“为心灵服务”，因而更受消费者的青睐。二是从产业层面看，创意农业拓展了农业功能，形成包括核心产业、支持产业、配套产业和衍生产业在内的产业群。其中核心产业是指以特色农产品和园区为载体的农业生产和创意活动；支持产业是支持创意农产品的研发、生产、加工及推介的企业群体，如科研机构、种源公司、现代农业设施、文艺活动策划、金融、媒体等企业；配套产业则是为创意农业提供良好环境和氛围，如旅游、餐饮、酒吧、娱乐、培训等企业群；衍生产业是以特色农产品和创意成果为要素投入的其他企业群，如玩具、文具、服饰、食品、纪念品等企业。三是从经济层面看，在创意农业产业体系中，一、二、三产业互融互动，传统产业和现代产业有效嫁接，文化与科技紧密融合，产业价值的乘数效应显著，产生“滚雪球”式的良性循环，并拉动长效的经济链。发展创意农业，是实现农业新经济增长方式转变的重要举措，是促进农业增效、农民增收，建设社会主义新农村的重要内容。

（三）观光农业概述

观光农业是一种以农业和农村为载体的新型生态旅游业，它广泛利用城市郊区的空间、农业资源、人文资源等，为满足人们对精神和物质上的需求而开展的，可吸引游客前来观、赏、习、品、考、书、画、摄、购的农业，是旅游业与农业之间交叉性的新兴产业，既是一种高效型农业，也是一种新型生态旅游业。

我国的观光农业起源于20世纪80年代，居住在城市的居民对郊野景色的欣赏和果品的采摘活动，最后引发了全国范围内对农村和观光农业的全方位建设与开发。建设观光农业游览基地及项目，可以成为人们观光旅游、丰富农业知识、交流农业经验、体验农业生产劳动与农民生活、享用农业成果、利用田园休憩健身的场所和农业深层次开发的样板，从而促进当地绿色产业的发展。

观光农业是把观光旅游与农业结合在一起的一种旅游活动，它的形式和类型很多。根据德、法、美、日、荷兰等国和中国台湾的实践，其中规模较大的主要有五种。

1.观光农园

在城市近郊或风景区附近开辟特色果园、菜园、茶园、花圃等，让游客能摘果、拔菜、采茶、赏花，享受田园乐趣。这是国外观光农业最普遍的一种形式。

2.农业公园

即按照公园的经营思路，把农业生产场所、农产品消费场所和休闲旅游场所结合为一体。

3.教育农园

这是兼顾农业生产与科普教育功能的农业经营形态。代表性的有法国的教育农场、日本的学童农园、中国台湾的自然生态教室等。

4.森林公园

以大面积人工林或天然林为主体而建设的公园可以开展森林旅游与娱乐休闲，并按法定程序申报批准的森林地域。森林公园是经过修整可供短期自由休假的森林，或是经过逐渐改造形成一定的景观系统的森林。

5.民俗观光村

利用农村特有的民俗风情文化、特色民居、杂艺等，规模化、集中式地打造的深度挖掘本土文化的可供观光旅游食宿游玩的村落，不断吸引游客到民俗村体验农村生活，感受农村气息。

从以上基本定义可以清楚地看出：创意农业的本质就是观光休闲农业，是分别从不同角度解读、描述同一个内容。因为创意农业的产品，只能满足人们的精神生活需求，而不是生理需求；观光休闲农业与其他农业的最本质区别，也是首先满足人们的精神生活需求，然后才是其他。再深入一层分析，“观光农业”的提法是从本产业的功能、作用的角度进行描述；而“创意农业”的提法是从本产业的经营理念、实现方式和方法的角度进行描述。而且随着人类社会的进步和经济的发展，对于实现人们的精神生活需求的方式、方法不断推陈出新，使得创意农业脱颖而出，发展成更高级的“观光农业”而引领市场。

（四）创意休闲农业概述

1.创意休闲农业的概念

通俗理解，创意休闲农业是休闲农业、观光农业、创意农业发展到一定阶段相互渗透、相互融合的结果，是创意农业、观光农业、休闲农业的更高级发展阶段和重要表现形式。创意休闲农业是指以农业资源为基础，通过文化、科技、生产、生活、生态、景观、信息、营销、品牌、服务创意等手段，在创新性、新颖性理念和充分的现代技术、装备的支撑下，精心营造的综合型农业生产经营形态。创意休闲农业涉及到新品种试验示范、新产品展示与交易、会议交流与科技培训、科普考察与科普教育、参与体验民居生活、乡村旅游与休闲娱乐、康体养生等多方面，易于实现以新型产业形态吸引社会优质生产要素聚集农村，促进农民就业增收、农业增产与增效、农村繁荣，促进农村社会事业建设和城乡统筹协调发展。

通过围绕农业产业的“产前、产中、产后”等环节，以及农业生产经营的工具、形式、技术、过程、环境、方法、模式、产品、产业、销售、物流等多方面的创意打造，将农业产业包含的种植、养殖和游客的吃、住、行、游、乐、节庆、科普教育等主要内容融为一体，展现“四高”特色，即高文化品位、高知识化、高盈利性、高附加值；“四化”，即智能化、特色化、个性化、艺术化；“五型”，即审美型、文化型、娱乐型、科学型、观赏型新型农产品；并实现“六美”，即美色、美形、美味、美质、美感、美境。因此，对于生产者来说，丰富了农业生产的文化内涵，延长了农业生产的产业链，增加了农业生产的附加值，提高了他们的收入。对于消费者来说，在不断满足农业产品需求的前提下，同时享受到了良好的生态环境，学习或重温了丰富的文化知识，满足了只有在文学、艺术作品中方能享受到的审美情趣，而且将现代城市居民强烈的回归自然、健体强身、陶冶情操等多种本能性需求在同一时间、地点、行为中实现。

2.创意休闲农业的属性

由于创意休闲农业是现代农业的重要表现形式，可见其依然没有脱离农业的范畴，因而必然具有农业的自然、经济、社会等属性；同时结合创意休闲农业的内涵与特征，其属性还包括文化属性、精神属性、市场导向属性、综合发展属性以及创意核心属性等多种属性。

(1) 自然属性

自然属性是农业的固有属性。创意休闲农业以农业为载体，受各种自然环境和自然资源禀赋条件的制约和影响，因而具有自然属性。但创意休闲农业不仅生产有形的产品，还生产无形的产品，即精神产品，因而创意休闲农业受自然生态环境制约的程度相对要小一些。但自然属性依然是其重要的属性之一。

(2) 经济属性

创意农业的经济属性主要体现在它的生产功能方面，其产品既包含物质产品，还包括精神产品，它以物质产品为载体，满足人们不断增长的物质文化和精神生活需求。创意休闲农业在追求产品数量的同时，更加关注产品内在的创意性和唯一性。创意休闲农业不仅向社会提供丰富多样的农产品，满足人们生活的需要，同时还能促进农业增产与增效、农民增收。

创意休闲农业不仅能提高其企业的知名度和增加其产品的附加值，也有利于加速区域农业产业结构的升级换代，更能对区域经济发展起到重要的推动作用。可见，经济属性是创意休闲农业的重要属性。

(3) 社会属性

创意农业的社会属性主要体现在为人类社会提供包含物质与精神双重属性的产品，为人类社会提供相关就业岗位，是人类生产、生活的重要组成部分。农业是人类社会最古老的产业，也是人类社会的第一个产业，是人们赖以生存的基础产业，比任何一个行业都更能激起人们对其了解、感知和体验的需求，并能带动旅游业、餐饮业、交通运输物流业、建筑业、文化娱乐业、商品零售业、食品加工业、包装业、咨询业等相关产业的发展，加速产业相互融合、相互渗透的步伐，具有很强的社会属性。社会属性是创意休闲农业的根本属性。

(4) 文化属性

文化属性是创意休闲农业的显著属性。农业不仅是人类社会文明的基础，也是文化形成的重要前提条件。经过若干年的演变与发展，农业本身就具有丰富的文化内涵与特征，而创意休闲农业的文化不仅包含农业文化本身，还包括与之相关的其他非农业文化，而文化创意无疑就是最能产生共鸣和最快捷的农业创意途径。利用好创意休闲农业这个良好的文化（农文化和非农业文化）传承平台，能增强人们对现代农业和文化内涵的感知，为市民由物质满足转向较高层次的精神文化追求提供场所和机会。

(5) 精神属性

无论是有形的还是无形的创意休闲农产品，都具有满足人们精神需求的属性。人类社会对美好生活的追求、对真善美的追求、对美学和艺术的追求、对不良情绪和压力的释放、对休闲度假的需求、对康体养生的需求，都能借助创意休闲农业来实现。

(6) 市场导向属性

休闲农业创意是依据市场发展的需求，通过对生产方和需求方的供求关系的深入分析和研究，以市场需求为导向，以市场变化为调节指导基础的一项市场行为。任何一个产品或项目的实施必须以市场为考量标准，制定发展策略。只有在正确的市场导向下，创意休闲农业才能为城镇居民提供清洁优美的休闲娱乐、乡村旅游、康体养生、释放不良情绪和缓解工作压力的场所，才能提高休闲时代的居民休闲生活质量，同时通过相关体验活动进一步加强游客之间的情感交流，增加团队的合作能力与凝聚力，提高居民的休闲生活层次和促进人与人的和谐共处。

(7) 综合发展属性

创意休闲农业以农业生产为依托，是农业生产单位为主体，以知识产权为基础，充分应用艺术学、生态学、农学、景观学、经济学、环境学、美学、园艺学、市场营销学以及现代旅游学等多学科的基本理论与方法于一身，是在综合研究地方实际情况后，根据市场需求，通过多学科的综合论证和指导才能完成其发展目标，故创意休闲农业具有必不可缺的综合发展属性。

(8) 创意核心属性

创意农业的基础是农业，发展的核心则是专业人员和实践者的创意，任何缺乏创意理念支持的农业项目都是欠缺长期竞争力和生命力的。在休闲农业的发展过程中，科学技术不能替代创意，因为科学技术进入农业，主要目的是为了提高农产品的产量和质量，而不是为了满足人们的精神生活需求。可以理解为：创意和科技，是保证休闲农业更健康、高品质、可持续发展的“双引擎”；而创意的力量则是支撑休闲农业发展的本源，创意是其核心属性。

二、休闲农业创意的概念、功能及作用

(一) 休闲农业创意的概念

休闲农业若是千篇一律、没有新意，就谈不上是“创意”。那么，休闲农业创意所讲的“创意”指的是什么呢？休闲农业创意是借助创意的思维逻辑和发展理念，将科技、文化、艺术要素有机地融入农业生产的全过程，围绕农村的生产、生活、生态资源，对农业生产、加工、运输、销售、服务等产业及对农业的休闲、观光、度假、体验、娱乐等功能进行创新，使农业各环节联接为完整的产业链条，形成彼此良性互动的产业价值体系。休闲农业创意的形成同时促进了创意农产品、创意农业文化、创意农业活动和创意农业景观的形成，从而不断满足城市居民日益增长的消费需求，促进农业方式转变、提升农业综合效益、增加农民就业机会、促进农民增收，进一步拓展农业功能、提升农业的边际效应和附加值、提供农业的审美功能的活动。我们要重视并提倡休闲农业创意，不断提升农业软实力，加快转变农业发展方式，实现城乡互融互动，走建设社会主义新农村的创新之路。

(二) 休闲农业创意的主要功能

创意休闲农业由于其属性的多元化决定其创意必须具有多元化的功能，如拓展农业的加工增值功能、服务功能、生态环保功能、科普教育培训功能、文化传承功能、康体养生保健功能和示范推广功能等。其中生态环保功能和科普教育培训功能是表现比较突出的功能。

生态环保功能表现为：一是能改善农村的生态环境，为了保证客源量和获得市场的认可，必须把改善农村生态环境卫生、提升环境品质和维护自然生态的和谐放在十分重要的位置，这样才能为游客创造一个环境优美的休闲场所；二是其农业生产过程必须是生态与环保的，提供的产品必须达到安全、绿色的标准，才能满足人们对健康安全食品的需求。

科普教育培训功能表现在创意休闲农业能为人们提供认识农业、了解动植物生长过程和农产品加工过程、体验农村生产与生活、认识农村文化及生态的场所与机会。如：对从事该行业员工进行各种技能的培训；对农民进行现代农业先进与适用技术的培训，从而为农业从业人员整体素质的提升提供支撑；为学生提供学习、教育、实践的场所，提升学生的综合素

质特别是动手操作能力；为其他休闲旅客提供接触现代农业理念、体验农业生产与乡村文化的平台。

（三）休闲农业创意的重要作用

休闲农业的迅速发展为创意提供了无限发展空间。休闲农业的创意无处不在，创意来自休闲人群的需求，创意为休闲农业发展提供了不竭的动力源泉。从总体上看，我国休闲农业多属劳动密集型，具有较强竞争优势，大力提倡休闲农业创意，大力发展创意休闲农业是我国农业参与国际竞争，促进贸易平衡的重要手段。通过休闲农业创意可以将农业内外部各要素进行优化组合，创新发展，延伸农业生产、农村生活价值链，实现农业发展理念从线性创新到综合创新的转变，既符合我国创新战略的要求，也能拓宽美丽中国和美丽乡村建设的创新道路。

1.增强休闲农业活力，提高休闲农业竞争力

灵动的创意是休闲农业发展的动力之源。在人们固有的观念里，我国的农业是传统的、弱质型农业，其典型特征是高能耗、低效益、粗放式。休闲农业的创意可以充分展示出农业最具有活力、最具有魅力的一面，使农业的旅游观光、生态休闲、科普教育等多样化功能尽情彰显，向人们展现出在科技、文化、艺术的有机融合下农业的精彩世界，为农业注入“生态、休闲、时尚”的新鲜血液，从而改变人们对农业的惯有认知。

2.提升农产品附加值，增加农业经济效益

运用创意思维和工具，通过在规划设计、用途转化、文化开发以及产品艺术化等方面进行创意创新，改变农产品形状、色彩、口味；将科技、知识、文化融入农业生产的过程与结果之中，创造出更多健康生态、形态多样、具有文化内涵和审美价值的“新、奇、特、美”的休闲农业产品和旅游工艺品。不断吸引游客，满足人们求新求异的心理需求，最大程度地刺激其消费欲望，从而提高休闲农业的吸引力、休闲农产品的消费力和附加值，达到既让消费者愉悦身心，满足消费群体的浅度和深度体验，增强他们的满意度和幸福感，促进农民增收和农业增效的双赢目标。

3. 带动农业结构优化升级，延长农业产业链条

休闲农业具有很强的产业带动性，休闲农业创意更多地依靠人的能力和智力来提高产品的附加值，它打破了一、二、三产业的界线，能够扩大交通运输业、商业、工艺制造业、食品加工业、饮食服务、教育培训业、旅游观光业等产业的市场需求，进而促进和带动相关产业的发展，有助于形成供、产、销和旅、工、农以及科、工、贸的产业化生产体系，从而带动整个地区产业结构的调整和优化，具有高效、高端、高辐射力的突出特征。当休闲农业通过创意的增强，全面覆盖一、二、三产业，可以有效对接传统产业与现代技术，推动农业结构优化升级，促使其由核心产业向支持配套产业和关联产业不断延伸、渗透，农业产业链条得到不断延长，带来产业融合发展的倍增效应。

4.撬动农旅大市场，促进农业可持续发展

休闲农业创意的关键在于着力挖掘和开发本地的优势资源和特色资源，促进大农业与大旅游的融合发展。只要精准地分析出本区域的特色资源，并加以创意性地开发利用，很容易形成以点带面、集群化发展的规模效益，并产生“蝴蝶效应”，对整个行业产生长远影响。

5.推动美丽乡村建设，实现城乡统筹发展

休闲农业创意充分发挥其软实力优势、摆脱硬资源约束的有效载体，通过自然生态环境的保护和修复、乡村田园景观的打造设计、农村基础设施的改造完善，能够有效改善农村自然环境、美化村容村貌，创造出干净舒适的居住空间，吸引城市居民走进农村、亲近自然、体味田园之乐、体验农村生活，促进城乡文化交流。这样一种交流平台不仅刺激消费，繁荣经济，还使游客以其自身的意识形态、先进理念、进步的生活方式影响当地农民，使农民的思想观念得到更新，缩小接受和学习现代文明生活方式的距离，既丰富了农民的物质生活，也丰富了农民的精神生活。同时，农村通过优越的生态环境和资源禀赋，吸引社会资本、生产要素、人才、科技等资源不断向农村聚集。人流带来了物流、信息流，城市的生活方式、服务意识、文化理念和市场信息源源不断向农村渗透，休闲农业的发展催发了农村投资需求，也促进了农村环境卫生面貌、基础设施建设、服务理念等的改进。休闲农业创意不仅要有创意还要与时俱进，不断创新，从而提高农业的比较效益和边际效益，促使农村地区的经济形态和生活形态产生结构变迁，突破城乡二元结构体制，推动美丽乡村建设的步伐，实现城乡经济社会一体化发展。

第二节　休闲农业创意的发展综述

一、国外休闲农业创意的发展

由于世界各国资源禀赋、民风民俗、科研力量的不同，形成了多样化的休闲农业发展类型，取得了较好的经济效益、社会效益和生态效益。各国农业旅游发展模式：以德国市民农园为代表的生活生态型、英国乡村旅游性质的环保型、荷兰以高科技产业为依托的创汇型、法国农业旅游协会为代表的非政府组织专业农场型、新加坡农业科技园为代表的科技依托型、日本绿色观光农业为代表的政府扶持型、意大利的绿色假期型、澳大利亚葡萄酒旅游为代表的产业协同型、美国农业节庆旅游为代表的民俗节庆型、印度尼西亚农业旅游度假村为代表的居民参与型等。以上国家的休闲农业旅游发展模式产生于特定的历史背景环境下，在组织形式、管理机制等方面各具特点与优势，其创意精神和成功经验值得我们学习。

（一）意大利休闲农业创意的发展状况

意大利是最早发展休闲农业的国家。早在 1865 年意大利就成立了“农业与旅游全国协会”，专门组织城市居民到农村去体验农业野趣，与农民同吃、同住、同劳作，或者在农民土地上搭帐篷野营。长期以来，意大利的农业合作经济已形成了一套较为完善的管理体系，为推动创意农业发展发挥了重要的作用。被称作“绿色假期”的农业旅游是意大利旅游业中一支新兴的生力军，它始于20世纪70年代，发展于80年代，到90年代已成燎原之势，到21世纪初期，意大利的农业旅游已与现代化的农业和优美的自然环境、多姿多彩的民风民俗、新型生态环境及其他社会文化现象融合在一起，成为一个综合性项目，它对乡村资源的综合开发和利用、改善城乡关系、促进社会和谐都起着非常重要的纽带作用。

意大利农业旅游区利用乡村特有的、丰富的自然资源，将乡村变成具有教育、游憩、文化等多种功能的生活空间，以满足现代人对休闲生活的各种需求，这种“绿色假期”的经营类型多样，经营者增加了一系列具有文化教育和休闲娱乐功能的设施，极富创意，使乡村成为了一个“寓教于农”的“生态教育农业园”。

（二）英国休闲农业创意的发展状况

英国有着300多年的工业历史，是世界休闲农业旅游发展较早的国家之一，随着蒸汽机的发明和英国工业革命的开始，经济的增长、社会的进步和海外殖民地的扩张，带来了巨大的社会财富，人们的生活观念开始变化，更多地注重生活品味和品质，于是出现了“英国乡村庭园”的贵族式生活，18世纪英国的造园家柯伯比力提·布朗，设计出独特的庭园风格，确定了“英国乡村庭园”的地位。英国产业革命后自然环境遭到了严重的破坏，人们希望能恢复昔日的秀丽山川，向往有美丽庭园的郊区生活。从那时开始，“英国乡村庭园”的发展便倾向走自然路线。20世纪，“英国乡村庭园”潮流又逐渐恢复到重视花朵和绿色植物的配搭，加以配合自然景色，融合不同时代的建筑、文化、背景形成主流，造就“英国庭园”。

自20世纪60年代英国农业旅游兴起，到80年代末90年代初，农业和畜牧业类旅游景点已成为英国当时与手工艺品中心、休闲类景点、主题公园、文化遗产中心、工程景点齐名的时髦景点。现如今，英国的“旅游环保型”创意休闲农业同样源自其悠久的工业史，高度发达的工业化带来了高度发达的城市化，进而催生了农业休闲与乡村旅游，促成了创意休闲农业的发展。英国的农业休闲与乡村旅游创意精髓，至今引领世界农村地域环境中农业休闲与乡村旅游业的可持续发展的方向。

（三）美国休闲农业创意的发展状况

第二次世界大战以后，特别是20世纪60年代开始，旅游业逐渐成为世界上发展势头最为强劲并且持久不衰的产业。在美国，乡村旅游不仅因被认为是乡村和城市交流的一座桥梁而受到各级政府的高度重视，同时也被认为是增加农民特别是边远地区农民收入的一个重要途径。美国的农业非常发达，加利福尼亚州的山谷平原是美国的粮仓，美国70%以上的农产品就出自那里，一望无际的苹果园、葡萄园、麦田、苗田等全部是机械化生产，地里看不到一个农民。一些必须人工操作的农活，例如摘葡萄、摘棉花等都是由墨西哥劳工来完成。美国农民拥有大片农场，进行机械化生产，有规模效益。并通过保留原始的工艺和设备（而非大型的农产品加工厂）进行农产品加工，吸引游客前来观光。

在美国，从县、州一直到联邦的各级政府对乡村旅游业都有一系列的扶持政策。地方政府在制定各地区的发展规划时，也会有意识地鼓励发展乡村旅游，为旅游业创造交通、住宿等配套设施的便利条件。而基层政府则往往对申请发展乡村旅游的村庄或个人在手续上给予简化。州政府还在开拓本州乡村旅游市场方面下功夫，例如进行专门的市场调研，为农民提供市场供求信息，并把优秀的乡村旅游资源集中起来向外推广。每年还会举办各种创意活动，如农博会、赛马、乡村游行等，通过这些活动展现农村的特色和风情，以吸引城市旅游者的到来。

（四）法国休闲农业创意的发展状况

法国的农业十分发达，是仅次于美国位居世界第二大农产品出口国，农业产量、产值均居欧洲之首。法国中小农场占很大的比重，国家重视并支持中等规模农场的发展。法国专业化农村大多只生产经营一种产品，按照经营内容可分为畜牧农场、谷物农场、葡萄农场、水果农场、蔬菜农场等五种类型。专业化农场是将过去由一个农场完成的全部工作（如耕种、田间管理、收获、运输、储藏、营销等）均由农场以外的企业来承担、使农场由原来的自给性生产转变为商品化生产。比如高度城市化的巴黎大区就是其中的典型例子，该区是法国第三大玉米产区和水果、蔬菜、鲜花的生产区，在近 7000 种农产品中，种植大田作物的农场占 70%，园艺蔬菜农场占 11%，农场规模较大，经济效益较高，对生态、景观、休闲和教育等方面的功能显著。

法国的入境游四大体系（以滨海游为主体的蓝色旅游、高山滑雪为特色的白色旅游、以巴黎等城市名胜古迹为代表的城市旅游、以美丽乡村风光和土特产为主要吸引物的乡村旅游）中的乡村旅游近年来跃居各项旅游第二位。法国农业部和食品协会（Sopexa）积极推进法国农业品牌建设，在许多国家推广“法国生活方式”“法国美食”展览、举办品酒大赛等，向全世界推广和展现法国创意农业的魅力。

法国农业的发展从经历了原始农业、传统农业和现代农业三个主要发展阶段后，如今，乡村旅游已成为当地或外来人们生活的一部分，生日、婚礼、家庭聚会、小孩洗礼等活动都喜欢安排在农庄中举行。“非食品类农业”将成为今后法国农业创意的主体。

（五）荷兰休闲农业创意的发展状况

荷兰是世界著名的耕地稀少，地势低的国家，农业条件相对较差，为了满足国民不断增长的物质文化生活需要，创新成为其农业发展的特色，农业逐步走上农业工业化、高投入、高产出、工厂化、专业化、自动化的道路，运用工业化的成果来改造传统农业，以先进的生产手段装备传统农业，大力发展设施精细农业，着力发展高附加值的温室作物和园艺作物，荷兰不少农产品单产都居于世界先进行列。

荷兰以“欧洲花园”和“花卉王国”而驰名于世，是全球最大的花卉生产国，世界花卉进出口贸易的67%来自荷兰。荷兰在花卉产业发展实践中确定了稳定种植面积、适度规模经营、高度集约化管理、发展高新技术产品、占领技术制高点的发展战略。70%的花卉生产面积采用温室栽培，现代化的新型的温室设备，实现了电脑自动控制，播种、移栽、采收、分级、包装等生产环节全部实现了机械化作业。荷兰玻璃温室蔬菜普遍采用无土栽培，由专业农场栽培，专业化使种植者在技术知识方面精益求精，提高产量，改善质量，降低生产成本。荷兰这种温室产业具有高度工业化的特征，温室园艺产品可以实现按工业方式进行生产和管理，其种植、产后的包装、销售如同工业生产，真正成为农业工业，成为出口创汇的主要基地，也是极具地域特色的创意典范。

（六）新加坡休闲农业创意的发展状况

新加坡国小人少，自然资源贫乏，农产品不能自给，大量靠进口，国内只生产少量蔬菜、花卉、鸡蛋、水产品和乳制品等，属于城市经济型国家。其发展理念是为了让都市农业向高科技、高产值发展，其发展模式属科普教育型。从经营方式来看，采用集中经营建设现代化集约的农业科技园和农业生物科技园的创意休闲农业发展模式。其中，现代化节约的农业科技园是新加坡重点的创意休闲农业模式。通过追求高科技和高产值，在产业类型上，以高产值出口性农产品，如种植热带兰花、饲养观赏用的热带鱼等为主；重点发展现代化的农业科技园，以气耕法种植蔬菜，生产富有营养且安全的新鲜蔬菜，生长期仅 30 天。新加坡农业走特色化之路，让农业在弹丸之地处处生金。新加坡资助创建具观赏休闲和出口创汇功能的高科技农业园区，取得了良好的经济和社会效益。如该国的剪枝胡姬出口量大，而农业科技园的观赏鱼、珍稀动物、名优花卉和果树吸引着大量的来自世界各地的游客。

新加坡的农户们求新、求变、求创意、求高品质、求高附加值，既要形态上的创新，更要追求品质上、味觉上的创新，所以他们的农业越做越精致。新加坡农民从事试验水栽法，成功地栽种甜瓜、椰菜花和其他富有营养价值的蔬菜。新加坡食用菌生产工厂化，大批量生产香菇，常年供应市场。“太平洋农业有限公司”生产大量味美肉厚的西红柿，每个重达 250 克。

（七）德国休闲农业创意的发展状况

德国的休闲农业，大致可分为三种类型：度假农场、乡村博物馆及市民农园。其中，度假农场的发展可追溯至 1960 年；乡村博物馆起源于 1973 年的奥地利展示的民俗村；而德国休闲农业中比较有代表性的是市民农园，它起源于中世纪德国的克莱恩花园。1919 年，德国制定了《市民农园法》，成为世界最早制定市民农园法律的国家。1983 年，德国修订了《市民农园法》，其主旨转向为市民提供体验农家生活的机会，使久居都市的市民享受田园之乐，经营方向也由生产导向转向农业耕作体验与休闲度假为主，生产、生活及生态三生一体的经营方式。市民农园的创意在于利用城市或近郊邻区的农地规划成小块出租给市民，市民可以通过亲身耕种，享受回归自然以及田园生活的乐趣，属于社会生活功能型。

（八）日本休闲农业创意的发展状况

日本休闲农业与欧美国家相比其开发相对较晚，但其发展速度很快，成效也显著。20 世纪 60 年代，日本经济进入飞速发展时期，出现了农村人口向大城市集中的情况，一方面是城市人口的高度集中，另一方面是农村人口的过于稀少。在此背景下，日本农村地区（包括山村）从 20 世纪 70 年代左右开始出现了“观光化”，当时被称为“农村观光”，其中最早的岩手县的小岩井农场就是具有百余年悠久历史的综合性大农场，农场主结合经营生产项目，先后开辟了百亩观光农园，兴建动物广场、牧场馆、农机具展览馆、花圃、自由广场等多种游览设施，围绕体验、餐饮、购物三大核心内容展开，农场用富有诗情画意的田园风光、各具特色的设施和完善周到的服务吸引游客。进入 20 世纪 80 年代后，日本处于“泡沫”经济时代，出现利用民间资本大规模开发休养地（度假村）和进行旅游开发的热潮，如北海道的“综合休养地”、长崎县的主题公园“荷兰村”和三重县志摩的“西班牙村”等相继建成。

如今，日本发展的“都市农业”指包含在都市计划内农业区及都市近郊的农业，主要定位在特大国际化大都市的局部地区，比如在东京，农田和农家有 20%以上分布在城市中，实现了城乡融合、城乡一体，其主要作用体现在“食”与“绿”等两大方面。其中“食”就是为市民提供生活所需的各种新鲜的农副产品，发挥农业特有的经济功能；“绿”——绿地的机能，是指市民营造生存所需要的绿色生态环境，发挥其保持生态平衡、抗灾防灾等公益功能，其邻绿地的住宅估价高，农地因有耕种活动估价更高。日本休闲农业的创意形式多样，按照经营形态来划分，主要有市民农园、银发族农园、农业公园、民宿农庄、观光农业、自然修养村、体验农业等七种类型。

二、国内休闲农业创意的发展状况

（一）我国休闲农业创意的发展过程

我国休闲农业兴起于改革开放以后，开始是以观光为主的参观型农业旅游。20 世纪 90 年代以后，开始发展为观光与休闲相结合的休闲农业旅游。进入 21 世纪，观光、休闲农业有了较快的发展。回顾我国休闲农业创意发展的过程，大致可以分为三个阶段。

第一阶段：早期兴起阶段（1980–1990 年）。该阶段处于改革开放初期，靠近城市和景区的少数农村根据当地特有的旅游资源，自发地开展了形式多样的农业观光旅游，举办荔枝节、桃花节、西瓜节等农业节庆活动，吸引城市居民前来观光旅游，增加农民收入。如广东省深圳市举办了荔枝节活动，吸引城市居民来观光旅游，并借此举办招商引资洽谈会，收到了良好效果。河北省涞水县山坡景区依托当地特有的自然资源，针对京津唐地区的游客市场推出“观农家景、吃农家饭、住农家屋”等旅游活动，很快带动了当地农民脱贫致富。

第二阶段：初期发展阶段（1991–2000年），该阶段我国正处在由计划经济向市场经济转变的时期，随着我国城市化发展和居民经济收入提高，消费结构开始改变，在解决温饱之后，有了观光、休闲、旅游的新要求。同时，农村产业结构需要优化调整，农民扩大就业、农民增收提上日程。在这个大背景下，靠近大、中城市郊区的一些农村和农户利用当地特有农业资源环境和特色农产品开办以观光为主的观光休闲农业园，开展采摘、钓鱼、种菜、野餐等多种旅游活动。如北京市锦绣大地农业科技观光园、上海市孙桥现代农业科技观光园、广州市番禺区化龙农业大观园、河北省北戴河集发生态农业观光园、江苏省苏州市西山现代农业示范园、成都市郫县农家乐、福建省武夷山观光茶园等。这些观光休闲农业园区，吸引了大批城市居民前来观光旅游，体验农业生产和农家生活，欣赏和感悟大自然，很受欢迎。

第三阶段：规范经营阶段（2001至今），该阶段处于我国人民生活由温饱型全面向小康型转变的阶段，人们的休闲旅游需求开始强烈，而且呈现出多样化的趋势。一是人们更加注重亲身的体验和参与，很多“体验旅游”“生态旅游”的项目融入农业旅游项目之中，极大地丰富了农业旅游产品的内容；二是人们更加注重绿色消费，农业旅游项目的开发也逐渐与绿色、环保、健康、科技等主题紧密结合；三是人们更加注重文化内涵和科技知识性，农耕文化和农业科技性的旅游项目开始融入观光休闲农业园区；四是政府积极关注和支持，组织编制发展规划，制定评定标准和管理条例，使休闲农业园区开始走向规范化管理，保证了休闲农业健康发展；五是休闲农业的功能由单一的观光功能开始拓宽为观光、休闲、娱乐、度假、体验、学习、健康等综合功能。

（二）我国休闲农业现状与分布情况

自20世纪80年代我国休闲农业开始萌芽，经历了90年代初期发展，到21世纪初我国休闲农业已进入一个全面发展时期，旅游景点增多，规模扩大，功能拓宽，分布扩展，呈现出一个良好的发展新态势。为了推动全国休闲农业的发展，由农业部与国家旅游局共同对全国休闲农业与乡村旅游示范县、示范点进行评选，就2010–2013年的四次评选结果进行统计，共评选出全国休闲农业与乡村旅游示范县130个，详见表1–1；共评选出全国休闲农业与乡村旅游示范点383个，详见表1–2。

表 1-1 2010-2013 年全国休闲农业与乡村旅游示范县（市、区）统计表

	2010年	2011年	2012年	2013年
1	北京市怀柔区	河北省涉县	北京市密云县	北京市延庆县
2	天津市蓟县	河北省围场县	天津市西青区	河北省滦平县
3	河北省迁安市	山西省长治市郊区	河北省迁西县	山西省榆次区
4	山西省清徐县	内蒙古自治区额尔古纳市	山西省运城市盐湖区	内蒙古自治区乌审旗
5	内蒙古自治区扎兰屯市	辽宁省宽甸满族自治县	内蒙古自治区赤峰市喀喇沁旗	辽宁省辽中县
6	辽宁省清原满族自治县	吉林省集安市	辽宁省桓仁满族自治县	吉林省抚松县、丰满区
7	黑龙江省宁安市	吉林省珲春市	吉林省临江市、敦化市	黑龙江省虎林县
8	上海市崇明县	黑龙江省铁力市	黑龙江省友谊县	上海市奉贤区
9	江苏省句容市	黑龙江省宾县	上海市金山区	江苏省盱眙县、兴化市
10	浙江省安吉县	江苏省南京市江宁区	江苏省高淳县、徐州市铜山区	浙江省绍兴市上虞区、江山市
11	浙江省嘉善县	江苏省如皋市	浙江省仙居县、长兴县	安徽省颍上县
12	安徽省黟县	浙江省桐庐县	安徽省石台县、岳西县	福建省长泰县、顺昌县
13	福建省南靖县	浙江省遂昌县	福建省上杭县	江西省靖安县、石城县
14	江西省婺源县	安徽省绩溪县	江西省安义县	山东省沂南县、岱岳区
15	江西省新余市渝水区	安徽省宁国市	山东省东平县、沂水县	河南省确山县
16	山东省荣成市	福建省闽侯县	河南省嵩县	湖北省谷城县
17	河南省郑州市惠济区	福建省漳平市	湖北省武汉市黄陂区、罗田县	湖南省桂阳县
18	河南省栾川县	江西省井冈山市	湖南省长沙市望城区、通道县、桃江县	广东省新兴县
19	湖北省恩施市	山东省沂源县	广东省和平县	广西壮族自治区灵川县
20	湖南省隆回县	山东省烟台市牟平区	广西壮族自治区灌阳县、巴马瑶族自治县	重庆市黔江区
21	广东省从化市	河南省鄢陵县	重庆市南川区	四川省苍溪县、平昌县
22	广西壮族自治区阳朔县	河南省新县	四川省长宁县、绵竹市	贵州省雷山县、兴义市
23	重庆市九龙坡区	湖北省洪湖市	贵州省丹寨县	云南省玉龙县、弥勒市
24	四川省郫县	湖南省张家界市永定区	云南省大理市	陕西省平利县
25	四川省蒲江县	湖南省岳阳市君山区	西藏自治区拉萨市城关区	甘肃省永靖县
26	贵州省桐梓县	广西壮族自治区恭城县	陕西省宝鸡市休闲农业示范区	青海省湟中县
27	云南省腾冲县	海南省保亭县	甘肃省金塔县	宁夏回族自治区吴忠市利通区
28	甘肃省天水市麦积区	重庆市大足县	青海省大通县	新疆维吾尔自治区博湖县
29	宁夏回族自治区银川市西夏区	四川省成都市温江区	宁夏回族自治区银川市永宁县	新疆生产建设兵团五家渠市
30	新疆维吾尔自治区昌吉市	四川省汶川县	新疆维吾尔自治区伊宁县	/
31	大连市金州新区	云南省罗平县	宁波市余姚市	/
32	宁波市奉化市	陕西省西安市长安区	/	/
33	/	陕西省凤县	/	/
34	/	甘肃省敦煌市	/	/
35	/	青海省贵德县	/	/
36	/	宁夏回族自治区贺兰县	/	/
37	/	新疆维吾尔自治区乌鲁木齐县	/	/
38	/	青岛市平度市	/	/
合计	32	38	31	29

表 1-2 2010-2013 年全国休闲农业示范点汇总

	城市名称	2010 年	2011 年	2012 年	2013 年	2010-2013 年
1	北京市	4	4	3	2	13
2	天津市	3	4	3	3	13
3	河北省	3	2	4	3	12
4	山西省	3	2	3	2	10
5	内蒙古自治区	3	2	3	2	10
6	辽宁省	3	3	3	2	11
7	吉林省	3	2	3	2	10
8	黑龙江省	3	2	3	2	10
9	上海市	4	4	3	2	13
10	江苏省	4	4	4	3	15
11	浙江省	4	3	4	3	14
12	安徽省	3	3	3	3	12
13	福建省	4	3	3	2	12
14	江西省	3	2	3	3	11
15	山东省	4	3	3	3	13
16	河南省	3	3	4	3	13
17	湖北省	3	3	2	3	11
18	湖南省	4	4	3	3	14
19	广东省	4	2	3	2	11
20	广西壮族自治区	4	4	3	3	14
21	海南省	0	4	3	0	7
22	重庆市	4	3	4	3	14
23	四川省	4	4	4	3	15
24	贵州省	2	3	4	3	12
25	云南省	3	3	4	3	13
26	西藏自治区	0	0	2	2	4
27	陕西省	0	4	4	3	11
28	甘肃省	2	2	2	3	9
29	青海省	3	2	2	2	9
30	宁夏回族自治区	2	3	2	2	9
31	新疆维吾尔自治区	2	4	3	2	11
32	大连市	1	2	1	1	5
33	青岛市	2	2	1	1	6
34	宁波市	2	2	0	1	5
35	厦门市	2	2	1	1	6
36	新疆生产建设兵团	2	1	0	1	4
37	深圳市	0	0	0	1	1
	合计	100	100	100	83	383

(三) 我国休闲农业发展的特点

1.休闲农业分布不断变化、新格局逐步形成

休闲农业开始阶段都是分布在大城市周边地区，而现在已从大城市向中、小城市发展。在大城市，也从近郊区向中、远郊区发展，从而形成了休闲农业分布的新格局。就北京市而言，以城市为中心，城市周边50千米以内，为观光、采摘、科技、教育、餐饮、购物旅游圈；城市周边50～150千米以内，为观光、休闲、体验、住宿旅游圈；城市周边150～250千米以内，为休闲、度假、特色旅游圈。

2.休闲农业从依托城市向依托景区发展

过去一些旅游景区主要是从自己本身考虑发展，现在一些景区开阔了思路，把景区旅游延伸到农村，实行景区旅游开发与农村经济发展相结合，在自己发展的同时，通过多种方式积极引导村民参与旅游服务业，发展农业和休闲农业，走旅游脱贫致富的道路。

3.休闲农业从单一观光型向休闲、教育、体验型发展

过去休闲农业多是以农业观光和农家乐为主，功能单一、层次较低，现在休闲农业已不满足于“住农家屋、吃农家饭、干农家活、享农家乐”为内容的农家乐。在发展农业休闲旅游和农家乐的同时，还开发乡村的民俗文化、农耕文化、生态文化资源，增加了休闲、娱乐、养生、健身和回归自然的内容，从而使休闲农业向高品味、高层次、多功能方向发展。

4.休闲农业从自发发展逐步走向规范化发展

过去，休闲农业很多是自发发展的，没有经过规划论证，经营管理不规范。近年来，各地农业部门和旅游部门都重视规范化管理，制定了农业旅游和民俗旅游的评定标准，有的对农家乐和休闲农庄还制定了星级标准。依据标准定期进行评估，评出一级、二级休闲农业旅游示范区（点），使休闲农业逐步走向规范化和专业化。

5.休闲农业发展与新农村建设相结合

发展休闲农业必须考虑新农村建设的总体规划，密切结合农村产业结构调整、新村建设与整治、生态环境改善等各项工作开展，使休闲农业发展与新农村建设结合起来。

(四) 我国休闲农业发展的模式与经营类型

目前，我国休闲农业发展主要有以下七种模式30种类型。

1.田园农业旅游模式

以农村田园景观、农业生产活动和特色农产品为旅游吸引物，开发农业游、林果游、花卉游、渔业游、牧业游等不同特色的主题旅游活动，满足游客体验农业、回归自然的心理需求。主要类型如下。

①田园农业游。以大田农业为重点，开发欣赏田园风光、观看农业生产活动、品尝和购置绿色食品、学习农业技术知识等旅游活动，以达到了解和体验农业的目的，如上海市孙桥现代农业观光园。

②园林观光游。以果林和园林为重点，开发采摘、观景、赏花、踏青、购置果品等旅游活动，让游客观看绿色景观，亲近美好自然，如四川省泸州张坝桂园林。

③农业科技游。以现代农业科技园区为重点，开发观看园区高新农业技术和品种、温室大棚内设施农业和生态农业，使游客增长现代农业知识，如北京市昌平国家农业科技园区。

④参与体验游。通过参加农业生产活动，与农民同吃、同住、同劳动，让游客接触实际的农业生产、农耕文化和特殊的乡土气息，如广东省高要广新农业生态园。

2.民俗风情旅游模式

以农村风土人情、民俗文化为旅游吸引物，充分突出农耕文化、乡土文化和民俗文化特色，开发农耕展示、民间技艺、时令民俗、节庆活动、民间歌舞等旅游活动，增加乡村旅游的文化内涵。主要类型如下。

①农耕文化游。利用农耕技艺、农耕用具、农耕节气、农产品加工活动等，开展农业文化旅游，如新疆吐鲁番市坎儿井民俗园。

②民俗文化游。利用居住民俗、服饰民俗、饮食民俗、礼仪民俗、节令民俗、游艺民俗等，开展民俗文化游，如山东省日照市任家台渔家民俗村。

③乡土文化游。利用民俗歌舞、民间技艺、民间戏剧、民间表演等，开展乡土文化游，如湖南省怀化市荆坪古文化村。

④民族文化游。利用民族风俗、民族习惯、民族村落、民族歌舞、民旅节日、民族宗教等，开展民族文化游，如拉萨市娘热民俗风情园。

3.农家乐旅游模式

指农民利用自家庭院、自己生产的农产品及周围的田园风光、自然景点，以低廉的价格吸引游客前来吃、住、游、玩、娱、购等旅游活动。主要类型如下。

①农业观光农家乐。利用田园农业生产及农家生活等，吸引游客前来观光、休闲和体验，如成都市三圣乡红砂村花乡农居西域葡萄园、湖南省益阳市花乡农家乐。

②民俗文化农家乐。利用当地民俗文化，吸引游客前来观赏、娱乐、休闲，如贵州省郎德上寨的民俗风情农家乐。

③民居型农家乐。利用当地古村落和民居住宅，吸引游客前来观光旅游，如广西省阳朔市特色民居农家乐。

④休闲娱乐农家乐。以优美的环境、齐全的设施、舒适的服务为游客提供吃、住、玩等旅游活动，如成都市郫县农科村农家乐。

⑤食宿接待农家乐。以舒适、卫生、安全的居住环境和可口的特色食品，吸引游客前来休闲旅游，如江西省景德镇瑶里稻田农家旅馆、湖南省湘西凤凰古镇吊脚楼旅馆。

⑥农事参与农家乐。以农业生产活动和农业工艺技术，吸引游客前来休闲旅游，如北京市大兴红星集体农庄阳光农事体验园。

4.村落乡镇旅游模式

以古村镇宅院建筑和新农村建设格局为旅游吸引物，开发观光旅游。主要类型如下

①古民居和古宅院游。大多数是利用明、清两代村镇建筑来发展观光旅游，如山西省王家大院和乔家大院、福建省闽南土楼。

②民族村寨游。利用民族特色的村寨发展观光旅游，如云南省瑞丽傣族自然村、红河哈尼族民俗村。

③古镇建筑游。利用古镇房屋建筑、民居、街道、店铺、古寺庙、园林来发展观光旅游，如山西平遥、云南丽江、浙江南浔、安徽徽州镇。

④新村风貌游。利用现代农村建筑、民居庭院、街道格局、村庄绿化、工农企业来发展观光旅游，如北京市韩村河村、江苏省华西村、河南省南街村。

5.休闲度假旅游模式

依托自然优美的乡野风景、舒适怡人的清新气候、独特的地热温泉、环保生态的绿色空间，结合周围的田园景观和民俗文化，兴建一些休闲、娱乐设施，为游客提供休憩、度假、娱乐、餐饮、健身等服务。主要类型如下。

①休闲度假村。以山水、森林、温泉为依托，以齐全、高档的设施和优质的服务为游客提供休闲、度假旅游，如广东省梅州雁南飞茶田度假村。

②休闲农庄。以优越的自然环境、独特的田园景观、丰富的农业产品、优惠的餐饮和住宿，为游客提供休闲、观光旅游，如武汉市谦森岛庄园。

③乡村酒店。以餐饮、住宿为主，配合周围自然景观和人文景观，为游客提供休闲旅游，如四川省郫县友爱镇农科村乡村酒店。

6.科普教育旅游模式

利用农业观光园、农业科技生态园、农业产品展览馆、农业博览园或博物馆，为游客提供了解农业历史、学习农业技术、增长农业知识的旅游活动。主要类型如下。

①农业科技教育基地。是在农业科研基地的基础上，利用科研设施作景点，以高新农业技术为教材，向农业工作者和中、小学生进农业技术教育，形成集农业生产、科技示范、科研教育为一体的新型科教农业园，如北京市昌平区小汤山现代农业科技园、陕西省杨凌农业高新技术产业示范园。

②观光休闲教育农业园。利用当地农业园区的资源环境，现代农业设施、农业经营活动、农业生产过程、优质农产品等，开展农业观光、参与体验、DIY 教育活动，如广东省高明蔼雯教育农庄。

③少儿教育农业基地。利用当地农业种植、畜牧、农耕文化、农业技术等，让中、小学生参与休闲农业活动，接受农业技术知识的教育，如北京市阳光少年教育实践基地。

④农业博览园。利用当地农业技术、农业生产过程、农业产品、农业文化进行展示，让

游客参观，如沈阳市农业博览园、山东省寿光生态农业博览园。

7. 回归自然旅游模式

利用农村优美的自然景观发展赏景、登山、森林浴、滑雪等旅游活动，让游客亲近大自然。主要类型如下。

①森林公园；

②湿地公园；

③水上乐园；

④露宿营地；

⑤自然保护区。

（五）我国典型地区休闲农业创意的发展状况

1.中国台湾观光农业创意的发展状况

20 世纪 70 年代末，观光果园率先在中国台湾出现。1983 年中国台湾实施“发展观光农业示范计划”，充分利用各地的自然风景和旅游资源，与具有特色农业生产结合，发展观光农业，其观光农业已成为旅游业的一个重要分支，也成为现代化农业的先驱。中国台湾观光农业有几种类型：水果观光园、花卉观光园、蔬菜观光园、茶树观光园、森林观光园、综合观光园。中国台湾开放观光作物类包括：柑橘、百香果、莲雾、杨桃、金枣、李子、桃、草莓、葡萄、柿、红枣、荔枝、龙眼、番石榴等水果以及茶树、花卉等各种农作物二十多种。目前，仅台北市的观光农园就有 300 万平方米。

中国台湾发展休闲观光农业的主要思路是利用农业及农村丰富的自然资源，将乡村变成具有教育、游憩、文化等多种功能的生活空间，满足现代人对休闲生活日益扩大的需求。

经过三十多年的发展，休闲观光农业已成为中国台湾民众休闲旅游的一种重要形式。中国台湾休闲观光农业种类繁多、经营模式多样，各种形式的观光农业在发展水平、成熟程度及政府扶持措施等方面各有差异，其主要类型有：休闲农场、观光农园、市民农园、农业公园，以及假日花市、教育农园、森林游乐区、屋顶农业等其他形态。除了种植业观光园林外，近年来，观光农业还不断向畜牧业、渔业方面发展，出现了观光渔场、牧场等，利用林产、畜禽、鱼贝之类促进农林牧副渔全面发展，促进农业和旅游业的综合发展。

2.大陆典型城市休闲农业的发展状况

①北京市休闲农业的发展状况。北京市郊区观光农业的发展历经了萌芽自发、政府引导和规范管理三个时期。20 世纪 80 年代后期，在昌平县十三陵旅游区出现了向游客开放的观光桃园，游客购票入园后可自行采摘、品尝鲜桃，在游览结束时，桃园会赠送游客一袋自己采摘的桃子，这种观光形式深受游客欢迎。2004 年年初，为促进观光休闲农业行业的规范发展成立了全国首家“北京观光休闲农业行业协会”，制定了市级观光农业示范园的标准。目前，北京市形成了城市近郊观赏农业公园区、中郊平原观光休闲农业区、远郊山区观光休闲

生态农业区。

②上海市休闲农业创意的发展状况。上海市农业旅游起步于1991年，“南汇桃花节”是最初的景点。到2002年，上海共有72个观光休闲农业景区（点），分布于上海市10个区县。如今的上海郊区，农业形态正在重新调整和变化，传统的农业功能正向绿色食品功能、生态休闲功能、科技示范功能为一体的都市现代农业功能转变。2005年崇明前卫村正式对外接待游客，拉开了上海郊区“农家乐”序幕，现在全市已基本建成农业旅游景点30多处，形成了七条农业旅游线。目前上海市有观光农业园区、观光农业基地和“观光农业镇”等多种类型，如位于上海西南郊的松江县洞泾镇，全镇均为观光农业景区，这在上海市还是第一家。农业的生态休闲效益正在日渐凸现，农业旅游成为上海发展都市现代农业的新亮点。

③深圳市休闲农业创意的发展状况。深圳市制订的“十一五”期间的都市农业发展总体目标，以农业园区、无公害生产基地观光农业为主要形式，以实现都市农业的经济、社会、生态功能为发展方向，将建成集科技研发示范、休闲观光、生态屏障和提供安全优质农产品等功能于一体的现代都市农业系统。深圳市农业总体布局在空间上分为三大片区：东部生态农业区，重点发展生态风景林、森林公园等生态农业、无公害农业和旅游观光农业等。西部农业高新技术产业区，以现代农业科技装备的设施化与工厂化生产为主要手段，大力打造农业科技示范园区。沿海海洋高新技术产业区，重点发展海洋养殖、捕捞加工、海洋生物产业和休闲观光旅游。

④浙江省休闲农业创意的发展状况。浙江省休闲观光农业由于自然资源、人文资源、农业资源和经济状况的差异，各地休闲观光农业发展类型与模式表现为多样性。目前，按开发模式分，主要有基地改建型、项目建设型、文化挖掘型、设施改造型、农庄经济型、旅游带动型等；按功能分，主要有观光农园、休闲农场、市民农园、教育农园、农业公园、森林公园、民俗观光村、民居农庄等；按产业类型分，主要有种植主导型、畜牧养殖主导型，水产养殖主导型、综合开发利用型等。

⑤湖南省休闲农业创意的发展状况。2006年3月，湖南省休闲农业协会在长沙市成立，标志着湖南省现代农业与现代旅游业相结合的高效农业已成为农村经济的新亮点，是全国率先成立休闲农业协会的省市之一。20世纪90年代，长沙、益阳两市出现了以钓鱼休闲、吃农家菜、住农家房、观农家景、干农家活为主要内容的“农家乐”。经过多年发展，休闲农业整体档次得到一定程度提升。在满足游客吃住的基础上，湖南省休闲农业发展越来越注重为游客提供更多的自然休闲方式、农家生活与农事体验等休闲旅游产品。目前，湖南省休闲农业主要由观光型休闲农业、客栈型休闲农业、度假型休闲农业三种类型，其中长沙县、开福区、望城县、浏阳市等已逐步形成了点面结合的休闲农业产业群。

第三节 休闲农业创意的构成要素及基本原则

一、休闲农业创意的构成元素和基本要素

休闲农业的创意需要有构成元素，也就是创意的对象、资料及其他辅助资源，通常包括五大构成元素和四大要素。

（一）五大构成元素

1.自然资源

自然资源是休闲农业创意必不可少的元素，如土地、生态、水资源等，组成了生产的原料来源、空间环境与布局场所。休闲农业的创意就是对这类资源进行创造性的开发和利用，以发挥其最大的效益价值。

2.农业资源

农业资源包括一切与农业生产相关的原料、工具和产品，如各种农林作物、农耕器具、古树名木及农业加工产品。这是休闲农业创意的主要元素，可以通过创意，深度发掘其不同的功用，活化其审美价值，从而提高附加值。

3.农业科技

农业科技主要指用于农业生产方面的先进科学技术以及专门针对农村生活方面和一些简单的农产品加工技术，这是休闲农业中科技创意的重要对象。

传统的农业生产技术可以让人怀古思旧，比如湖北省随州郊外的炎帝神农故里，游客在参观炎帝神农遗迹的过程中，扶犁耕作、推磨碾米、踩水车灌农田。随着科学和生产力的发展，农业生产方式在不断进步，嫁接、扦插、克隆、转基因、组织培养、杂交、航天育种等技术的应用，轮作、套种、间作、地膜覆盖种植、大棚栽种、无土栽培、立体种植、水培、气耕法、反季节种植、工程化养殖等，使现代农业呈现五彩斑斓的景象。利用休闲农业创意将现代农业科技与时尚元素结合，可以创造出令人耳目一新的产品，产生意想不到的效果，从而提高休闲农业的吸引力。

科技是休闲农业创意的根本支撑，科技的发展催生了休闲农业的出现，科技的进步提供了休闲农业创意发展所需的不竭动力。在确立休闲农业创意发展规划的时候，必须以区域科技的实际水平为前提，没有科技休闲农业创意就没有了表现方式。发展休闲农业创意，科技的快速发展是根本要求。

4.乡土文化

乡土文化是中华民族在长期繁衍生息过程中的智慧结晶，包括物质文化和非物质文化两大类型，尤其是其中的非物质文化具有不可再生性，是休闲农业创意不可或缺的素材。

我国的乡土文化源远流长，内容丰富多彩，素有“五里不同俗，十里不同风”的说法，

其内容涉及历史沿革、民俗风情、传说故事、田园诗歌、古建遗存、名人传记、村规民约、民族族谱、民歌民谣、民间美食、童玩活动、婚嫁、宗教、节庆、等诸多方面，这为休闲农业进行文化创意，实现差异化发展，提升休闲农业的文化内涵和品位提供了丰富的资源。

5.乡村建筑及民间技艺

乡村建筑风格以舒适机能为导向，兼具古典的造型与现代的线条、人体工学与装饰艺术的家具风格，充分显现出自然质朴的特性。如居室整体情境为田园韵味，开敞明亮、舒适自然；色彩选择多为复合色，如深绿、土黄。主要元素为摇椅、小碎花布、野花盆栽、小麦草、水果、磁盘、铁艺制品等，这些都是创意中不可或缺的传统乡村建筑资源，通过创意，可以让这种民族特色的东西“世界化”“时尚化”。

我国的民间杂艺数不胜数，如陶艺、蜡染、藤编、贴饰、织布、竹雕、泥塑、豆画等，都是在长期劳作实践中，不断探索、总结、提高而形成的具有特色的手工技艺，有许多荣列为“非物质文化遗产”。这些制作的技艺传承不断，并且在传承中形成了独特手工技艺文化，也成为休闲农业创意的着眼点。

（二）四大核心要素

创意不是万能的，创意本身并不能给社会和人类带来实质性的改变，创意价值的实现需要各种动力要素的推动。按照区域经济发展理论，结合国内外休闲农业创意发展的实际经验，我国休闲农业创意发展的要素是多方面的，主要包括政府先导政策保障要素、创新资源生力要素、人力资源助推要素、资本资源动力要素等四大核心要素。

1.政府先导政策保障

政策与制度是经济发展的基础性动力，是休闲农业创意发展的重要先导因素。

休闲农业创意的发展需要一个有决策力的政府提供高效的社会服务。随着创意产业的不断推进和政府对于创意产业认识的逐步深入，各级政府将促进文化创意产业发展作为经济结构调整的重要措施，各级政府在农业产业规划中，也将农业创新和文化结合作为发展的重点进行扶持，给予政策和资金方面的扶持，发展规划和实施战略上的指导，并逐渐成为引导和促进休闲农业创意发展的有力保障。政府先导与政策保障作用主要体现在通过制定完善的创意休闲农业发展政策和制度，改善经营环境、维护自由竞争、培育和吸引创意人才、鼓励其他行业投资、协助创意休闲农产品投入市场、建立完善的投资体系等方面。

2.创新资源生力

创新能力是休闲农业创意能否发展的关键。休闲农业创意的发展是在一系列的创新活动推动下进行的，农业创新涵盖了农业科技创新、生产方式创新、经营管理创新、组织创新、农业支撑体系创新等诸多内容。单纯的某一项创新对休闲农业创意发展产生的效用可能并不显著，需要有其他相关的创新活动配合，才能够形成区域经济发展的综合能力。这里的创新资源中最重要的是创新技术，包括创新技术的研发和推广，目前特色产品开发技术、食品安全保障技术、生态环境保障技术、信息化综合服务技术、创意农业旅游景观设计技术等都是其中的关键技术。

3.人力资源助推

经济活动中的主体是人，没有人的活动，一切的经济管理和运行都无从谈起。人力资源是休闲农业创意发展的核心动力，没有高素质的人力资源队伍，休闲农业创意是不可能得到发展的。人力资源的数量、质量、结构及流动都会影响休闲农业创意的发展。发展休闲农业创意首先是创意人才的培养，创造人尽其才的环境，建立培养人才的机制，提高人力资源的质量是实施休闲农业创意发展战略的重要前提。

4.资本资源动力

创意的最终目的是实现产业化、规模化、创造高附加值，而休闲农业创意产业化的实现必须有强大的资金支持。加大金融对休闲农业创意的支持力度，是休闲农业创意发展不可缺少的重要条件，也是促使弱质农业从落后走向发达，并最终实现现代化的客观要求。

二、休闲农业创意的基本原则

休闲农业创意总的基本原则是要把创意融入休闲农业，把创意与科技、文化、产业、市场、生态环境有机融合，全面挖掘农业潜能，拓展市场空间。创意过程必须坚持以人为本，以农为主，在农业“生产、生活、生态”基础上发展休闲观光产业，以农业发展观光，以观光促进农业进步；必须坚持保护农村的自然资源和景观，维持生态平衡；必须坚持农耕和民俗文化的传承，保护浓厚的乡土气息与风土民情。

（一）以人为本、生态当先原则

以人为本，坚持生态保护是发展休闲农业创意首要坚持的原则。以人为本是科学发展观的核心，这里主要是指在休闲农业创意及生产管理活动中，坚持一切从人出发，以调动和激发人的积极性和创造性为根本手段，以达到提高效率和人的自由、全面发展为目的的观念。

生态当先，是说在从事休闲农业创意时要将保护生态环境放在首位。在任何人类活动包括休闲农业的创意活动中，都必须对生态环境的开发作限制，兼顾区域经济发展的同时，通过规范管理，以管促治，合理发展区域特色产业等多种措施，有效减轻人类活动对生态系统的压力，预防和控制各种不合理及过度开发建设活动导致生态功能的退化。

（二）因地制宜、适度合理原则

首先，应结合本地的特色，把内部发展经济的需求与外部对产品的需要结合起来，选准目标市场，再进行开发。

其次，要进行科学规划，统一布局。在布局时要以保护资源、发展生产为主要目的，不能破坏田园风光、污染环境。在规划时，要根据当地的自然、经济、社会条件，考虑到市场需求状况，因地制宜开展休闲农业创意开发规划，各地在旅游地建设上，不能一哄而上，盲目重复建设，要建设具有当地特色的创意休闲农业旅游基地。

（三）市场导向、科学发展原则

休闲农业创意必须面向各类消费者，以不同的景观吸引不同的游客。为此，休闲农业创意设计应兼顾不同收入者的利益，不能只建高档景点和设施。除了消费者要多样化之外，消费的对象也要多样化，要善于挖掘蕴涵在农业内部的各种人文资源，与农业相关的田间情趣、乡土风情，以及科技、教学等都是可以不断开发利用的农业旅游资源。

休闲农业创意具有农业和旅游业的双重性质，是农业和旅游业相结合的一种新型的交叉型产业，所以在选址时就必须考虑它所具备的生产功能和观光功能，以市场为导向，充分考虑好生产销售市场与旅游客源市场。

（四）立足自有资源、发挥比较优势原则

发挥本身的资源优势，将生态与文化相结合。国外发展休闲农业创意，并不是全靠渔场、农场等来吸引游客，常常是以他们的奇思妙想吸引众多游客。如在波兰，休闲农业创意与生态旅游紧密结合，接待游客的农户都是生态专业户；在匈牙利，休闲农业创意与文化旅游结合起来，使游客在领略田园风光的同时，还能体验这里悠久的民族文化；在美国，探险旅游与休闲农业创意相结合，大大提高了游客的兴趣。

我国休闲农业创意（特别是农村）仅处在起步阶段，节目内容不丰富，游客参与性也不强，而且内容形式重复较多。既然各地具有不同的文化特色，就应该把这些内容蕴含在休闲农业创意中，尽可能多地向游客展示当地的民俗、工艺美术、民间建筑、音乐舞蹈、婚俗禁忌、趣事传说等。不仅如此，还要利用特有的地理、生物等资源，大胆借鉴国外农业和生活开发模式。

（五）打造特色、突出内涵原则

休闲农业创意项目贵在有自己的特色。休闲农业创意项目的开发要针对市场的需求，根据地域差异以及自然、人文环境特色确立主题，对开发项目精细加工、论证，不断创新，遵循奇趣性、参与性、多功能性的原则，尤其要注意景点的区域合理分布与特色的培养，以特色占领市场，避免重复建设造成资源浪费，这样才能组合开发出高质量、高品位的休闲农业创意。随着服务性经济向体验性经济的转变，旅游功能的重心应向提供给旅游者直接参与的独特经历转变，这样才能形成项目开发的持续性、稳定性和常效性，形成共同繁荣的创意休闲农业新局面。

（六）多功能性、广包容性原则

休闲农业创意涵盖了生产、观光、休闲、度假、体验、参与、娱乐、购物、教育等一系

列内容，要尽量使观光农业具有多功能性，满足游客“自由选择、各得其所”的心理，不断增强游客的参与程度，最终达到增加游时、提高游兴以及增加经营者收益的目的。

（七）农业与景观协调发展原则

休闲农业创意的最大对象是农业和农村以及与农业相关的人文、自然资源，不能废农造景，而必须以农为景；不是抛弃农业原有的生产价值，追求生态、社会和文化价值，而是要在农业原有生产价值的基础上，再增加社会、生态和文化价值。在农业生产价值基础上，开拓农业生态、观光的新价值应该成为创意休闲农业的主要途径。为此，要保护好耕地和环境资源，它们是休闲农业创意存在的依据和基础。特别在初期更要注意这点。

休闲农业创意一般是在原有生产基地的条件上进一步开发而成，因此要根据基地的现实条件、地形地貌特征和气候条件，充分考虑其区位条件和交通条件，结合地方文化与人文景观，因时、因地统筹安排，合理布局、科学规划。在规划手法上，要在考虑传统文化的基础上，运用现代造园手法，表现时代风格，探索一条高效农业与旅游观光互为补充、相互促进、共同发展的新道路，建立最佳结构的休闲农业创意模式。

（八）经济、社会、生态效益兼顾原则

在市场经济条件下，任何新产业的开发都必须遵循市场规律，以效益的实现为发展的根本目标。其中，经济效益的能否实现是休闲农业创意发展是否成功的最直观表现，直接影响着地方经济开发的积极性和主动性。因此，休闲农业创意发展必须以市场为导向，特别是各项农业旅游项目的设计规划都要经过市场的分析论证方可实施。同时，休闲农业创意所具备的参与性、文化性特征，又使之担负着传播农业文化的社会教育重任；其对农村经济结构的调整，对农村剩余劳动力的转移、乡村城镇化发展的作用等都深深地影响着产业开发的社会效益实现。更不容忽视的是，休闲农业创意开发能否形成具有再生性的农业生态景观，将直接影响着整个生态环境的良性循环，这是休闲农业创意能否持续发展的根本保证。所以，经济、社会、生态三效益的结合是开发休闲农业创意必须重视的原则。

（九）可持续发展原则

休闲农业创意是生态农业和生态旅游的有机结合，其发展的基础是运行良好的农业生态系统和具有生态意识的管理者、经营者和旅游者。

实现休闲农业创意的可持续发展首先要进行合理规划，把休闲农业创意的建设规划纳入区域的统一规划当中，合理布局居民点、道路和旅游用地，科学开发，整治土地，改善农村环境，处理好古老民俗、民居的保留同新建具有旅游创意休闲农业特色的新农村的关系。其次，对经营管理者进行培训，增强他们的生态意识，并把这种意识转化为保护生态环境的行动，从而对游客产生影响，保持农业效益的持久性和高效性，最终实现休闲农业创意的可持续发展。

第四节 休闲农业创意的体系与类型

一、休闲农业创意的基本体系

（一）产前创意

产前创意指在休闲农业生产或园区建设之前，运用创意的思维与手法，对休闲农业及其园区的主题、设计、景观等进行统筹策划，加入时尚与新鲜的元素，以凸显产业与园区的特色，塑造鲜明的品牌形象，实现综合效益的提高。

1.主题创意

主题创意是在园区规划建设上，首先对园区的定位、主题、功能布局、品牌形象进行别出心裁的筹划设计，充分发挥本土资源优势，运用多元化手段进行创意创新，提炼主题、突出特色，营造新颖、独特、新鲜的环境。如成都市锦江区三圣花乡打造的分别以“幸福梅林”“荷塘月色”“江家菜地”“东篱菊园”“花香农居”为主题的“五朵金花”，走出了一条专业化、规模化、品牌化的休闲农业发展之路，明显改善了农村的生产生活条件和整体面貌，率先建成了社会主义新农村建设示范区。

2.设计创意

设计创意是在整个产业的农业区划、功能配置、配套设施建设、基础设施建设等方面都要精心布局，既符合产业生产布局的要求，也能结合游客观光旅游的需求，力求创新、与众不同。例如农业景观与生产区划的有机搭配，游步道、休闲亭台、民居建筑的修建与配合，农事体验活动的设置等，都要做到独具匠心、别具一格才能吸引游客，提高重游率。

3. 景观创意

景观创意则主要用于科技方法和艺术化的手段修复、改造自然环境与人文环境，营造出富有意境的、赏心悦目的田园风景和乡村特色风格。田园风景的创意，采用大地艺术化的手法对当地的农田、坡地、山林、水系进行景观化改造，突出乡土特色，营造乡野之趣；通过不同类型、不同品种、不同颜色的农作物的套种、间种，打造出富有丰富造型和强烈震撼力的田野景观。人文景观的创意，要采用现代生态设计手法，对农村的古址古迹和民居庭院进行保护性修复和内部设施的完善配备，尽量保持其原有风格，彰显当地的乡土风韵。

（二）产中创意

产中创意指在休闲农业生产过程中，利用先进科技或文化植入对农产品、农业加工品和其他衍生产品进行创新改造，生产品种齐全、形态多样、功能丰富的产品，使人耳目一新，从而提高其美感和附加值。

1.产品种类创新

利用先进繁育种技术和基因改良技术研发新的农作物品种，培育出各种“新、奇、特、优”产品，既可展现现代农业科技的力量，也可以满足人们追新猎奇的心态，获得科普知识，如北京市密云的紫海香堤等。

2.产品形态、颜色、高矮、大小创意

利用农业科学技术，改变农作物或园林花木的外观和生物学特征，使其花、叶、果的形状、颜色等发生变化，具有独特的观赏效果和价值，如湖南省农业科学院的研究成果彩色水稻等。

3.产品功能创意

充分考虑农产品的观赏、药用、艺术价值等功能，利用农耕用具、农村手工艺品进行创意打造，将普通产品变成商品、纪念品甚至成为艺术品，提高附加值，如山海关外葫芦岛的各类葫芦做成的装饰纪念品等。

4.产品生产创意

利用科技和新设施，改变作物的传统生产方式和生长空间，形成特色景观，给人耳目一新的感受，如用光伏大棚、物联网技术种植反季节果蔬，用立体栽培、无土栽培等技术制造红薯空中长、草莓壁上生等农业特色景观。或在种植形式上打破传统农业“横平竖直”的一垄一行的种植形状，而是种成一种有特定含义和艺术图案的形状，如种成迷宫形、地图形等。

5.通过成熟期不同的农作物合理搭配创意

休闲农业当中一个重要的内容是采摘。消费者的采摘欲望每天都可能发生，而农作物的成熟是有季节性的。因此为了延长采摘期，尽可能每时每刻都能满足消费者的需求，就需要选择不同成熟期的作物品种进行合理搭配。在尽可能多的农作物品种进行搭配的基础上，还可以在农作物生长规律允许的范围内，提早或推迟播种期，从而使收获期更加延长。有农业大棚和日光温室的地方，还可以通过农业设施，将这种创意方法发挥地淋漓尽致。

6.在劳动主体上创意

通过完善一定的基础设施和宣传，农民和市民共同建设“市民菜园”，让市民自己决定种植农作物的品种，自己决定采摘收获的时间，从而将市民回归自然、体验农耕文化、休闲健身以及食用绝对安全、鲜活农产品等多种需求统一起来。

（三）产后创意

产后创意是在产业流通环节中通过对休闲农产品进行美化包装、创意营销和创新服务等方式，塑造精品品牌形象，提升休闲农产品的商业价值和隐性价值，提高农产品的效益。

1.包装创意

包装创意是运用视觉设计艺术，对休闲农业产品的概念、形象、组合进行深度挖掘、提炼、优化，形成独特的风格，塑造品牌形象。比如用藤条、柳条或竹片编成篮筐、盒子盛装农产品，显得土味土韵十足，别有风味。如湖南省雪农生态养殖开发公司设计的“蛋中鸡”商标，以民间剪纸图案融合现代时尚艺术字体，既富于变化，表达了绿色经营理念，又内涵丰富，表达了生生不息的意境。

2.营销创意

结合“地理标志产品”、农产品著名品牌、驰名商标等方式塑造经典品牌，全面展示产品的品牌定位理念、特色卖点营造极富视觉冲击力的终端表现。通过广告、促销、体验、节庆活动、社区直销、网络销售等营销手段，创新营销方式与渠道，拓展营销空间。如水果采摘季活动，让游客自采自摘，将销售融入到体验中去，使游客乐享收货的喜悦。开展“打造会说话的苹果”特色劳动体验活动，让小朋友和家长进行亲子互动，用印有吉祥语、京剧脸谱图案、卡通人物等各种表达情意的图案字帖，给刚摘下来的苹果贴上自己喜欢图案的“苹果贴”。在果树旁、田间路边，搭起了小木屋或帐篷，满足消费者的需求。

3.在销售渠道上进行创意

打破农作物必须种在田里，消费者只购买成熟产品的做法，而是将选择（培育、驯化）合适的品种，种在不同形状、颜色的花盘里，让市民带回家摆在客厅里、阳台上。既能观赏，又能增氧、养眼，还能收获、食用绝对鲜、活、放心的农产品。

4.在产品功能的拓展上创意

传统的农产品收获以后只有食用的功能，而经过创意赋予它文化元素或特殊含义便会身价倍增。

①做成艺术品。如北京延庆，将各种豆子合理搭配，便成了妙趣横生的豆塑画。而北京门头沟的农民，将麦秸精挑细选，合理加工，便成了质地高雅的麦秸画。除这些外，艺术南瓜、艺术葫芦等，不胜枚举。

②做成礼品。这有两方面的创意。一是做成有特指的礼品，如通过多种手法，在农产品的果实上刻字，特定时间送给特定的消费者，如“人名”“寿”“生日快乐”等。二是做成节假日礼品。中国人礼数多，节假日要给亲戚、朋友、同事送礼物，过去满足这种需求的多用工业品。然而时间长了，礼品多了，工业品便失去了价值。只有农产品才能及时送及时消费，下次再送依然需要。

③做成功能食品。过去的农产品，只追求质量好，营养价值高，而追求对人体保健功能价值的不多。随着“既要小康，又要健康”的“双康”社会到来，人们将在追求农产品质量好、营养价值高的基础上，根据人体的个性化差异，进一步追求农产品对人体健康的功能价值将是一个方向。所以，将农产品的各种食疗功能挖掘出来、整理起来、宣传出去，在农产品的介绍中注明，将会产生新的市场空间。

二、休闲农业创意的基本类型

根据休闲农业的不同类型进行创意，其中包括根据休闲农业不同结构类型的创意，和根据休闲农业不同功能的创意等。

（一）根据休闲农业不同结构的分类

1.休闲种植业创意

休闲种植业创意是针对休闲农业中的种植业进行的创意，利用现代农业技术，开发具有较高观赏价值的作物园地，利用现代农业栽培手段向游客展示农业最新成果。如引进优质蔬菜、绿色食品、高产瓜果、观赏花卉，组建多姿多彩的农业观光园、自摘水果园、农俗园、农果品尝中心等。

2.休闲林业创意

休闲林业创意是针对人工林场、天然林地、林果园、绿色造型公园等进行的创意。开发利用人工林与自然林所具有的多种旅游功能和观光价值，为游客观光、野营、探险、避暑、科考、森林浴等提供空间场所。

3.休闲养殖业创意

休闲养殖业创意包括休闲牧业创意和休闲渔业（水产业）创意。休闲牧业创意是针对具有观光性的牧场、养殖场、狩猎场、森林动物园等进行创意，为游客提供观光和参与牧业生活的风趣和乐趣，如奶牛观光、草原放牧、马场比赛、猎场狩猎等各项活动。休闲渔业（水产业）创意是针对利用滩涂、湖、水库、鱼塘等水体，开展具有观光、参与功能的旅游项目。如参观捕鱼、驾驶渔船、水中垂钓、品尝水鲜、参与捕捞活动等，还可以让游客学习养殖技术。

4.休闲农业产品创意

休闲农业产品创意是针对包括与农业相关的具有地方特色的工艺品及其加工制作过程，这些过程都可作为观光副业项目进行开发。

5.休闲农业综合创意

休闲农业综合创意是针对建立农、林、牧、渔土地综合利用的生态模式，强化生产过程的生态性、趣味性、艺术性，为游客提供观赏和研究良好生产环境的场所，形成林果粮间作、农林牧结合、桑基鱼塘等农业生态景观。

（二）根据休闲农业不同功能的分类

1.观赏型休闲农业创意

观赏型休闲农业创意是针对休闲农业中具有观赏价值的自然景观、农业景观、民俗文化景观、农耕器具等资源的创意，使游客获得更浓厚的自然情趣和丰富的文化体验。

2.品尝型休闲农业创意

品尝型休闲农业创意是针对休闲农业中的游客采摘、品尝等活动的创意，让游客充分体验农业生物资源及其制品的色、香、味等特色。如水果、蔬菜、香草、山珍、海味、奶制品、肉制品等。

3.购物型休闲农业创意

购物型休闲农业创意是针对休闲农业商品满足游客购物需求的创意。例如，新鲜农产品购物中心、山珍野果购物中心、花卉展销中心、牧产品销售中心、水产品购物站、工艺品展销中心等。

4.体验型（参与型）休闲农业创意

体验型休闲农业创意是针对让游客体验农业生产劳作过程和活动方式的创意。如果园摘果、茶园采茶、田地种菜、草原放牧、渔场捕捞、鱼塘垂钓、蜂房摇蜜、油坊榨油、陶吧制陶等。

5.娱乐型休闲农业创意

娱乐型休闲农业创意是针对乡野和乡土特色进行创意，满足游客娱乐性需求。如赛马、斗鸡、斗牛、狩猎、滑草、植物迷宫、乡村儿童乐园等。

6. 疗养度假型休闲农业创意

疗养度假型休闲农业创意是针对乡村地区提供康体疗养和度假服务的空间场所和设施等的创意。如森林浴场、生态农业休养地、乡间温泉水疗馆、海滨浴场、农家小院、乡村别墅、避暑营地等不同类型的疗养度假型资源。

思考题：

1.什么是创意休闲农业？创意休闲农业有哪些属性？

2.休闲农业创意的作用有哪些？

3.简述我国休闲农业创意的发展过程及发展的特点。

4.休闲农业创意的构成要素有哪些？

5.休闲农业创意的基本原则有哪些？

6.根据休闲农业的不同结构和功能，休闲农业创意可分为哪几类？

第二章 休闲种植业创意

第一节 休闲种植业创意概述

一、休闲种植业创意的内涵与理论基础

（一）休闲种植业创意的内涵

1.休闲种植业创意的概念

休闲种植业创意是创意元素与传统种植业相结合的产物。广义的休闲种植业创意是指对农作物（蔬菜、果树、花卉、大田作物以及中药材等）种植经营的过程、形式、工具、方法、产品进行创意和设计，从而创造财富和增加就业机会。休闲种植业创意利用与种植过程相关的土地资源、生产资源、各种植物资源、文化资源等，充分发挥创意、创新构思，研发设计出具有独特性的创意活动或产品。以提升现代农业的价值与产值，创造出新的、优质的农产品和农村消费市场与旅游市场，并最终实现农业增产、农民增收、农村繁荣，构建农村创意生产方式和生活方式。

2.休闲种植业创意的属性

休闲种植业创意仍然具有农业的自然属性、经济属性和社会属性，此外还具有文化属性和精神属性。

（1）自然属性

休闲种植业创意以种植业为载体，受自然资源禀赋和自然环境的影响，因而具有自然属性。但因休闲种植业创意的目标不再是产量，所以受自然环境影响的程度小一些。

（2）经济属性

休闲种植业创意的经济属性表现为它的生产功能，其创意过程中不仅生产物质产品，更重要的是生产精神产品。具体表现为不再追求数量，而是追求创意性和唯一性。因此，生产属性虽然仍是休闲种植业创意的基本属性，但不是主要属性。

（3）社会属性

休闲种植业创意的社会属性表现为社会提供具有物质和精神双重属性的产品，提供直接或间接的就业岗位，是人们生活的一个重要内容。

（4）文化属性

文化属性是休闲种植业创意的显著属性。种植业本身具有丰富的文化内涵，但休闲种植业创意的文化属性不仅指种植业文化，也包括除种植业文化之外的文化。赋予种植业农产品、农业生产过程等以文化（农业文化和非农业文化）内涵，是休闲种植业创意的主要功能。

(5) 精神属性

创意农业产品不管是有形的还是无形的，都具有满足人们精神需求的属性。人们对真善美的追求，对美好生活的享受，对不良情绪和压力的释放等，都可以借助休闲种植业创意来实现。

(二) 休闲种植业创意的理论基础

1.可持续农业理论

可持续农业是休闲种植业创意的指导思想和终极目标。休闲种植业创意是可持续农业的具体实践形式，反过来可持续农业理论又为休闲种植业创意的“生态性”提供了保障。一是该理论强调农业资源的持续利用，可在一定程度上规范创意设计者的创意理念，提高资源成本意识；二是该理论强调环境伦理建设，可以提高各利益主体的生态意识、环保观念和道德修养；三是该理论强调生态环境保护和协调发展，可以促进在创意过程中考虑到水土资源保护、生物多样性保护等，积极寻求对环境无害的创意类型。

2.景观生态学理论

景观生态学注重对景观管理、规划和设计以及空间结构与生态过程的相互影响研究。基于景观生态学的理论基础，休闲种植业创意所体现的景观是由田园风光景观、聚落景观的深层次开发与旅游业延伸交叉而形成的。任何一种种植业形式，都必然落实在具体的地域空间上，构成各类农业景观，因此休闲种植业创意的最终成果也必然表现为空间格局合理的具体农业景观。

3.休闲经济学理论

休闲经济学理论认为休闲是人的生命活动的组成部分，是社会文明的重要标志。当休闲时间不断增加、经济持续增长、消费水平不断提高、信息技术不断发展，人们将把更多的时间和金钱投入到文化精神与追求健康的消费中，这也为休闲种植业创意提供了良好的基础。

而休闲种植业创意过程中，也需要遵循市场经济规律，满足消费者需求，围绕市场需求开发新产品，从休闲经济学角度出发，根据市场变化和产品生命周期理论，用市场营销的观点开发创意产品。

二、休闲种植业的创意特点与创意模式

(一) 休闲种植业创意的特点

休闲种植业创意是种植业与创意产业相融合的新型业态，它充满了创造力、想象力和艺术感染力，既有种植业的基本特色，同时也具有创意产业的共有属性和特征。休闲种植业创意具有以下四个特点。

第一，与种植业深度融合。休闲种植业创意是科技、文化、艺术与种植业交融的产物。

一方面它完全颠覆了传统种植业的观念和理念；另一方面它又离不开传统种植业的基础。因此，休闲种植业创意是创意产业与种植业的深度融合，需要通过创意设计，同时满足人们对美感、营养、味觉、健康、绿色、时尚、文化、艺术享受等的多种需求。

第二，具有规模化特点。休闲种植业创意是对种植业知识、种植业文化传播、种植产业发展形态的整体融合创新，因此，休闲种植业创意需要有一定的产业规模和扩大再生产的能力，需要有大规模的资金和物质投入。并通过规模发展，对农业的繁荣发展起到重要的带动作用。

第三，有较高的文化品位。休闲种植业创意的重点在文化，它将单纯的农业生产与农耕文化、旅游文化结合起来，将农产品和农业生产过程赋予文化内涵和价值，给人以超越物质的精神享受。也就是通过休闲种植业创意，不断创造出农业和农村的新观念、农民的新思想、新技术和其他新的创造内容，其典型特性是劳动者在田间“生产”文化，消费者在生活中“消费”文化，用以满足人们的精神需求。

第四，有较高的附加值。休闲种植业创意跳出了传统种植业依赖于对自然资源的消耗，而主要消耗“人的智慧”，体现的是智力价值和精神价值。休闲种植业创意以智力投资、创新、创意的形式融入到作物种植和生产过程之中，获得超出物化形态的体验附加值、审美附加值、知识附加值、科技附加值等，为社会提供智能化、特色化、个性化、艺术化的创意农产品，最终实现多环节增收。

（二）休闲种植业创意模式

1.生产景观创意

在物质需求得到充分满足的同时，人们越来越渴望感受田园风光和郊野风情，使得“回归自然”的思潮席卷整个休闲农业创意的景观设计领域。据记载，我国古典园林起源于苑囿，而苑囿的功能之一就是种植农作物。无独有偶，在西方，景观设计师也主要来源于农场主。由此可见，种植生产是休闲农业的最初功能，也是能够使人产生美感的前提。

（1）生产过程创意

“田”是农业的景观符号，利用田地的外在表现形式进行创意，可以构造农业旅游新景观。如我国宋代时期开辟的皇家八卦田，平面形状为正八边形，其上种植不同颜色的农作物勾勒出道教中的阴阳鱼图案；在英美等国家的农场里，农场主请艺术家在麦田里设计一些规则的连环集合图案，被称之为“麦田怪圈”；日本等国家的农场，利用水稻田进行精细作图，设计出美丽立体的大型图案，被誉为“稻田艺术”；还有一些地区将农作物种植成“迷宫”的形式，在不影响生产的前提下，产生和谐的美感，增加趣味性。

（2）种植方式创意

科技是使农业走向现代化的重要手段。创意种植业可利用光、声、温、水等资源整合科技，改变传统种植方式，打造神奇的作物景观。如利用“声波助长仪”激发农产品的潜在价值，使番茄、草莓等产量大幅度增加；空中结红薯的“树式栽培技术”，让种植景观立体化；“无土雾化技术”栽培的蔬菜根悬在空中，令农业生产景观神秘化；利用生物技术改变农作物的性状、周期，培养出嫁接植物的奇特景观等。

2.农产品景观创意

创意种植业打破传统农产品单一的产业属性，拓展了产品的附加值，延伸和复合了农业产业链。而在其生产过程中渗透创意元素，进而塑造出具有差异化、时尚化、品牌化的“美学产品”。

(1) 农产品景观的色彩创意

农产品的视觉形象是塑造种植景观的首要前提，色彩则是最为直观的感受，可满足人们的视觉亲历和心灵感受。如培育种植彩色辣椒，紫、白、黄、红等不同色彩的辣椒不仅颜色上赏心悦目，同时令游客好奇而竞相购买；“缤纷年华”小南瓜、茄子和西葫芦以其色彩斑斓而深受消费者喜；大面积种植彩色不同色块油菜花，打造花田效果，既满足了农业生产，又增加了观赏性，达到视觉景观创意的效果。

(2) 农产品景观的形态创意

每种农产品都有其固有形态，利用现代工艺及技术手段进行创意，可打破传统农产品的形态，不仅为其赋予了新奇的景观感知力，还提升了农产品的经济价值。如利用现代科学技术培育的迷你黄瓜、迷你番茄、巨型南瓜等；或将西瓜置于透明的方形或心形容器中，培育出方形、心形西瓜；也有将长在田间的蔬果微型化，制做成盆景、盆果。这些与普通农产品有较大差异的农产品景观都让人产生新奇感，达到观赏效果。

3.园林景观创意

创意农业园区的规划设计直接影响农业的生态效益、经济效益和美学效益。不管是以科技应用为主题的农业科技园，还是以休闲度假为主题的农业观光园，都不仅在整体规划上力求新颖，更需对园林各个构景元素进行创意，塑造出独具特色的创意农业园区景观。

(1) 硬质园林景观创意

硬质园林景观创意设计可以利用原始的自然地形地貌，分析其景观美学特征并加以艺术处理，创造出奇特的地景。如在南方有梯田的地区，可以利用梯田台地拓展其空间造景，并与自然融为一体；在种植稻田的地方，可以利用纵横线打造成秩序性、规则性强的地形，合理控制视线，给人强烈的视觉感受。

温室是硬质园林创意设计的重要元素，利用温室或其他栽培设施，如棚架等，不仅可以保障农产品的四季生产，更可以利用其打造建筑景观，进行创意设计。如利用攀爬支架搭建出“丝瓜长廊”“猕猴桃棚”等；设计不同形状、大小的棚架、温室，将其打造成“南瓜凉亭”“番茄园舍”。

(2) 软质园林景观创意

软质园林景观创意设计包括植物景观和水体景观。多层次的植物体系可以构造丰富的园林景观，如利用温室将热带、温带甚至寒带的植物种植在同一园区，打造出奇特的异域景观；也可以设置立体组合栽培架或景观工艺容器，种植各种彩色蔬菜、花卉等；同时，植物本身也是一件可塑的园林艺术品，可将耐修剪的植物品种塑造成有趣的雕塑等。水是农业中必不可少的元素，水体景观创意设计可将水固化、汽化，云雾缭绕，让游客有回归自然的感觉。

三、休闲种植创意的设计方法

(一) 景观设计

1.视觉设计

由于植物具有丰富的色彩，富有特色的质感和各异的形状，因此种植创意在设计理念上可以融入众多的视觉元素，带给人们视觉的冲击，同时让人们产生美好的视觉体验。常见的视觉形态有景观的形状、质感与色彩。

(1) 形状

形状指对象的形象、形体以及形态，是重要的视觉语言。点、线、面是形体的基本形式，是表现视觉形象的基本设计语言。点、线、面都是相对而言的，根据观看的角度和方式不同，点、线、面是可以相互转化的。

第一，以“点”的形式设计。

在几何学上，点是一种看不见的实体，仅表示位置。但在景观中，点作为一种造型要素，是能被我们感知到的形象，具有一定大小面积和形状。

单一的点有集中视线、凝固视线的作用，在空间中具有点睛的作用，能够产生吸引人们视线的效果。正如保罗·克利认为的那样：“点静止时，具有固定位置的不动性格，表示安定，带有标志性和向心性。”如果将点设置在视觉轴线的端头或者将点设计成一个标志物，则更易构成一个空间序列中吸引视线的停顿点和聚焦点。例如草地中的孤植树。

当多个点组合在一起时，会使视点往返跳动，不利于吸引人的注意力而造成活泼、动感的心理感受。一大一小的两个点组合时，大点首先跳出来吸引视线，并由大点逐渐移向小点，最后集中在小点上，越小的点积聚力反而越强。三个以上点聚合时，若点与点之间的间隔较小，会产生很明显的线化，间隔越小线化越明显。当多个点向四周平均散开时，点与点之间会表现出三角形、四边形或多边形等，具有更多的张力，形成了一个隐约的面即点的面化。例如，日本的枯山水就是利用点的张力特点形成画面效果的。

点是种植创意设计中的最基本的要素，具有最简单而强调的特性，是设计中最活跃的因素，也是重要的图形语言和表现手段。在种植创意设计中，点不具有大小的限制，只要在空间中标定的位置都可以看成点。

第二，以“线”的形式设计。

线是种植创意中具有连续性、方向性的视觉元素，它有独特的形状、能量，可以包括道路、绿地、河流、地平线、天际线以及不同元素的交界。

线具有直线和曲线两种形态，直线具有果断、理性、坚定、速度感和坚强感的特性，类似于男性阳刚的品格。水平线具有向水平方向延伸空间的作用，可以使窄的空间在视觉上变宽；垂直线具有延长垂直空间的作用，使空间从高度上有所延伸，斜线则具有动感的特征，可以使原本呆板的空间灵动起来，产生一种不稳定而又向前延伸的美感。

曲线则类似女性的阴柔品格：柔和、丰富、优雅、感性、含蓄和富于节奏感。在形态上分为几何曲线和自由曲线，常见的几何曲线有圆弧线、椭圆线等，具有简洁、对称、理性的心理趋向。自由曲线则是无章法的自由线条，可以根据设计的不同需要而确定弯曲的程度，表现出灵活、自由、多变的心理趋向。

在种植创意设计中，线的应用最为广泛，道路的边界线、梯田的曲线、农田间隔线等都是线的应用。

第三，以“面”的形式设计。

“面”是均匀方向延展的视觉元素，其形状可以是规则的、不规则的、平的、弯曲的或扭曲的，可以是实的也可以是虚的，在种植创意设计中形态各异的面给人以不同的感受。如平面给人以空旷、延伸的感受；曲面给人自由、流动、活泼的感受；地面的抬升与下降都在空间上形成富有层次的景观效果。

面可理解为点和线的扩大化。线的分割可以产生各种比例的空间，同时也形成各种比例关系的面。面是非常重要的视觉语言，可以作为画面主体，也可以作为背景。面在构成画面中具有平衡、丰富空间层次、烘托及深化主题的作用。

在种植创意设计中，面的形态有很多。例如花海、草地、茶山、农田、各种铺装可以形成地面；建筑立面、紧密排列成行的树木可以形成垂直的面；高大的树木枝叶可以形成一个顶平面。地面是种植创意设计中一个非常重要的形态，它的构成形式将直接影响到其他的设计形态，由于园区一般位于农村，自然的农田和林木形成了种植创意设计地面的基调，辅助广场、道路的铺装能够形成丰富多变的景观。

(2) 色彩

色彩是感官中最容易引起人注意的想象特征。人对色彩的感受具有生理和心理双重感受。生理上，色彩具有冷暖感、距离感、轻重感；心理上，不同色相、明度、纯度会使人产生不同的心理感受，而这个心理感受又因人、因地区、因文化而异。尽管这样，我们仍不能否认色彩独特的、强烈的表现性，同时，色彩的表现性是因为有了形的存在才更能体现出它的价值。

休闲种植创意设计中的色彩类型主要有红、绿、蓝三原色，通过色相对比、纯度对比、明度对比、色彩的面积与位置对比等衍生出其他各种颜色。组成休闲种植创意的色彩分为自然色彩和人工色彩两大类。在这里，自然色是指物体原有的颜色，如植物原有的颜色，是大自然赋予的本来颜色。而人工色则与之相对，是人通过各种技术手段创造的颜色。在休闲种植创意中，植物、水体、天空、农田的颜色以自然色为主，而建筑、道路、广场、小品、铺装等则以表现人工色为主。

休闲种植创意设计中色彩的特殊性：休闲种植创意设计中的色彩与其他类型的设计不同，其基本色调以农业景观的色调为主。例如，春之麦苗、油菜花，夏之荷、稻，秋之荞、葵，冬之腊梅；桃花红时杨柳吐翠，稻麦黄处绿荫成行。人工色彩则为点缀，但是不同的功能区自然色和人工色的配比也有不同。例如以小品、雕塑等为景观焦点时，则其承载的色彩为主要色彩，而植物色彩退为背景色。

2.听觉设计

听觉是仅次于视觉的重要感觉通道，作为接受信息的第二大功能，对景观审美的体验显得尤为重要，而且环境中的声音无处不在，视觉无法接收的信息，大部分都由听觉补充。

对于植物的听觉景观营造，由于植物本身是静止的，没有声响的，需要通过人为手段或者自然界风雨等的作用，产生各种声音，故植物的听觉景观并不是自有的，而是“借来”的。休闲种植创意设计中常用的“借声”植物有松（柏）、竹、荷花等几种。

3.嗅觉设计

嗅觉景观设计将人体的嗅觉挖掘出来，通过嗅觉刺激或使人心情舒畅，或使人兴奋开朗，加深游客记忆，再与视觉景观、听觉景观、触觉景观、味觉景观相结合，提升休闲种植创意园区的景观质量。

嗅觉给人带来的感觉是独特的。据研究，嗅觉给人带来的印象在记忆中保存的时间是最久的，占到总数的70%，这也正应了园林的所谓以“有限之园寓无限之境”。提升休闲种植创意园区具有丰富的自然景观，水稻、麦苗、果树、花卉甚至菜香都能散发天然的香气，这些都给嗅觉景观设计提供了天然的材料。园林中自然的味道主要来自于植物，它们以其特有的清香或表情达意，或渲染氛围，气味的弥漫使得园林空间更富于回味，易与人亲近也更具有标识性，同时也蕴含着高尚的品格。

我国园林植物中香化植物资源丰富，有花香、果香、枝叶香之分。如花香植物有芳香花卉中的木兰科、蔷薇科、腊梅科、木樨科等科属中的大部分植物，果香植物有木瓜、枇杷、柑桔、佛手等；枝叶清香的植物有香樟、松柏类、茶属等，这些植物可以布置于园区的道路两旁或观赏区，服务于游客，兼具观赏和科普教育功能。

嗅觉景观创意的设计关键在于选择合适嗅觉的对象，并安排最佳的赏景时节和地点，策划相应的活动项目，引导游客体验嗅觉景观感受。如在休闲种植创意园区中根据优势资源、植物的花期可以推出樱花节、桂花节、丁香节等各种观赏活动，并在园内设计亭、廊、花架等设施，方便游客或动或静闻香的需要。

（二）园区设计

1.果蔬观光采摘园设计

果蔬观光采摘园是消费者来到果蔬生产园区，亲眼看到园区的生产环境和果蔬生产状况，亲身感受果蔬生产过程，了解果蔬生产技术，亲自动手采摘蔬菜和瓜果。消费者在现场采购自己满意的果蔬产品的同时，可以学习果蔬生产知识，体验亲自动手的快乐，获得很好的休闲效果。

果蔬观光采摘园的设计理念要求以蔬菜、瓜果优质生产为主线，以园区环境景观为依托，以生产过程体验为特色，为游客提供优质放心的采摘产品、美观优雅的游玩采摘环境和安全舒适的贴心服务，满足城市游客在心理上和物质上追求自然的需求，打造自然和谐的生态型农业观光园区。

果蔬观光采摘园的景观包括设施、露地生产形成的景观以及园区整体环境景观。采摘园要做到果蔬生产和观光采摘有机结合，其景观设计需要遵循园区景观的整体性原则、果蔬品种的特色性原则、茬口安排的时节性原则、生产过程的生态化原则。

(1) 设施内的景观设计

果蔬园区一般都有多栋成排的温室或立柱式避雨棚，这是观光采摘的主要场所，为了便于生产管理，一个温室或避雨棚一般只栽培一种生长期比较长的蔬菜、瓜果，所以需要多个设施搭配形成不同的栽培植物景观。以北京地区温室为例，春季可栽培草莓、西瓜、甜瓜、黄瓜、番茄、豇豆、西葫芦、甜椒、辣椒等生育期相对较长的品种，为了保证品种多样性和满足节假日较大需求量，可以搭配种植一些生育期短的叶菜类。

选择品种时，在保证营养品质基础上要充分考虑不同品种的口感和观赏性，像葡萄、草莓、西瓜、甜瓜、樱桃番茄等鲜食瓜果类，游客可现场品尝；黄瓜、西葫芦、甜椒、西瓜等都有外形、色泽不同的供选品种，合理搭配种植就会获得较好的景观效果；叶菜类也有很多观食两用的品种供选择，如秋葵有红色和黄色，甘蓝有绿色和紫色，花椰菜有白色和绿色等，不同颜色品种在同一温室搭配种植可形成色彩斑斓的景观效果；设施内还可以选择一些野菜品种进行人工栽培，以满足游客的好奇心。

在茬口安排上，为扩大园区影响，保证全年各个时节都可采摘，采摘期应尽可能长，并突出节假日，充分配合游客，特别是团队游客的采摘需要。在温室果蔬生产上充分展示果蔬生产的高新科技，如环境智能控制、滴灌设施、病虫害的无公害防治、新优品种繁育等技术，让游客在观光采摘过程中获得果蔬栽培的科学知识，这也会成为一个吸引游客的亮点，可进一步把园区建设成为科普基地。

(2) 主干道设计

园区主干道是游客进入园区采摘的必经之路，是关系到游客对采摘过程满意度的一个重要因素，所以园区要保证主干道平整、整洁和美观，使游客在整个采摘过程中感到安全、舒心、愉悦。

主干道景观设计有很多种，有的采用廊道设计，用铁管或竹竿搭建棚架，种植爬藤植物，如葫芦、常春藤等，也可种植观食两用的南瓜、丝瓜、豇豆等瓜果类蔬菜；也可不架设廊道，直接在硬化路面两侧种植景观植物，如菊花、石刁柏等多年生的植物；还可在道路两侧设立宣传板，介绍果蔬品种特色及烹饪方法等。

(3) 园区整体外观设计

园区整体外观就是园区的外部形象，一个好的园区外观会给游客留下一个好的第一印象，是吸引回头客、园外过路人的重要因素。

园区整体景观的塑造包括进园道路两侧、园区大门及园区围栏的景观设计。进园道路应平整，便于车辆通行，道路两侧种植观赏价值高的花草；园区大门设计要既经济又有新意，可以以特色树木枝杈交错搭建门廊，也可与主干道廊道进行整体设计，以爬藤植物为主建设特色门廊；园区在以铁栅栏保证安全的前提下，在围栏两侧种植经济性好的植物，如多年生的花椒、一年两季的向日葵等。

2.种植专类园设计

所谓种植专类园，是指具有特定的主题内容，以具有相同特质类型（种类、科属、生态习性、观赏特性、利用价值等）的植物为主要构景元素，进行植物搜集、展示、观赏为主，兼顾生产、研究的种植主题园。

种植专类园以某一特定展示主题来营建植物生境、收集植物、提供游赏场所和科普设施，承担着以下功能：物种收集保护；开展科学研究，如植物学、植物分类学、植物遗传学；开发利用，如引种驯化、新品种培育；进行科普教育，如植物识别、标本展览；植物展示；创造优美环境。

(1) 专类园中专类植物的设计

首先，确定种植专类园的规划主题，明确专类植物的规划范围。因植物分布受气候、温度、光照、海拔等环境因素的限制，所以其分布具有一定的区域性。当种植专类园选址确定后，实际上也基本确定了专类植物的范围。通过充分调研、了解的基础上，选出适应的植物种类作为种植专类园的主栽植物。

其次，全面收集专类植物资料，依据现状选择性引种规划。在确定专类植物规划的主题和规划范围后，根据该专类植物分布带确定植物专类园所在区域内的植物种类分布，还可以依据种植专类园的生境，选择适合的专类植物进行引种试验，通过植物驯化和性状改良，使其逐渐适应当地环境，以增加多样性。

在种质资源圃、种子采集的母本区内，为了能更好地保存专类植物较纯的遗传性状，一般采用相同品种集中布置的方式，并与其他物种进行隔离，从而最大程度保证植物遗传性的纯度。

(2) 专类园中功能区的设计

依据种植专类园的定位，划分主要的功能分区，进而细化出更多的功能区。依据种植专类园的功能需要，从整体上可以分为科学实验区、生活服务区、观赏游览区三大理想功能区，然后再从这三大功能区中进行细化。如科学试验区可以划分为种子资源圃、引种试验区、优良品种培育繁殖区、实验室等；观赏游览区可以依据植物的观赏性状、品种分类进行造景分区，这其中可以包括一些与专类植物相关的展览艺术；生活服务区功能相对集中，一般不再进行细分。

在种植专类园实际规划设计中，功能分区要受到自然条件、社会条件、地理环境、经济因素，还有一些人为因素的影响，因此要做进一步的调整。可以依据各种限制因素、植物学原理、景观生态学原理、可持续发展原理等，对选出来的实际的功能区中进行具体布局规划，设计几套方案，并邀请专家对方案进行评价论证，提出修改意见，使得种植专类园的功能区划分趋于合理化。

(3) 种植专类园中的景观设计

首先，利用物种多样性营造景观。种植专类园中的植物种类较多，可以借助植物种类之间的差异，通过一定的园林艺术手法，在增加景观的变化和延长观赏期的同时，更好地展示植物多样性。

实际设计中，可以利用植株高度上的差异进行不同层次景观的搭配，如将低矮的植物布置为前景，高大的植物放为中景或者背景处理，这样形成的景观有高低和层次性；也可以利用开花的先后顺序，把开花时间不同的植物种类布置在一起，延长花的观赏期。如牡丹园一般采用牡丹与芍药进行搭配，利用两者花期的差异（牡丹4月中下旬开花，芍药的花期为5月）造景，使园内观赏期由原来的半个月左右延长为到一个月左右。

其次，按照不同植物分类方式造景。种植专类园在收集植物后，可以把分类后的植物按照划分的类别进行集中布置造景，目的是为了更有针对性地展示专类植物某一方面的观赏、应用、生境等特色景观。在整个种植专类园的景观营造中，这种分类展示并不需要仅仅拘泥于一种分类方式，可以多种分类方式并存，多方面展示植物的观赏特性。如依据花型、花色、枝干、果实等特征进行植物分类，集中进行展示。

第三，利用园林艺术手法进行造景。植物配置就是园林植物的种植形式，在设计中，这种配置的风格分为规则式和自然式，具体的表现形式有孤植、对植、列植、丛植、群植、片植。孤植是把孤植植物放在视线的交点，有别于其他背景的植物群落，单独展示。对植一般用在专类园中的建筑入口，以达到构图的均衡与稳定。对植的延伸就是植物的列植，一般用于专类园中道路、广场、办公楼前，形成的景观具有整齐庄重的效果。群植、丛植是专类园中植物造景比较常见常用的形式，更多的是展示植物的群落美、整体美，可以结合物种多样性进行搭配。

第二节 休闲观赏植物及其在种植业创意中的应用

一、休闲观赏蔬菜

观赏蔬菜是指既可食用又可用于景观设计的一类新型蔬菜的总称，是介于花卉与蔬菜之间的崭新的、有明确内涵的蔬菜新类别。观赏蔬菜具有优雅美丽的株态、奇特诱人的外观、绚丽多彩的色泽，集观赏、食用、绿化和美化于一体，是休闲种植创意中必不可少的品类。

观赏蔬菜按照农业生物学分类方法，可分为茄果类、瓜类、豆类、绿叶菜类、水生蔬菜类等；根据不同来源，可分为野生蔬菜和栽培蔬菜；根据不同食用部位和观赏性能，可分为叶菜类、果菜类、芳香蔬菜、食用菌等。

（一）观赏南瓜

观赏南瓜为葫芦科南瓜属一年生蔓生草本植物，原产热带地区。观赏南瓜具有果形奇特、色彩丰富、极具观赏性等特点，可以作为休闲农业创意种植的首选栽培蔬菜。

观赏南瓜以观赏果实为主，果实的大小、形状、颜色因品种不同而千姿百态。瓜形有扁圆形、圆锥形、长圆形、梨形、瓢形、碟形等，瓜色有绿色、橘红色、黄色、白色等，间有条纹或斑纹，表面平滑或有棱线。观赏南瓜生长期，在绿叶的衬托下，集观赏、遮荫、食用为一体，颇具田园诗意；果实充分成熟后，作为艺术品陈列于居室、客厅或橱窗中，进行长期观赏，别具情趣。

1.鱼翅瓜

果实陀螺形，果上部分为黄色，下部墨绿色，有5对纵向沟棱，极像鱼翅，瓜型奇特。果实纵径15～20厘米，横径10～15厘米，单果重400～500克，极具观赏价值，可食用。

2.鸳鸯梨

鸳鸯梨又名玲珑。果实形状像梨，一般果实底部为绿色，顶部为黄色，果皮有淡黄色的条纹相间。也有部分果实顶部、中间、底部的颜色各不相同，分别为绿色、黄色、绿色，并且单个果实各颜色所占的比例各不相同，观赏性极强。果实纵径10厘米左右，横径5～7厘米，单果重100克左右，不能食用。

3.香炉瓜

香炉瓜又名福瓜、灯笼瓜等。果实形状和颜色均很特别，上部扁圆形，红色或橙红色，表皮光滑；底部呈小包突起，形似香炉之“脚”，白色或灰绿色，或黄、绿、白色带状相间。果实纵径11～13厘米，横径15～20厘米，单果重1 500～3 000克，耐贮性好，观赏性和食用性兼具。

4.龙凤飘

果实弯曲如汤匙，底部为圆形，有可握式长柄，形态如麦克风，因而别名“麦克风”。果实底部为绿色，上部为黄色，并有淡黄色条纹相间，也有全黄或全绿的情况。果实纵径 15 厘米，横径 6 ~ 9 厘米，单果重 150 ~ 200 克，只作观赏用，观赏价值极高。

5.白蛋

白蛋又名宝玉，果实形如鹅蛋，乳白色，果面光滑。果实纵径 10 ~ 18 厘米，横径 7 ~ 10 厘米，单果重 150 ~ 200 克。只作观赏用，观赏价值较高。

6.飞碟瓜

飞碟瓜又名碟形瓜、齿缘瓜。果实碟形，顶部平滑，底部和边缘有齿形棱沟，果皮金黄色或乳白色，有黄飞碟与白飞碟之称。果实纵径 6 ~ 8 厘米，横径 10 ~ 13 厘米，单果重 350 ~ 700 克，观赏价值与食用价值均较高。

7.地雷瓜

地雷瓜又名黑珍珠。果实圆球形，表面光滑，呈墨绿色，果实直径 10 厘米左右，单果重 200 ~ 500 克。适合盆栽观赏，如珍珠落玉盘，观赏价值一般，可食用。

8.僧帽瓜

僧帽瓜又名皇冠、佛手。果实上部呈筒状、较平，底部有 5 ~ 10 个凸出的小角，形似僧帽，又似手指、皇冠。嫩瓜乳白色，成熟时果色有白、橙、绿等色。果实纵径 8 ~ 10 厘米，横径 10 ~ 12 厘米，单果重 250 ~ 450 克，耐贮性好。观赏价值极高，不能食用。

9.疙瘩

因果面有较明显的疣状突起而得名。由于果实形状、大小、颜色有多种表现，因而有多个品种名称，如大花脸、牵手、大团圆、子孙满堂、七彩球、橘灯、金绣球、金色年华、金星宴等。果实多为梨形或长梨形，也有的呈扁圆球形或近圆球形，单果重 50 ~ 300 克；老熟果颜色以金黄色为主，并有橙红、绿色相间；耐贮性好，观赏价值高，不可食用。

10.金童

金童又名玩具南瓜。果实扁圆球形，有明显的棱纹线，嫩瓜墨绿色、绿色、白色，其对应的老熟瓜颜色分别为橙黄色、黄色、浅黄色。果实纵径 5 ~ 6 厘米，横径 7 ~ 8 厘米，单果重 100 克左右，小巧可爱，观赏价值较高，不能食用。

11.玉女

玉女又名迷你白南瓜。果实扁圆球形，棱纹突起明显，形似大蒜头，嫩瓜浅白色，老熟后雪白色。果实纵径 5 ~ 6 厘米，横径 7 ~ 8 厘米，单果重 100 ~ 200 克，硬度大，极耐贮藏。观赏价值极高，不能食用。

12.桔瓜

果实扁圆形，果皮淡黄底色镶嵌 10 条深金黄色竖条纹，似瓣状。果实纵径 10 ~ 15 厘米，横径 8 ~ 10 厘米，单果重 200 ~ 250 克，观赏价值高，可食用。

13.红灯笼

红灯笼又名红栗，印度品种。果实扁圆球形，幼果黄绿色，老熟果橘红色，有10条浅色条带，似挂起的红灯笼，美观艳丽。果实纵径10～12厘米，横径12～15厘米，单果重600～1 200克，既可观赏又适合食用。

14.巨型南瓜

果实磨盘状或短圆柱状，颜色灰黄色或橙黄色，果面光滑并有宽棱沟，果实直径达50～100厘米，单果重量50千克以上，最重可达200千克。可在果面上写诗、作画、刻字等。由于其果型巨大，非常引人注目。除观赏外可饲用。

（二）观赏辣椒

观赏辣椒是辣椒的一个变种，果实有红、黄、紫、褐等多种色彩，且形状奇特、千姿百态。观赏辣椒以其炫丽的果实带给人们审美享受，成为休闲农业创意中重要的观赏蔬菜。

1.黑皮小指天椒

果圆锥形，果柄朝天，果长2.5厘米左右，结果较多。果色随成熟度不同而发生变化，幼果期为紫黑色，初成熟期变为青绿色，老熟期变成鲜红色，在一棵植株上可同时长有3种颜色的果实，观赏性好，辣味中等。

2.黑珍珠

果尖朝天，圆形，直径0.8～1.3厘米，大小如珍珠，精致小巧，玲珑剔透，果皮紫黑色，果实成熟后呈鲜红色，辣味强，后期变化丰富多彩，同一分枝上多种颜色果实同时存在。

3.太空芝麻椒

果实小巧精致，极辣，成熟后色泽为典型的中国红。观赏期可达8个月以上，花、果、叶浑然一体，白、绿、红交相辉映，具有很高的观赏和食用价值。

4.风铃椒

风铃椒即灯笼椒，原产于加拿大，颜色鲜艳明快，多样而美观，果实直径约4厘米，风铃型，果面不规则凹凸，中间突出如乳头状。观赏性佳，可食性好。

5.小米粒椒

果实如米粒，幼果乳白色，在成长过程中有白、紫、红等变化。果径约0.5厘米，单果质量约5克，味辣。花期一般从6月延至9月，果顶朝上，观果期长。

6.五彩椒

果实长圆锥形，果顶朝上，果长2.5厘米左右，果宽1.6厘米左右，单果质量2～10克，辣味强。果实在成长过程中有奶白、浅黄、橙黄、红、紫等颜色变化，同一分枝上多种颜色果实同时存在，颇为夺目。

7.佛手椒

浆果指形，果柄直立，一枝常有十多只簇生于枝端，形如佛手而得此名。果实长4厘米左右，在成熟过程中由乳白色变成黄、橙、红等颜色，色泽鲜艳，味甚辣，具有很高的观赏价值和食用价值。收获期与观赏期长达 8 个月。

8.樱桃椒

浆果卵圆或椭圆形，果小如樱桃，一枝常簇生十几只，由绿变红、黄或微紫色，辣味甚强，可制干辣椒或供观赏，又可作药用。

（三）观赏番茄

观赏番茄外观如同樱桃，因此也叫樱桃番茄，20 世纪 80 年代引入我国栽培。观赏番茄品种多样，营养丰富，深受人们喜欢。目前，观赏番茄有黄色、红色、粉红色、绿色、紫色等不同果色；形状大的如乒乓球，小的如同樱桃，有圆形、长圆形、椭圆形。因此，观赏番茄也可以作为休闲种植创意中的主要蔬菜。

1.红太阳

红色、圆形果品种，由北京农业技术推广站培育，平均单果重 10～15 克，果肉较厚，不易裂果，口感酸甜适度，风味较好，红太阳的综合抗病性比较强，适应性广，在我国南北方都可以种植。

2.千禧

中国台湾农友种苗公司培育。果实椭圆形，风味浓厚，品质极其优良，果实颜色粉亮，受到南北市场普遍欢迎。单果重约 20 克。其丰产性好，对病毒病、早晚疫等番茄常见病害综合抗病能力强，不易裂果、耐贮运。

3.黄珍珠

中国农业科学院蔬菜花卉研究所育成品种。果实椭圆形，果形美观，单果重约 15～25 克。幼果有浅绿色果肩，成熟果黄色，色泽鲜艳。风味浓厚，品质极佳，不易裂果。

4.黑珍珠

引自美国的新品种。紫褐色、圆形果。果实内含有较高的茄红素和维生素 C，营养价值高。黑珍珠皮薄、多汁，具有浓烈的水果香味，酸甜极其可口，品质极佳。单果重 15～25 克左右，适宜我国南北方保护地、露地栽培。

5.金小玲

色泽漂亮，口味好，品质佳，抗病性好。未熟果浅绿，有绿果肩；成熟后果实呈金黄色，无果肩和棱沟，高圆形，单果质量 18 克左右，果肉厚 0.35 厘米左右，硬度中等且不易裂果，味道鲜美且微甜，口感品质极佳。

（四）观赏叶菜

观赏类叶菜具有生长速度快，品种丰富、色彩动人、清爽宜人的特点，因此在休闲种植创意中越来越受到广泛关注。

1.羽衣甘蓝

羽衣甘蓝原产地中海沿岸至小亚西亚一带，主要分布于温带地区。羽衣甘蓝的观赏品种很多，主要品种有花羽衣甘蓝、东方绿嫩、阿培达、科伦内等，叶片形态美观多变，色彩绚丽如花。其中心叶片颜色尤为丰富，整个植株形如牡丹。

羽衣甘蓝植株高大，叶片肥厚，倒卵形，深度波状皱褶，呈鸟羽状，美观。花期 4 ~ 5 个月，主要观赏期为冬季。株丛整齐，叶形变化丰富，叶片色彩斑斓，一株羽衣甘蓝犹如一朵盛开的牡丹花，因而又名叶牡丹，有极高的观赏价值。

2.紫叶生菜

紫叶生菜极富营养价值，生长速度快，整株呈紫红色，叶形波状有质感。目前我国栽培的紫叶生菜品种“红帆”是从美国引进的。它植株较大，散叶，叶片皱曲，色泽美观，随收获期临近，红色逐渐加深，不易抽薹，喜光，较耐热，成熟期早，即可观赏又可食用。

3.红叶苋菜

红叶苋菜原产地为南美洲的巴西，中国长江以南地区有引种栽培。红叶苋菜为多年生草本植物，高 1 ~ 2 米，茎粗壮，常带红色，叶片宽卵形至近圆形，直径 2 ~ 6 厘米，叶色紫红色，适宜与五色苋类或浅色花卉搭配种植。

红叶苋菜喜温暖湿润、耐阴、忌湿、水涝。畏寒冷，耐干热环境和瘠薄土壤。在阳光充足、疏松肥沃、排水良好的砂质壤土中生长良好。生长适温为 15 ~ 26 摄氏度。可耐短时间霜冻。

4.叶用甜菜

叶用甜菜为两年生草本植物。我国南方栽培较多。植株矮生或直立，根小、叶片肥厚，叶卵圆或长卵圆形，表面皱缩或平展，有光泽，叶色淡绿至深绿，也有紫红色品种；叶柄发达，宽短肥厚或窄长肥圆，颜色分红色、绿色、白色三种。花淡绿略带红色。即可观赏又可食用。叶用甜菜喜冷凉湿润，耐高温、低温，耐肥，耐盐碱。土壤的 pH 值以中性或弱碱性为好。

5.紫背天葵

紫背天葵为多年生无茎草本。根状茎球状，花粉红色，花期 5 月，果期 6 月开始。紫背天葵主要分布于中国浙江、江西、湖南、福建、广西、广东、海南等地，生长于海拔 700 ~ 1 120 米的地区。

紫背天葵有红叶种和紫茎绿叶种两类。红叶种叶背和茎均为紫红色，新芽叶片也为紫红色，随着茎的成熟，逐渐变成绿色。根据红叶种叶片的大小，又可分为大叶种和小叶种：大叶种叶大而细长，先端尖，黏液多，叶背、茎均为紫红色，茎节长；小叶种叶片较少，黏液少，茎紫红色，节长，耐低温，适于冬季较冷的地区栽培。紫茎绿叶种茎基淡紫色，节短，分枝性能差，叶小、椭圆形、先端渐尖，叶色浓绿，有短茸毛，黏液较少，质地差，但耐热、耐湿性强。

紫背天葵喜温暖湿润的气候，生长适温 20 ~ 25 摄氏度，耐热性强，在夏季高温条件下生长良好；不耐寒，遇霜冻即全株凋萎。生长期间喜充足的光照，较耐荫，对土壤要求不严，较耐瘠薄土地。

6.紫苏

紫苏为唇形科一年生草本植物。茎高0.3～2米，绿色或紫色，钝四棱形，叶阔卵形或圆形，先端短尖或突尖，基部圆形或阔楔形，边缘在基部以上有粗锯齿，膜质或草质，两面绿色或紫色，具有特异的芳香，观赏性强，并有一定的药用价值。

紫苏原产中国，主要分布于印度、缅甸、日本、朝鲜、韩国、印度尼西亚和俄罗斯等国家。适应性很强，对土壤要求不严。前茬作物以蔬菜为好。果树幼林下均能栽种。

二、休闲观赏果树

观赏果树也称景观果树，与一般的果树不同，是以观赏为主要目的的果树，同时兼具食用或药用，以及观赏价值。此类果树具有叶、花、果共赏，观赏期长，观赏效果醒目，同时又有栽培适应性强、容易管理的特点。在休闲种植业创意中，观赏果树是非常重要的一类。观赏果树，根据观赏器官可分为观花类型、观果类型、观叶类型以及观形类型；根据用途特点可分为矮化类型、攀援类型、林荫类型。

（一）桃

桃原产中国，各省区广泛栽培，主要经济栽培地区在华北、华东各省。桃为落叶小乔木，树冠宽广而平展，树皮暗红褐色。春季开花，盛开时色泽美丽，极具观赏价值。花瓣有单瓣、重瓣、半重瓣等多种形式，以及白色、粉红色、红色、深红色等多种色彩。果肉多汁，可以生食或制桃脯、罐头等，核仁也可以食用。

1.黄桃

黄桃又称黄肉桃，在中国西北、西南一带栽培较多。随着罐藏加工事业的发展，现华北、华东、东北等地栽培面积也日益扩大。果皮、果肉均呈金黄色至橙黄色，肉质较紧致蜜而韧。

黄桃可鲜食及加工两用，多数品种树姿偏直立，花芽着生部位高，具有生长快、结果早、产量高、品质优、管理简单等特点。除可以加工成罐头外，冷冻黄桃的加工成本较低，国外市场用途广泛，因此倍受外商的欢迎，作为鲜食用，黄桃营养丰富、耐储存、果大、肉厚、色黄、醇香。较知名的黄桃品种有武台黄桃、炎陵黄桃、潼南黄桃、大连黄桃、荣成黄桃、上海光明黄桃。其中炎陵黄桃又称高山黄桃，以香、脆、甜而闻名于世。炎陵黄桃生长于平均海拔400～1 400米的深山中，是纯原生态，无公害的保健水果。2011年，湖南炎陵县被评为“中国优质黄桃之乡”，在黄桃产业方面也是全国唯一获此殊荣的县。适宜加工制罐的黄桃良种有：黄露（连黄）、金童5号、金童6号、金童7号、金童9号、黄金、黄金冠、黄冠、锦绣、黄金王等。

2.寿星桃

寿星桃，落叶小乔木，普通桃的变种。植株矮生，节间短，花芽密集。4月起为盛花期，花期半个月左右，9月果实成熟。花重瓣或单瓣，蔷薇型，花蕾有深红色、粉红色、白色，花有红色、粉红色、白色，花径约4厘米，花瓣5～6轮，花药黄色。寿星桃是桃中最适宜于盆栽的品种之一，植株矮小，高30～100厘米，节间特短，花芽密集，色彩丰富，如将几种嫁接在一起，开花时五彩缤纷，十分艳丽。花落后结果，8–9月成熟时有一纵向裂口，是春观花，夏秋赏果的优良观赏花木。

3.碧桃

碧桃又名千叶桃花，为乔木，高3～8米，属于观赏桃花类的半重瓣及重瓣品种。花期是3–4月，花朵丰腴，色彩鲜艳丰富，花型多。常见的品种有红花绿叶碧桃、红花红叶碧桃，白红双色洒金碧桃等多个变种。碧桃花大色艳，开花时美丽漂亮，观赏期达15天之久。碧桃果实形状有卵形、宽椭圆形或扁圆形，色泽变化由淡绿白色至橙黄色；果肉白色、浅绿白色、黄色、橙黄色或红色，多汁有香味，甜或酸甜；碧桃的园林绿化用途广泛，绿化效果突出，栽植当年既有特别好的效果体现，是休闲种植创意中常用的彩色苗木之一，可以和紫叶李、紫叶矮樱等搭配使用。

（二）葡萄

葡萄原产于亚洲西部地区，落叶藤本植物。葡萄的种类繁多，全世界有八千多种，中国有500种以上。果实多为圆形或椭圆，有紫色、绿色、白色等，色泽、性状、香气随品种而异。其粒大、皮厚、汁少、优质、皮肉难分离、耐贮运的欧亚种葡萄又称为提子。由于葡萄是藤本果树，枝条柔软，可以进行各种搭架造型，因此在休闲种植创意中被广泛使用。

1.美人指

美人指，日本植原葡萄研究所杂交育成。果粒细长形，先端紫红色，光亮，基部稍淡，恰如染红指甲油的美女手指，故此得名。皮肉不易剥离，皮薄而韧，不易裂果；果肉紧脆呈半透明状，可切片，无香味，味甜爽口，较耐储运。

美人指葡萄生长喜温凉气候，在中国江南地区栽培能通过正常休眠，萌芽力强，长势旺盛，果穗特大，座果率高，上色好。9月上中旬成熟，抗病强，适应广，易栽培。

2.玫瑰香葡萄

玫瑰香葡萄也叫麝香葡萄，欧亚种，是世界上著名的鲜食、酿酒、制汁的兼用品种。

玫瑰香葡萄颗粒较小，不太起眼。未熟透时是浅浅的紫色，就像玫瑰花瓣一样，口感微酸带甜，当一旦成熟却又紫中带黑，一入口，便有一种玫瑰的沁香醉人心脾，甜而不腻，没有一点苦涩之味。肉质坚实易运输、易贮藏，搬运时不易落珠。每年中秋之季成熟，含糖量高达20度，麝香味浓、着色好看，深受消费者喜爱。

3.维多利亚葡萄

维多利亚葡萄是罗马尼亚新品种。果粒大，长椭圆形，粒形美观，无裂果，平均果粒重

9.5克，最大果粒重15克；果皮金黄色，色泽漂亮高档，果肉硬而脆，味甘甜爽口，品质佳，果肉与种子易分离。

4.金手指

金手指葡萄属欧美杂交种，果粒形状奇特美观，长椭圆形至长形，略弯曲，呈弓状，黄白色，平均粒重8克。果皮中等厚，韧性强，不裂果。果肉硬，可切片，耐贮运，甘甜爽口，有浓郁的冰糖味和牛奶味。7月下旬成熟，抗逆性、适应性、抗寒性强，是唯一的高糖度早熟欧美杂交种，在庞大的葡萄家族中独树一帜。

5.红乳葡萄

红乳葡萄是欧亚品种，属中晚熟品种，外观奇特、品质绝伦、外形高贵，让一见即有垂涎欲滴之感。该品种穗子紧密，粒子细长且果顶极尖，红的晶莹剔透，穗穗挂在枝上，就像满园的艺术珍品。单果重9～11克，穗重500～700克，肉质硬酥脆、每颗含1~2粒种子，果皮薄，糖分25%～29%，极甜、清香爽口、风味极佳，品尝之后，指间即感黏黏的，可见糖分之多。果实9月上旬上市，若不采摘果能挂到10月中下旬不脱不落。果实颜色也随之变化由初熟的粉红变为鲜红最后变为紫红色。

（三）梅

梅，蔷薇科，杏属小乔木，稀灌木，高4～10米，系中国特产，中国是梅花的世界野生分布中心，也是梅花的世界栽培中心。梅因在严寒中开百花之先，独天下而春，故深受人们喜爱，成为休闲种植创意中独特的一类。

梅的许多类型不但可露地栽培，还可以栽为盆花，制作盆景，极具观赏价值。梅花单生或有时两朵同生于一个芽内，香味浓，先于叶开放；花萼通常红褐色，有些品种为绿色或绿紫色；花瓣倒卵形，白色至粉红色。果实近球形，直径2～3厘米，黄色或绿白色，味酸；花期冬春季，果期5–6月。

梅花品种很多，大品种有三十多个，下属小品种有三百多个，一般花期在2～3个月。按枝条及生长姿态可分为叶梅类、直脚梅类、杏梅类、照水梅类、龙游梅类。按花型花色可分为宫粉型、红梅型、照水梅型、玉蝶型、朱砂型、大红型、绿萼型和洒金型等。其中宫粉最为普遍，品种最多，花粉红，着花密而浓；玉蝶型花紫白，别有风韵；绿萼型花白色，香味极浓，是梅花中的珍品。

1.绿萼梅

绿萼梅，别名白梅花，绿梅花。原产中国西南地区和中国台湾，主产江苏、浙江，现在四川、湖北、江西等地均有种植。花单瓣、复瓣或重瓣，白色或初开时为淡绿色，萼绿色，小枝青绿而无紫晕。主要品种有变绿萼、台阁绿萼、长蕊变绿萼、二绿萼、复瓣绿萼、六绿萼、小绿萼、金钱绿萼、米单绿、长蕊单绿、单瓣绿萼等，尤以成都的金钱绿萼最佳。

绿萼梅盛开时，花如碧玉，萼如翡翠，寒冬开放，姿态极美，香味极浓，有“花中君子”

的美称。其花能够理气、调理脾胃、疏理气血，具有保健功效。

2.朱砂梅

朱砂梅主要分布于东亚、中亚、小亚细亚和高加索地区。枝条直伸或斜展，花单瓣、复瓣或重瓣，花瓣紫红色，多层，多枚，疏叠，花萼绛紫色，香味较浓。雄蕊多枚，四射，花丝淡水红。新生小枝木质部深红色，枝内新生木质部呈淡紫红色，即人们所说的“骨里红”。

朱砂梅花期为二月底至三月初，主要观赏品种有白须朱砂、红须朱砂、单瓣朱砂、朱砂台阁、乌羽玉、早种朱砂、江南朱砂、徽州骨红、淡晕朱砂等。

3.宫粉梅

宫粉梅，是梅花栽培类型中品种最为丰富的一个类型，其中有很多花果兼用之梅品。宫粉梅是观赏型花梅，花复瓣至重瓣，呈或深或浅的红色，开花繁密，花色淡红，尤其难得的是能散出较为浓郁的清香。宫粉梅与朱砂梅主要不同的地方在于木质部。

宫粉梅主要品种有大羽、扣瓣大红、老人美大红、小欧宫粉、复瓣小宫粉、粉皮宫粉、粉朱、粉羽、粉晕宫粉、蔡山宫粉等。

（四）树莓（山莓）

树莓又称山莓，直立灌木，高 1 ~ 3 米，多生在向阳山坡、山谷、荒地、溪边和疏密灌丛中潮湿处。花期 2–3 月，果期 4–6 月。兼具观赏、食用、药用价值，是休闲种植创意中的新类型。

山莓花单生或少数生于短枝上，果实由很多小核果组成，近球形或卵球形，直径 1 ~ 1.2 厘米，色泽艳丽，适宜观赏。

山莓品种多样，特性各异，适合在不同生态环境下生长，有的适宜鲜食，有的适宜加工，国外培育主要品种有黑莓和红山莓两种。黑莓成熟时果实为紫黑色，平均单果重 6.5 ~ 8.6 克。红山莓果实色泽多样，有红色、黑色、紫色、黄色、蓝山莓等。

1.美国黑莓

美国黑莓为蔓生或半直立多年生灌木，枝条为两年生，需进行搭架栽培。黑莓的株型因品种不同有所差异，有蔓生、半直立和直立类型。美国黑莓于 3 月中旬萌芽，4 月上旬展叶，5 月下旬开花，花为顶生圆锥花序，花色粉红，花期 10 ~ 20 天，自花结实。果实为聚合果，幼果绿色，后转红，完熟时为深紫黑色。果型为长球型或圆柱形，果实发育期约为 40 ~ 50 天，一般在 6 月中下旬开始成熟，成熟期可持续 30 天左右。

美国黑莓营养丰富，果实柔软多汁，色泽宜人，营养丰富，适于鲜食或加工成饮料、果汁、果酱、糖水罐头等。赫尔是目前美国黑莓中最优良的品种，由于它能满足人们对营养、保健的要求，因此成为第三代水果中的佼佼者。

2.仙女红

仙女红为多年生灌木，株丛开张，前期直立生长，丛高 0.3 ~ 0.6 米，由一年生枝和两年生枝组成，当年生枝长2米左右。花淡红色，花柄基部着生2片托叶，花托叶中大，4~6片，在开花至果实成熟时逐渐展开。果实心脏形，鲜红色，有光泽、外观极美，似草莓。地下部分由根状茎和侧生不定根组成，可萌生大量根孽苗。

仙女红果实由60~100个小核果聚合而成，鲜红色，平均果重6.8克，最大可达15.6克，每一小穗重达110克，果实出汁率82%，浆果浓甜，有香气，适且鲜食，也可加工和速冻。仙女红具有早结、丰产、适应强等特征，特别适宜南方高温的气候环境下栽培。

三、休闲观赏花卉

观赏花卉具有美化环境、陶冶情操的功能，因此在休闲种植创意中应用极为广泛。狭义的观赏花卉，是指具有观赏价值的、观花的草本植物。广义的观赏花卉则还包括了具有观赏价值的蔬菜、瓜果、药材以及其他经济作物。由于可用于观赏的蔬菜、瓜果、药材等作物将另行介绍，因此这里仅指可用于休闲农业创意的“纯观赏”草本植物。

观赏花卉按生态习性分类有一两年生花卉、球根花卉、宿根花卉、多浆及仙人掌类、兰科花卉、水生花卉；按园林用途分类有花坛花卉、盆栽花卉、室内花卉、切花花卉、观叶花卉、荫棚花卉；按经济用途分类有药用花卉、香料花卉、食用花卉等。

（一）郁金香

郁金香，又称洋荷花、旱荷花，原产自南欧、西亚。目前栽培的主要国家有荷兰、英国、日本、丹麦、德国、美国等，我国江苏、浙江、湖北、湖南、江西等地也陆续引种成功。

郁金香为多年生草本植物，花茎高6~10厘米，花单生，直立，花瓣6片，花型有杯型、碗型、卵型、球型、钟型、漏斗型、百合花型等，有单瓣也有重瓣。花色有白、粉红、洋红、紫、褐、黄、橙等，深浅不一，单色或复色。花期普遍在3月下旬至5月上旬。

郁金香品种类别繁多，花色丰富艳丽，变化多端，观赏价值极高，因此在休闲种植创意中成为首选花卉。在用于园林花展时，一般大型图案与色块选用植株坚挺、花形较大的达尔文杂种系、胜利杂种系、晚花单瓣系以及晚花重瓣系；中小型花坛选用早花单瓣系、早花重瓣系、百合花系、考夫曼种群、福斯特种群以及格里克种群的品种。特殊花型小区选用褶边系、绿花系的品种。

（二）香草类

香草，即芳香植物，有时也为称药草，是指一类能散发出独特香味、有药用植物和香料植物共同属性的植物类群。目前，全世界共有三千多种香草类植物。中国的香草类植物约有600种，分布在寒带、温带和亚热带的各种植被类型区域中。

香草原产于墨西哥，由于香草植物种类一年四季可以散发出或清淡或浓郁的各种香气，令人心旷神怡，因此在欧洲园艺产业中占有很重要的地位。香草造园自然和谐，景致独特，是人们期盼的桃花源。当人行走在其间时，阵阵芳香令人心旷神怡，有洗尽一身疲惫自然而轻松的感觉。近年来中国香草产业日渐盛行，香草类植物在休闲种植创意中越来越受到青睐。

香草植物类型极多，目前适宜种植熏衣草、马鞭草、迷迭香、薄荷、罗勒、鼠尾草、百里香、玻璃苣、香叶天丝葵等香草植物，既能观叶，又能赏花。

四、观赏型大田作物

观赏型大田作物，是指既可以获得经济收入，同时又具有一定观赏价值的大田作物类型。观赏型大田作物在叶色、花色等方面与普通大田作物有较大差异，通过与普通大田作物混植作图，或大面积种植不同颜色的花田，打造极具震撼力的视觉效果，吸引游客关注，带动旅游业发展。近些年，观赏型大田作物获得越来越多的重视，成为休闲种植创意中的新类型，其中最具代表性的是彩色水稻和彩色油菜。

（一）彩色水稻

彩色水稻，是指叶子或谷穗呈现出普通绿色以外的其他颜色的水稻。彩色水稻的类型有观赏型的紫叶稻、金色稻、紫穗稻；用途型的盆景稻、直穗稻等。

彩色水稻根据叶色变异分为红稻、紫稻、黄稻、条纹白变稻等；穗色变异分为紫穗稻、红穗稻、黄穗稻等；根据稻米颜色变异分为黑米稻、红米稻、黄米稻、绿米稻、紫米稻。

与其他观赏植物相比，彩色水稻在种植技术、生长管理方面要求不高，能通过大田设计不同图案来提供观光功能，带来可观的旅游收入。同时，彩色大米口感好、色香味俱佳，富含氨基酸、维生素和矿物质，营养价值高于普通大米，因此种植彩色水稻还能开发出各种珍贵的彩色大米产品。

（二）彩色油菜

彩色油菜，是指叶子、花茎或花朵呈现出与普通油菜不同的其他颜色的油菜。目前已知的油菜花色有金黄色、柠檬黄、橘红色、鲜黄色、乳黄色、乳白色、白色、微紫丝白花，以及黄白嵌合体等，叶色、茎色有红色、紫色等。

油菜花于春季开放，花期可持续 2 个月左右，盛花期 15 ~ 20 天。油菜花叶少枝繁，花茎柔软细长，花朵灿烂，渐次绽开，如亭亭玉立的少女迎风起舞，姿态优美，馨香扑鼻。油菜花单株看起来并无特点，但大面积栽培时朵朵成簇，簇簇成枝，千株并立，万花相扶，汇聚成蔚为壮观的花的海洋，令人叹为观止。人们或在油菜花丛中赏花拍照，或登高远眺各种交织的色块，构成色彩丰富的壮美田园风光图画。

五、特色药用植物

广义上的药用植物是指根、茎、叶、花、果实等含有特殊成分而可供人类用于防病、治病的植物。大多数的药用植物不仅具有一定的药用价值，其花、果、叶片或形态等都极具观赏价值，如牡丹、芍药、白头翁、金盏菊、石竹、蓖麻、红花、射干、虎耳草、首草、桔梗、凌霄、多花紫藤等，都可以广泛用于休闲种植创意中。

在休闲种植创意的植物配置中，地被植物的合理应用往往能起到画龙点睛的作用，而药用植物大多喜阴湿环境，许多都可作为地被植物应用，如玉竹、山丹、铃兰、多花石竹、麦冬等均能构建出独具特色的观赏景观。而药用苔鲜植物、药用蕨类植物同样具有非常丰富的应用前景，常见的药用苔鲜植物和药用蕨类植物如葫芦醉、刺叶鲜、羽鲜、铁线蕨、鹿角蕨、肾叶蕨、凤尾蕨等，均可作为地被植物应用，不仅能提升整体观赏效果，还能起到烘托、丰富景观的作用。

（一）芍药

芍药，别名将离、离草，多年生宿根草本花卉。原产中国以及亚洲北部，分布于东北、华北、陕西及甘肃南部。芍药花瓣呈倒卵形，花盘为浅杯状，花期 5-6 月，一般独开在茎的顶端或近顶端叶腋处，品种繁多，花型多变，花色丰富，有白、粉、红、紫、黄、绿、黑和复色等，花大，直径可达 10~30 厘米，花瓣可达上百枚。芍药因花形妩媚，花色艳丽，故占得形容美好容貌的“绰约”之谐音，名为“芍药”。根据花型可分为蔷薇型、皇冠型、千层台阁型、托桂型、金环型、菊花型、绣球型、楼子台阁型、单瓣型等，极具观赏价值。

适宜园林绿化的芍药品种有梨花映日、金奖红、冰照蓝玉、大红袍、彩云红、紫红魁、莲台、巧灵、盘托绒花、红云针、红霞、西施粉、粉妆园、玲珑玉、红毛菊、铁杆紫、海棠红、墨紫绣球等。除观赏外，芍药还有相当重要的药用价值。芍药含有芍药苷和芍药甙等多种药物成分，具有扩张血管、降压镇痛、清热解痉的作用。

（二）百合

百合，又名强蜀、番韭，多年生草本球根植物。原产于中国，主产于湖南、四川、河南、江苏、浙江，中国各地均有种植。百合株高 70~150 厘米。花大、多白色，漏斗形，单生于茎顶。鳞茎球形，淡白色，先端常开放如莲座状，由多数肉质肥厚、卵匙形的鳞片聚合而成。鳞茎含丰富淀粉，可食，亦作药用。

全球已发现有至少 120 个百合品种，用于园艺育种和栽培的有 40~50 种，主要包括麝香百合、毛百合、卷丹、山丹、天香百合、药百合、湖北百合、王百合、白百合、川百合、青岛百合、武岛百合、日本百合、玛多娜百合、马耳他恭百合等。

近年来，有不少经过人工杂交而产生的百合新品种，打破了中国百合全是一茎一朵、单纯白色的现状，变成一茎多朵，花色既有金黄、橙红和淡紫，又有彩斑、条纹等其它图案颜色，从而更加丰富了观赏的内涵。例如美国的“火黄”，其朵头较大；金光闪闪，秀丽非凡，每枝能开花五六朵。又如由荷兰人改良的“卷丹”，花色橙红，花被反卷，内有紫色斑点，伸出丝丝雄蕊，每枝能开花七八朵。另外还有香水百合不但秀丽诱人，而且还香味扑鼻，令人心醉。

（三）铁皮石斛

铁皮石斛，又名黑节草、云南铁皮。兰科多年生附生草本植物。茎直立，圆柱形，萼片和花瓣黄绿色，长圆状披针形，长约 1.8 厘米，宽 4 ~ 5 毫米，花期 3–6 月。主要分布于中国安徽、浙江、福建等地。铁皮石斛茎入药，味甘，性微寒，属补益药中的补阴药，有生津养胃，滋阴清热，润肺益肾，明目强腰的功效，同时还可以降血糖血脂、抗肿瘤。国际药用植物界称其为“药界大熊猫”，民间称作“救命仙草”。现代药理证明，铁皮石斛对提高人体免疫能力效果显著，可与虫草媲美。铁皮石斛的种类，全世界就有一千五百多种，我国约有 76 种。近年来，铁皮石斛人工栽培技术基本成熟，栽培面积呈不断增长。

第三节　休闲种植业创意的案例

一、国外休闲种植业创意的案例

(一)德国“绿腰带项目”

德国在倡导环保的同时，大力发展创意农业，其中最有特色的是休闲农庄和市民农园。慕尼黑是德国南部最重要的城市。20 世纪 90 年代以来，随着欧洲一体化进程的加剧，慕尼黑的城市发展面临着新的挑战。为了适应可持续发展的需要，也为了满足国际大都市居民在生活、休闲、娱乐等方面产生的新的需求，慕尼黑市政府在郊区农村实施了“绿腰带项目”。

所谓“绿腰带”指的是慕尼黑城市外围没有覆盖建筑物的土地，也是连接慕尼黑城区和相邻乡镇的地带，土地面积约 335 平方千米。在这里，除了发展农业之外，保护动植物宝贵的生活环境，扩大保护区的范围，建立具有战略意义的生态发展区，加强文化休闲场所的建设，也是慕尼黑郊区农村未来发展的重点。为此，慕尼黑市政府和郊区的农民们一起制定了一系列的行动方案。

1.干草方案

“干草方案”是保护性使用绿腰带地区土地的一个典型做法。市政府鼓励农民把草地上的干草分成小包装卖给城市的小动物饲养者，从而获得收入。而对城里人来说，在干草包中包含着的不仅是珍贵、天然的美味饲料，还融入了来自绿腰带地区的家乡味道。由于草地不需要过多的养护，此项措施还大大保护了水源和土地。同时，草地上遍布的鲜花给人以视觉上美的享受，每年吸引了许多市民去踏青、郊游。

2.菜园方案

“菜园方案”旨在满足城市居民回归自然的要求。绿腰带上的农民将自家的菜地分成 60

平方米的小块出租给市民，菜地的位置尽量靠近城市聚居区，租金每年仅110欧元。与其他城市郊区的菜园不同，绿腰带上的菜园每年只出租半年，即从5月中旬到11月中旬。在5月中旬之前，土地的翻耕、播种等前期工作都由专业人士完成，以此来保证正确的种植间距和最优化的种植安排。出租者于每年的5月中旬接管菜园，每周需投入2～3小时的工作。在蔬菜的种植过程中，矿物肥料和化学保护剂是绝对禁止的。而在种植菜园的过程中，孩子和成年人都获得了幸福的享受。正如"菜园方案"的广告语所说："60平方米的维生素，60平方米的生活乐趣。"

3.森林方案

慕尼黑郊区拥有约50平方千米的森林，慕尼黑政府在保护森林的同时，还开发出森林的科普和环保教育功能。学校和幼儿园经常组织孩子们来到绿腰带上的森林里，在护林员的带领下接触森林、认识森林、了解森林。一些企业还把团队精神培训、创造性培训等项目从公司封闭的会议室搬到开放的森林里，产生了意想不到的培训效果。

除此之外，绿腰带里的森林、草地和农庄对城市居民都有很大的吸引力，游泳、采蘑菇、慢跑、野餐、骑自行车漫游等项目都颇受欢迎，慕尼黑郊区也因其独特的"骑术治疗项目"及其所实施的"绿腰带项目"等系列行动方案而成为人们向往的休养之地。

(二)荷兰春季花海

荷兰创意农业自20世纪90年代后期兴起以来，发展势头迅猛，现已形成完整、发达的创意农业产业链条，尤其是荷兰的花卉业世界闻名。

荷兰花卉业的核心产业是以花卉农场为载体的花卉生产及相关文化创意活动。荷兰目前有花卉农场一千五百余家，当地花农根植于花卉文化，将传统的以花卉生产为导向的发展模式转化为以市场或消费为导向的模式，使花卉生产及其产品成为现代时尚创意的多种载体。荷兰以郁金香闻名于全世界，春季是最好的观花季节。每年3–5月，荷兰大地被鲜花"淹没"，荷兰的春天更被誉为"世界上最美丽的春天"。库肯霍夫公园、诺德维克花田、花车游行是集中了荷兰郁金香种植创意之精华。

1.库肯霍夫公园

地处阿姆斯特丹西南约30千米处的库肯霍夫公园是世界上最大的郁金香主题公园，每年吸引几十万来自世界各地的游客参观和摄影。

库肯霍夫公园有颜色各异的一百余种、共450万株的郁金香，以及其他近300万株的球茎花卉。公园内郁金香的品种、数量、质量以及布置手法堪称世界之最，类型有杯型、碗型、卵型、球型、百合花型、重瓣型等，颜色从粉紫、鲜黄、嫩红到纯白。除了花海，园内展览馆还举办各种各样的花展、花卉栽培示范活动、插花艺术展等，更少不了绘画和摄影展。此外，还有特别为儿童设计的探险之旅、花园迷宫、牧场等活动。更有不少郁金香特色的纪念品和工艺品。

2.诺德维克花田

在诺德维克，游客可以自由自在地穿梭在花田与林地间。诺德维克随处都有出租自行车的小店，只要交点押金，就可以在和煦的春风中，骑着自行车穿梭在巨大的郁金香花海里，实现“花田骑行”的梦想。

游客可以沿着自行车道和弯曲的田间小路穿越面积广大的郁金香球茎花田。几万株花束连在一起，组成了天地间的巨型调色板，沿途还不时有古老的风车在“吱悠吱悠”地缓缓转动，偶尔吹来一阵春风，滚起一道道纵横几十里色彩鲜艳的花之彩浪——红波、白浪、黄涟、紫漪，美得叫人无法呼吸，艳得令人睁不开眼，花风把淡淡醉人的郁金香芬芳送入鼻息，沁人心脾。

3.花车游行

在荷兰西部的利瑟，郁金香田地一望无际。利瑟每年的郁金香季从3月持续到8月，期间会举行距离长达40千米的郁金香花车游行，几十辆用数以亿计的郁金香和风信子装饰而成的花车在乡间缓缓穿行，花车队中还活跃着数个乐队和化装队伍，车后有护卫队。而最耀眼的还是花车上花娘们的微笑，她们就像播撒春之光的使者，经过时留下满径芬芳。这一活动每年吸引来自世界各地的几十万游客，极大地带动了当地旅游、餐饮等行业的发展。

（三）日本稻田艺术和美国玉米迷宫

日本的稻田艺术起源于20世纪90年代初日本青森县南津轻郡田舍馆村。当时，田舍馆村的村委会想要搞活经济，提高当地村民的收入，于是策划出稻田画种植艺术，没想到效果极为轰动，甚至吸引了广告商的赞助。于是从1993年开始，田舍馆村规划出15 000平方米田地专用作稻谷画种植，并且每年举办一次“稻田艺术节”。目前，日本农村的“稻田艺术”已有117处，每年吸引超过20万人去田舍馆村参观旅游。

为了达到最好的视觉效果，每年4月，田舍馆村的农民们会在电脑上设计好草图，然后根据图纸在稻田里播种不同品种、有着不同颜色叶子的水稻，这些稻田艺术画包括历史人物、卡通人物、山水动物等。7月底是观赏稻田名画的最好时节，每年这个时候，精美绝伦、造型独特的稻田图画让慕名前来的游客惊叹不已。

玉米迷宫最早于1993年出现在美国的宾夕法尼亚州，3D迷宫的娱乐方式老少皆宜、同时又低成本又融合自然风光与农业风情，更让它迅速在欧美风靡。如今，世界上约有二十多个国家修建了350多个大型“玉米迷宫”，每年有数千万人参观。

建造玉米迷宫首先要在一片合适的土地上绘出一幅迷宫图案。在绘制这幅图时，需动用测绘仪、GPS以及专业的电脑设计等。迷宫图案画好后，按照图纸上的迷宫线条、图形修好道路，最后在几天内将玉米全部种植完毕，以确保玉米生长速度一致。

玉米迷宫是一种体验式旅游，它利用农业的特性，将体验式旅游和身心拓展相结合，让人们在享受自然风光、农业风情的同时娱乐、休闲。让人们在勇斗迷宫难关的同时，也成为锻炼自我身心的一种全新体验。而对农民来说，玉米迷宫通过吸引游客参观游玩，开创出一条新的致富之路。

二、国内休闲种植业创意的案例

（一）江西婺源油菜花田

在国内，江西婺源的油菜花种植在休闲农业创意中独树一帜。尽管婺源本身就有着丰富的旅游休闲资源，但让其真正实现全国闻名的却是油菜花田。

婺源一直有种植油菜花的习惯。2003 年，在获得各项大奖的电影《暖》中，婺源油菜花以唯美而富有温情的画面通过大荧幕上获得了广泛传播和关注。于是在当地政府有意的引导、强化下，婺源的油菜花越种规模越大，名气越大，如今婺源的 6 670 万平方米赏油菜花之旅已成为全国闻名的乡村旅游品牌。

每年的 3 月中下旬，棵棵粉红的桃花、洁白的梨花点缀在漫山遍野金黄色的油菜花中，掩映着白墙灰瓦的徽派建筑，使婺源成为“中国最美的乡村”。每当春暖花开，置身江岭万亩梯田，黄灿灿的油菜花与远山、近水、粉墙、黛瓦相印成趣，构成一幅天人合一的画卷。在这里游客可以让心灵自由飞翔。

婺源油菜花的主花期约为一个月：3 月 8 日至 3 月 11 日油菜花由零星开放到慢慢进入初开期；3 月 12 日至 3 月 17 日过渡到初旺期，3 月 18 日至 4 月 5 日处于旺花期，4 月 8 日至 4 月 15 日前绝大多数油菜花开始凋谢。借助油菜花田，如今婺源 40 天内接待全国各地游客近 100 万人次，同时也强势拉动了婺源县餐饮、住宿、购物等第三产业的发展。2012 年，婺源的“油菜花经济”为该县创收 18 亿元。

随着油菜花田在各地的模仿推广，婺源创新了花田种植，继油菜花海之后在江岭景区打造出二季花海——波斯菊花海，从而丰富了 7–9 月婺源旅游的观赏内容，使婺源的休闲旅游农业得以进一步延长。

（二）北京紫海香堤艺术庄园

紫海香堤艺术庄园位于北京市密云县古北口镇汤河村，是北京市规模最大、品种最全的香草种植园。园内以爱情为主题，浪漫为形式，通过对香草文化的包装和利用，全力打造“长城脚下的普罗旺斯”。

园区占地面积 20 万平方米，主要种植了薰衣草、紫苏、马鞭草、洋甘菊等世界 200 余种珍贵香草品种，进入司马台长城牌楼，就能看到蓝天白云下，青山怀抱的紫海香堤，炫目的无际紫色，一片薰衣草的花海，闻到一股混合了多种香型的味道，柠檬中带着些黄瓜的味道，又掺有薄荷的清香，混着迷迭的芳香，无论从视觉上还是嗅觉上都是无与伦比的享受。庄园内还设有香堤艺术画廊、香草专卖店、香草主题展厅、DIY 手工制作室、香堤会所、特色水岸休憩长廊、薰衣草婚庆广场、爱情小木屋、爱情渠、相遇桥等娱乐休闲设施。

园区中的三景——“无垠的香草田”“安静的汤河水”“茂密的金山林”构成了一幅绝美独有的风景图画。零落于香草海边的海岸篷房、坐落于坡地上绿树丛中的坡地棚屋、依山傍水林荫掩映的香堤会所、设施齐全的中西餐厅、经典亲水与香草休闲体验项目，游客可以在柔风中穿过香草花田，让浓浓淡淡的馨香拍打着肌肤，享受美妙的“爱之旅”。

思考题：

1.休闲种植业的创意特点与创意模式有哪些？

2.休闲种植创意的设计方法有哪些？

3.休闲观赏蔬菜和果树有哪些？

4.德国的“绿腰带项目”有哪几种方案？

第三章　休闲林业创意

第一节　休闲林业创意概述

一、休闲林业创意的内涵与理论基础

（一）休闲林业创意的内涵

1.休闲林业创意的概念

休闲林业是指以森林资源为载体、在提供传统木材及林产品生产的基础上，同时充分发挥林业的休闲功能，满足人们的休闲需求。发展休闲林业对于带动相关产业发展、促进就业、提升人民生活质量、推进经济社会发展以及生态环境建设和改善具有重要作用。

休闲林业创意则是创意元素与传统林业相结合的产物。即利用森林景观、林业资源等自然资源，通过创意设计，向社会提供各具特色的风情感受、观光度假、技巧欣赏、科普教育、林副产品等，以达到让人们消除疲劳、营造美好心情的目的，同时为人们提供林区生活休闲体验。

2.休闲林业创意的属性

（1）综合性

休闲林业创意的文化内涵十分丰富，既涉及历史、地理、民族宗教、饮食服务、园林建筑、民俗娱乐与自然景观等旅游客体文化领域，又涉及旅游者自身文化素质、兴趣爱好、行为方式、思想信仰等文化主体领域，更涉及旅游业的服务文化、商品文化、管理文化、导游文化、政策法规等旅游个体文化，还涉及到旅游学、旅游市场营销学、旅游管理学、旅游文化学、旅游美学等综合领域，具有很强的综合性。

（2）继承性

休闲林业文化植根民族传统的基础之上，因此在创意过程中，对当地原生文化具有一定的继承性。目的地的传统本土文化是吸引旅游者的原动力，而旅游文化的形成则因其不断更新的变异性具有时尚性。传统与时尚并存，体现了旅游文化在传播当地原生文化、融合外来文化、形成新的文化吸引力的过程中特有的性质。

（3）生态伦理性

休闲林业是利用林地所特有的环境、奇丽的景观和美学价值为社会提供服务，作为一种独特的旅游方式，因追求健康、释放压力、缓解疲劳而越来越受到人们的青睐，绝大部分林地旅游都属于生态旅游。因此，对休闲林业创意者来说，创意的过程中要以保护生态环境为主，适度开发，注重人与自然的和谐统一。

（4）地域性

地域性差异是休闲林业创意具有吸引力的原因之一。休闲林业创意一方面受到了地域的限制，如地形、植被、生物资源等，另一方面也可以充分利用地域性差异，打造丰富多彩、千差万别的旅游文化，利用旅游者对异域文化的探险、猎奇、求知心理，促成休闲旅游活动的实现。

（二）休闲林业创意的理论基础

1.可持续发展理论

所谓可持续发展，是指既能够实现经济持续增长，而经济增长的结果又能够得到公平地分配，并且这些活动对于环境的影响是最小的一种发展模式。休闲林业创意正是在可持续发展观念背景下提出的——在不过度采伐林地资源的前提下，利用创意的方式开发其在旅游休闲方面的潜力，最大限度地发挥其积极作用，形成林业的可持续发展。

2.景观生态学理论

景观生态学，是在现代地理学与生态学结合下产生的、既强调空间研究又考虑生态学思想和原则的学科。景观生态学为休闲林业创意提供了理论依据。一方面，休闲林业的目的地包括自然保护区、风景名胜区、森林公园、国家公园等自然景观，另一方面，生态旅游强调目的地的生态保护，人与景观的和谐统一，因此不能采取掠夺式开发，而需要依靠文化创意、景观创意的方法，进行科学、适度的旅游开发活动。

3.旅游伦理学理论

旅游伦理是人们在旅游活动中所应遵循的道德规范的总和。旅游伦理为休闲林业创意提供道德层面的支持。旅游伦理学倡导的是人类对待旅游环境的伦理责任，可以用来调节旅游活动中人与自然的关系，使人们在亲近自然、回归自然的旅游活动中尊重自然，爱护自然，实现人与自然的高度和谐。旅游伦理的观念要求人们提高环保意识和生态意识，科学地认识人与自然的关系以及人类在生物圈中的地位。它通过对旅游内在规律的研究，提出新的道德价值体系，实现旅游和伦理的精华的融合，旨在形成一种新的旅游伦理生态。旅游伦理学理论对休闲林业创意有现实的指导意义。

二、休闲林业创意的特点与发展模式

（一）休闲林业的特点

1.休闲林业具有日常性

从时间上看，休闲林业都发生在闲暇时间，并且在停留时间上，休闲林业可长可短；从空间上看，休闲林业离开常住地的距离可近可远。随着我国休闲时间的增加和近几年我国城市林业的快速发展，城市居民可以在早晨、傍晚、周末、节假日等不同的时间段，在城市公园、郊野公园、城市绿地、森林公园等林区环境中开展休闲活动，因此，与其他休闲方式相比，林业休闲活动在时间和空间上对休闲者的约束性不强，休闲林业活动的开展具有日常性的特征。

2.休闲林业具有健康性

林业以其丰富的自然景观、良好的生态环境、诱人的野趣及其树林环境所具有的独特保健功能，吸引着众多的城市居民在休闲林环境中，恢复身心、追求在身体和精神方面的共同发展，在环境品质良好的林区中从事休闲活动，可明显增进生理与心理的健康效益，改善身心健康状况，包括减缓疲劳、减轻压力、缓解焦虑、愉悦身心、改善心情、控制情绪，这样睡眠质量也会改善。另外，在社交效益方面，可以促进人际关系、培养团队精神、增进亲子关系与朋友间的友谊等。因此，休闲林业具有健康性，林区是城市居民的主要休闲地。

3.休闲林业具有形式多样性

休闲林业追求的核心是享受林区健康的环境、体验快乐。在林区环境中实现这种需求的途径是多种多样的，正如休闲林业概念所述，只要是人们在闲暇时间内，以轻松自由的精神状态和生态责任感，在林区环境中从事各种不破坏生态环境、倡导生态保护、生态文明的活动。这样有利于身心恢复、精神愉悦的活动都属于休闲林业，包括观光型、养生型、参与型等，因此，从活动内容上看，休闲林业所涉及的范围很广，具有形式多样性的特点。

4.休闲林业具有生态环保性

休闲林业是一种生态休闲，它体现了休闲开发、经营、管理者和休闲者的生态责任感。保存、维护和发展林区生态系统功能是休闲林业开发经营者和休闲者主要的生态责任。这种责任感体现在开发者的规划、开发、经营、管理等具体行为上，也体现在休闲者的休闲行为上。同时，休闲林业是一种生态文明，体现了生态道德和生态伦理，休闲林业的发展有利于弘扬生态文明，并促进生态文明的发展。

（二）休闲林业创意的模式

1.与体育经济发展相结合

近几年，随着我国社会经济的发展、人民生活水平的提高和闲暇时间的增多，体育观念发生了巨大的变化，体育消费逐年扩大，提高生活质量、享受健康人生的观念越来越被大众所推崇，传统纯粹的体育健身观念，已经逐步向健身、益智、休闲、娱乐等多重性的方向发展。在林区中，可根据资源和环境条件，开展攀岩、登山、定向越野、山地自行车等户外活动，在有大型水域的休闲区还可以开展游泳、游艇、漂流、冲浪等水上活动。因此，休闲林业与体育经济发展相结合，既利用了林区优质的生态环境，又能通过体育运动强身健体，是一种健康的休闲生活方式，将日益成为现代社会休闲发展的主流。

2.与健康经济发展相结合

健康是人类共同的追求。然而，亚健康的概念自 20 世纪 80 年代提出后，已成为世界性的医学难题。而如今生活在都市的人们，大部分都处于亚健康状态，人们对自身健康问题的重视使得“绿色生活”深入人心。林区环境中有空气负离子、植物精气，对人体健康具有明显的保健功能；树林的主色调——绿色有助于安神；树林能吸纳声波，有助于平定情绪、消除疲劳、治愈疾病。因此，休闲林业与健康经济发展相结合是一种健康的休闲生活方式，在林区环境中开展疗养度假及养生型休闲产品，将休闲度假与针灸、推拿、药膳、物理康复、音乐治疗等疗养方式相结合，有助于消除亚健康状态。

3.与林果经济发展相结合

充分利用林区中的果树和果品资源，通过合理规划、设计与施工，把景观、林业生产展示、林产品加工与休闲者的广泛参与融为一体，建设观光采摘园，为休闲者提供观光、采摘、山林野炊、园艺劳作等具有林业生产特色的参与性、体验性休闲活动项目，使休闲者充分体验林业生产的乐趣，在休闲林业环境中充分享受良好的生态环境，放松身心，实现回归大自然的美好愿望。因此，休闲林业与林果经济发展相结合开发观光采摘园，是体现农业生活功能和生态功能的重要形式，具有美化环境、观光休闲和参与体验功能，可为大城市及其郊区发展高效现代林果业，增加农民收入，促进农村经济发展开辟新的途径。

4.与教育培训经济相结合

素质教育是指一种以提高受教育者诸方面素质为目标的教育模式，它重视人的思想道德素质、能力培养、个性发展、身体健康和心理健康教育。近年来，发展迅猛的拓展训练，又称素质拓展，在企业、学校等诸多领域发挥着特有的教育作用。林区为生态认知、环保知识教育、拓展训练等教育培训活动提供了良好的环境，因此，休闲林业与教育培训经济相结合，针对青少年休闲者可发展环保教育区、植物认知区、林业体验区、工艺制作区、青少年素质教育拓展训练基地、野外生存训练区等；对于企业团体休闲者，可针对不同群体的需求，发展新员工拓展培训、团队拓展培训、中高层领导力提升拓展培训、真人CS野战等培训。

5.与宗教旅游等景区发展相结合

我国是一个多宗教并存的国家，而且，绝大多数寺庙道观都建在天下名山之中，因此，休闲林业可与宗教旅游等景区发展相结合，丰富休闲体验。可通过与禅师的交流、观看各种展览、参与各种学习活动等，让休闲者在清静的氛围中体验宗教生活、洗涤心灵、拓展思维、开阔心胸。如在韶关南雄大雄禅寺禅修清净行生活营中，有打坐、诵经、吃斋、普茶、听佛学讲座、参加传灯法会等活动，这些另类的度假休闲方式，既是一种新鲜的生活体验，也是一种心灵的调节。

三、休闲林业创意的设计方法和类型

（一）休闲林业创意的设计方法

1.选景——保护和选择法

林区的自然景观未受或基本未受人为干扰破坏，具有很高的原始性和自然性，景观优美，旅游资源极为丰富，景观开发应以保护和选择为主，最大限度的保持林区的原始景观风貌。通过选景，把林区最具代表性的特色景点用游览线路组织起来，为游客提供典型的原始风光。如以自然保护区建立的休闲森林公园，景观设计的主要工作是景点特色分析、景点选择、观景点选择、游路布置，不建任何人工景点，必要的人工建筑设施减到最少。开发设计的关键是保护，因为林区的原始风貌具有不可逆的特性，一旦受到破坏，其景观资源特色和价值难以恢复。因此，必须设置保护措施，既维护景观的原始生态，又保护游客的安全。

选景是休闲林业最主要的景观开发方法，它可以较好地保护自然资源和为游客提供最原汁原味的自然美环境和景观。例如湖南张家界、江西安远三百山等国家森林公园的景观开发主要是采用此种方法，取得了较好的效果。

选景除了景点的选择外，还要做好观景点的选择，因为景点的观赏位置直接关系着与景观的视角、视野范围、距离，从而影响景观的游常效果。一方面，任何一处风景都有一个最佳的观赏点；另一方面，任何一处风景，观赏点不同，其审美感受也会千差万别，甚至成为杂乱无章的景象，诗句“横看成岭侧成峰，远近高低各不同”便是最形象的写照。

2.饰景——修饰和强化法

景观资源因为种种原因，并不都是尽善尽美的。因为游客的社会经历、阅历、文化、审美情趣的差异和游览季节、时间早晚、气候、位置角度等因素的不同，对景观的观感差异就很大，甚至产生完全相反的审美感受。

因此，这一类景点就需要修饰来强化其景观特征，增加景素，突出景观个性，使其主题更明确，易于被大多数游客所领悟。饰景是根据景点现状，运用形式美法则增加造景植物或建筑小品，对景点进行修饰，强化其风景特征，以获得更突出的审美感受。饰景手法对景观不作根本性的改变，而是以原有的景观特征为主，只进行某个局部的强化或修饰。如以雄险为特色的景观，可以采取对主体升高和视点降低来突出其雄伟；如以秀丽为特点的景观，可以用半隐半露的建筑小品来陪衬景致的秀雅。饰景可以在原大体量的景点上面或前面增加小品来丰富景观层次，也常常在景点的顶部或腰部改变其天际线，获得点染效果。

饰景效果也常常利用风景园林的点景法则来获得，采用石刻、石碑、匾额、楹联等形式对自然景观加以概括介绍。点景集诗词、书法、雕刻艺术于一体，对景观艺术进行点题增加了景点的诗情画意，引导游客进行艺术联想。

3.造景——恢复和新建法

造景是运用景观设计理论在休闲林业进行景观营造，它主要借用园林艺术手法对各种景观因素进行提炼、加工使之升华，成为林区具有一定观赏价值的景观。造景是景观开发的辅助方法，主要用于人文景观和园内接待服务设施的建设，在城市型、近郊型、文化型森林公园中运用较为广泛。

在实践中，造景常用的手法很多，但主要是借用风景园林的艺术手法来实现的。但休闲林业的造景应注意自然环境的充分利用和协调。主要从大的空间环境来构思，突出自然特色，而不能局限于园林中细致入微、精巧雅致的手法。

造景常用于林区内原有著名建筑的恢复，如寺庙、亭阁、塔、古城堡等。民俗村的典型建造，为方便游客赏景的景亭、景桥、门墙等小品的设计。当林区的某些自然景观主题需要突出时，也常用造景手法来开发。例如，许多森林公园为突出某些植物景观所设置的珍稀植物园、高山植物园、杜鹃园、药用植物园等，如湖北宜昌大老岭国家森林公园设计建造的珍稀植物景观。

（二）休闲林业创意的设计类型

1.林地休闲创意设计

（1）林地漫步

于森林氧吧内，依托林区生态系统和森林生态多样性景观，以石材和木材为主，对现有游步道设施进行改扩建，使之与景观优美处、森林氧吧外部具有更为便捷的交通联系，对原有游步道，注重游憩节点的主题化和特定情境化营造和旅游基础设施的完善。增设游憩节点和旅游观景台，分别形成一处风格迥异的森林生态景观游览线，让游客在林地上漫步，获得精神上的愉悦和身体上的放松。

（2）林区负氧离子浴

优良的空气质量对旅游者也具有较强的吸引力。科学研究表明，空气负氧离子对人体不仅有利，还有治疗保健功能。林区环境中负氧离子含量较高，可开辟专门的负氧离子呼吸区，融入一定的养生保健内涵，以“欢乐森林、天下氧吧”为口号，实现“丛林生活、康体养生”功能。可提供向游客介绍负氧离子对人体的益处，讲解负氧离子浴的保健方法等服务，加深游客对负氧离子浴的理解和印象。主要的产品方式有森林浴和森林医院两种。

（3）山野营地

设在林中很受欢迎的游憩方式之一。人们喜欢和朋友，或偕同家人一起在树下空地上野营休息，住帐篷、睡吊床、树底下纳凉、草地上野餐，回归自然，享受淳朴。山野营地通过这些野外活动让人们了解到野外生存基本技能和乐趣，充分体验了与大自然零距离接触的感受，是一种旅游度假体验的特色形式，为游客提供了最出色的服务。

结合地形特点，在坡度相对平缓处，地形相对隐蔽之地选择适当的开阔地，开设帐篷露营地，营地之间有树木和绿篱相隔为佳。在露营地进行中低密度开发，每处露营地以20个单元为宜，每个单元占地不超过50平方米，单元之间具有间隔。野营区设置必要引导指示牌，开设公共活动场，配有简单游戏场地和设施。增设造型自然美感好的垃圾桶和旅游厕所，整体上打造成特色野营宾馆的特色住宿体验设施。

（4）游憩小站

选择山林中3～5块台地，建成舒适温馨的游憩小站。小站的建筑风格应该完全融入林区的自然环境之中，就像在林地里自己生长出来的建筑。一般都是一层的建筑群落，每个游憩小站要有各不相同的建筑景观，依山就势修建。小站内要有丰富的室内娱乐内容，舒适的生活享受和野外活动的情趣。

在游憩小站周围设置3个或4个野外活动营地，如:①由流弹池、激光打靶、激光狩猎和激光战车等组成的“激光狩猎营地”；②由多种采用林中树木或森林环境建造的“森林运动营地”；③由树桩迷宫、蘑菇迷宫、松鼠之家迷宫等组成的“森林迷宫营地”；④由露营帐篷、吊床、森林乐队、林中派对、模拟篝火晚会等组成的“野外探险营地”。

(5) 林地趣苑

林地的娱乐也是充满了森林的气息，体现了林间的风情。如有:①森林秋千；②荡椅；③激光打飞碟；④趣味射箭；⑤不倒翁家族；⑥童话树屋等。这些游乐项目都融进了树林的大背景中，具有林地游乐的独特品味。

(6) 丛林野战

茂密的林区植被提供了较好的遮掩性功能，结合现代时尚的射击体验类项目，于丛林内开展具有军事休闲体验的实战游乐活动。划定偏僻的活动区域，为游客提供服装及实战装备，让游客扮演攻方和守方等不同的角色，依托茂密的森林植被，展开游戏活动，使游客获得在丛林中进行虚拟野战的全新体验。

(7) 氧吧特色美食苑

以冷餐为主的特色美食苑。考虑到护林防火和保护生态环境的需要，美食以冷餐为主，将具有地方特色的冷餐美食提供给在林中游憩的游客，为方便游客的餐饮需要，可设3~5个餐饮供应点于氧吧内。

(8) 红叶情人谷

种植彩叶红叶树种改造林相，并充分利用红桦、枫树等红叶树种具有的浪漫色彩，依托山谷山坡地形特征，建设红叶情人谷。以红叶林为载体，对红叶林进行景观生态性改造，增设简单设施，充分营造具有一定私密性和浪漫性的休闲氛围，开展情侣树认养、特色手工纪念品制作、情书书写、情侣木屋、婚纱摄影等特色参与性旅游活动，增强红叶林的旅游吸引力，使之成为周边地区具有较强浪漫色彩的婚庆场所的首选地。

(9) 浪漫木屋

结合现有浪漫时尚的婚庆蜜月旅游，依托红叶林形成的独特景观，建设具有浪漫风格的木屋，开展婚庆摄影、情侣度假等活动。木屋的建设应充分考虑其私密性和浪漫色彩，使之具有红红火火、天长地久等吉祥祝福的文化内涵。

2.林中休闲创意设计

(1) 山水酒吧

山水酒吧实际上是一组群式建筑，它结合了乡村山野生态的休闲环境，加上城市生活中的酒吧休闲方式，用生态化手法将其建设成为风格质朴、形态优雅的建筑，室内的装饰布置具有较强的山野艺术品味，让客人于山水间品酒论道。

(2) 森林山寨

利用石材等建筑材料，建设具有标志性景观的建筑群，整体上形成森林山寨。以情景化再现的方式，让游客体验当一次山寨寨主的体验性活动，景区服务人员则可身着兵丁衣服扮演其部下，为其提供服务。山寨还可提供一些演绎性娱乐节目和茶水等服务，以此进一步丰富游乐内容。

(3) 森林酒吧

以树屋形式出现的主题性酒吧，供游客休息、游玩。外形漂亮，和大片的树木融为一体，成为林中别具一格的景观。

(4) 森林乐普森

“森林乐普森”是一组芬兰式的室外“晃摆运动游戏”组合，全套设备是木质的，多种游戏设备分布在一片林地里，形成特别的和谐美。

(5) 山泉冷浴

建造以山泉泡浴为特色生态游泳池和各式泡浴池，让游客在蓝天森林下畅游其中，放松身心。还可利用当地特产的中药材，设置养生药浴、矿泉浴、山野SPA等特色康体保健项目。

林中泳池：林木掩映下的宽阔泳池，它是一个放松心情和恢复精力的好地方，客人在享受感官从容和欣赏户外美景的同时，还可以享受药浴疗养的优质服务，身心回归自然，融于自然。

瑜伽养生：面对山林幽谷的瑜伽养生馆，吸天地之灵气，接日月之精华，面朝山林幽谷的冥想，一刹那春暖花开。

山野SPA：充分利用山坡地形，将山泉与林景观有机结合，沿地形建造若干与自然融于一体的溪谷泡浴池，泡浴池附近修建小体量木屋设施，将山泉引入其中，形成“泡池”，引入康体养颜的理念，辅以草药面膜和康体乳液等多种顶级的特色护理，打造最野奢时尚的山野SPA体验中心。

(6) 山林小寨

在林中的合适位置，如溪水旁以吊脚楼形式的建筑凌驾于河堤岸边，建筑以木质或仿木结构为主，充分利用溪流景观及流水声，营造别具特色的休闲小寨。主要针对周边的大众旅游消费者，让客人在繁忙之余，远离喧嚣的城市投身于山林田园，春观花，夏纳凉，秋赏叶，冬咏雪，享受轻松一刻。

(7) 山林高尔夫练习场

结合中高档休闲度假与高档休闲产品发展的需要，将山林高尔夫作为重要的度假休闲配套项目予以建设，实现高端休闲产业链的有机延伸。从战略上考虑，山林高尔夫球场的建设，对于提升旅游的综合价值和品牌价值具有重要意义。

(8) 野外实战游戏

选择适宜地段，开展以野外实战游戏为主的户外时尚游乐旅游项目，此项目将成为周边景区旅游活动中首屈一指的特种参与体验型旅游项目。

充分利用地形地貌起伏较大的条件，只须增设少量障碍物、掩体等设施，模拟野战部队全副武装进行实战体验，在整个野战游戏的过程中，通过营造团队之间紧张激烈对抗的氛围，让参与者得到充分的锻炼和自我体现机会，从自我保护、策略判断、决策执行以及培养队员自信心、应变能力到发挥个人领导能力和团体合作精神等得到加强。主要活动有实战演习、实战案例、拓展科目、庆功宴等。

(9) 绿荫荡船

“绿荫荡船”就像是树林里的“海盗船”，把游乐场里的摆动式游戏机通过生态化的处理，搬到了一片绿色的森林中来，使森林游乐更加别有情趣。林中还有许多靓丽的园艺小品，如用原树木做成的趣味人物造型、动物造型和装饰造型，以抽象风趣的特点获得游客心理的认同和共鸣。每个谐趣的小景制作，由于都用树木为原材料，充分体现出森林氧吧的景观特色，和林中趣苑木屋群联成了统一的自然风格，显得格外精彩。

3.空中休闲创意设计

(1) 超级氧吧

在超级氧吧中设有大大小小的木屋，游憩设施和树林交织在一起，形成一派和谐的生态建筑景观。木屋都从地面架起 0.5 米的高度，既可以防潮又可以不破坏木屋底下草地的生长。木屋的外表都采用树皮板或原树木，屋内也是木板、木柱结构，或用木质的装饰，室内陈设也要有野外森林的粗犷特色，充分表现出木屋居室的山林情趣。木屋的基本结构要能够防风、防尘、防寒、防潮、防晒、防火，保证其安全性、可靠性和舒适性。游憩设施也主要以木质为主，以形成同森林景观相协调的景观。

树屋是根据童话故事中的树房子变化而来，一间又一间的木屋都搭架在树上，彼此间有“荡桥”或“木廊”相通，树屋群有十多间互相连通，形成一个离地约三四米高架空的树屋村寨，有木梯和绳梯从地面登上树屋。树屋中展出各种木刻、根雕、木制器具和木制工艺品，同时播放有“树房子”的童话故事，提供为游客休息的“树屋茶苑”。

(2) 滑道游乐

依托地形和树林而铺设的滑道使游客在超级氧吧中获得刺激性体验的游乐项目。

(3) 天路走廊

依托笔直的松林，架设高空中的栈道。栈道与搭架在树上的树屋村宅相连，部分地段可根据地形与道路相连，栈道的修建充满刺激性和趣味性，游客通过掌控身体平衡力走完全程。

同时，在高空中既能俯瞰到地面的景观，又能观赏到远方的美景。

第二节 观赏树木及其在林业创意中的应用

一、观赏树种

(一) 观形树

1.红豆杉

红豆杉，又称紫杉，属国家一级保护植物，是集观赏和药用于一身的珍贵树种。在中国云南、黑龙江、西藏、吉林、湖北、四川、广西、江西等省有少量分布。

红豆杉是常绿乔木，高可达 20 米，树冠阔卵形或倒卵形，雌雄异株，雄株树冠较狭，雌株树冠较阔；树皮赤褐色。叶条形，种子扁圆形，红色。种子用来榨油，也可入药。从植株中提取的紫杉醇是世界公认的抗癌药，价格昂贵。

红豆杉南北各地均适宜种植，具有喜荫、耐旱、抗寒的特点，要求土壤 pH 值在 5.5 ~ 7.0 间，可与其他树种或果园套种，管理简便。

中国红豆杉有 4 种 1 变种，即东北红豆杉、西藏红豆杉、云南红豆杉、中国红豆杉和南方红豆杉（变种），分布于我国大部分地区。东北红豆杉主要分布在吉林省长白山和黑龙江一带，西藏红豆杉主要分布在云南西北部、西藏南部和东南部。云南红豆杉主要分布在滇西，南方红豆杉主要分布在滇东、滇西南、滇东纯林。湖南邵阳、永州，安徽黄山等地都分布了大量天然红豆杉。

曼地亚红豆杉是我国 20 世纪 90 年代中期从加拿大引种而来。原产于美国和加拿大，是一种天然杂交品种。近些年，曼地亚红豆杉在我国引进驯化成功，生物特性表现稳定，生长速度快，对环境适应性强，紫杉醇含量接近原产地，植株利用率高，深度加工后综合经济价值更高，可用于营建水土保持林、水源涵养林，改善生态环境。

2.银杏

银杏，又名白果、公孙树等，是裸子植物银杏门唯一现存物种，因此被称为植物界的“活化石”。银杏原产于中国，在日本、加拿大、新西兰、澳大利亚、美国、法国、俄罗斯等国家均有大量分布。

银杏树，宽叶落叶乔木，可长到 25 ~ 40 米高，直径可达 4 米，幼树的树皮比较平滑，呈浅灰色，大树树皮呈灰褐色。有较为消瘦的树冠，枝杈有些不规则。银杏叶子为扇形，呈二分裂或全缘，叶脉和叶子平行，无中脉。在一年生枝上，叶螺旋状散生，在短枝上 3 ~ 8 片叶呈簇生状。成年银杏的扇形叶片主要有全缘、二分裂或多裂形态，但银杏幼株的叶片多数为二分裂，间中是多裂，极少是不裂的。

银杏具有观赏价值。因其枝条平直，树冠呈较规整的圆锥形，大量种植的银杏林在视觉效果上具有整体美感。银杏叶在秋季会变成金黄色，在秋季低角度阳光的照射下十分美观。

银杏寿命很长，中国有 3 000 年以上的古树。适于生长在水热条件比较优越的亚热带季风区。土壤为黄壤或黄棕壤，pH5～6。初期生长较慢，蒙蘖性强。一般 3 月下旬至 4 月上旬萌动展叶，4 月上旬至中旬开花，9 月下旬至 10 月上旬种子成熟，10 月下旬至 11 月落叶。

银杏按种核形状分为长子类、佛手类、马铃类、梅核类、圆子类等五大类别。按栽培品种分为核用品种、叶用品种、观赏品种、雄株品种、材用品种。银杏不仅可以提供大量的优质木材、叶子和种子，同时还可以绿化环境、净化空气、保持水土、防治虫害、调节气温、调节心理等，是良好的造林、绿化和观赏树种。

3.构树

构树，又名谷浆树，构桃树。在中国的温带、热带均有分布，主要种植于黄河、长江和珠江流域地区。

构树为落叶乔木，高 10～20 米；树冠开张，树皮平滑，浅灰色或灰褐色，不易裂，全株含乳汁。单性花，雌雄异株，聚花果肉质，球形，熟时橙红色或鲜红色。花期 4～5 月，果期 7～9 月。

构树的叶是很好的猪饲料，其树皮是造纸的高级原料，材质洁白，其根和种子均可入药，具滋肾、清肝、明目、利尿等功效，树液可治皮肤病，经济价值很高。构树不论平原、丘陵或山地都能生长，具有速生、适应性强、分布广、易繁殖、热量高、轮伐期短的特点。

4.榆树

榆树，别名白榆、榆钱树、春榆、粘榔树等。主要分布于中国的东北、华北、西北及西南各省区，长江下游各省有栽培。

榆树为落叶乔木，高可达 25 米，直径 1 米。树干直立，枝多开展，树冠近球形或卵圆形。树皮淡灰色，粗糙，不规则纵裂。单叶互生，叶椭圆状卵形、长卵形、椭圆状披针形或卵状披针形，缘多重锯齿。花两性，早春先叶开花或花叶同放，紫褐色，聚伞花序簇生。翅果近圆形，顶端有凹缺。花期 3～4 月；果熟期 4～5 月。

榆树树干通直，树形高大，绿荫较浓，适应性强，生长快，可栽作行道树、庭荫树、防护林及“四旁”绿化，在林业上是营造防风林、水土保持林和盐碱地造林的主要树种之一。可用于休闲林业创意中。在干瘠、严寒之地常呈灌木状，有用作绿篱者。

榆树的主要种类有春榆、裂叶榆、青榆、黄榆、白榆、东北榆、大叶榆、榔榆、红鸡榆、山榆、钱榆、红榆等。

（二）观花树

1.紫薇

紫薇，又名百日红、满堂红，是夏季主要的观花小乔木，广泛栽培于广东、广西、湖南、福建、江西等地区。

紫薇枝干光滑，枝条柔软，花色艳丽多彩，花朵繁茂，且在群花凋谢时开放，花期长约3个月，有时甚至达5个月，观赏价值高，既可单植，也可列植、丛植，与其它乔灌木搭配，形成丰富多彩的四季景象。在园林绿化中，紫薇被广泛用于公园绿化、庭院绿化、道路绿化等，因此紫薇是休闲种植创意中重要的植物。

紫薇分为4品系9大类，约50个品种。4个品系为紫薇、赤薇、银薇、翠薇。当前主要应用的品种有直枝紫薇、直枝白薇、玫瑰红紫薇、直枝粉薇、直枝团状粉薇、矮生紫薇、独干紫薇。另外，还有复色矮紫薇，该品种花瓣边缘皱褶呈波浪状，颜色猩红具白边，花期6~10月，开花繁茂，开花前和落叶前叶片均为紫红色，观赏期长。

紫薇可孤植于草坪或空旷处，或对植，或列植，或三五一丛自然式散植，或成片栽植，或用掉拐、对拐、曲干式、枯干式、扭旋式、屏风式以及游龙式等多种造型作为盆景。近几年来人们开始通过编制技术、植物枝条连理助长剂等手段来将孤植、丛植、列植的紫薇树群扎景造型。

(1) 红叶紫薇

红叶紫薇生长势旺，新叶酒红色，老叶略带红色，新枝红色，花深粉红色，6月下旬或7月初始花，花期长达4月以上，花量大。极易形成花芽，花后短截枝顶，半月可形成花芽，约20天又可第2次开花。喜光，适应性广，耐旱，可耐零下23摄氏度的低温，病虫害较少。集观花、观叶于一体，极具观赏价值，是美国最畅销的紫薇品种。

(2) 红火球紫薇

红火球紫薇的新叶深红色，老叶绿色。7月初始花，花期可达4月，花鲜红色，俨如一团火球。花在晴热天为猩红色，多云凉爽天气则为亮红色，有时还带有白色的边，美丽多彩，是极其少见的大红紫薇品种。耐旱，亦可耐零下23摄氏度的低温，抗病性较强。

(3) 红火箭紫薇

红火箭紫薇的新叶微红，老叶绿色略带红晕，叶芽在开花前为深红色，开花时变成樱桃红。7月初始花，可连续开到霜降，花鲜红色，花量大，色彩艳丽。花在晴热天为猩红色，多云凉爽天花色略淡，可能有白色斑，是珍贵的大红紫薇品种，花期进行修剪可多次开花。

(4) 无果紫薇

无果紫薇是湖南省林业科学院的专家首次在野生紫薇中发现，并通过一系列试验研究选育出的优良无性系。其生长势较旺，叶片绿色，花粉红色，7月初始花，花期可达4月以上，花量较大。其显著的特点是花而不实，无果，可避免因结实而消耗大量的养分，利于花芽分化，延长花期。适应性、抗逆性均强。

(5) 赤霞

赤霞是湖北省林业科学研究院选育的新品种。花红色，有香味，花瓣卷曲且边缘褶皱，瓣爪红色；着花密度高，开花繁茂；花期6月下旬至9月中下旬，开花早，花期长，整体观赏效果好。适合于园林应用或盆花栽培。

2.樱花

樱花，亦称日本樱花，原产北半球温带环喜马拉雅山地区，樱花，起源于中国。在世界各地都有种植，日本最多。在中国，樱花树主要分布在江苏、安徽、浙江、福建、山东、江西、北京、天津、湖北、山西等地。

樱花为乔木，高4～16米，叶片椭圆卵形或倒卵形，花每枝3～5朵，成伞状花序，花瓣多为5瓣，也有达到10瓣、20瓣，甚至更多，花色多为白色、粉红色，也有深粉色或者淡黄色。一般花期3～5月。樱花花色幽香艳丽，可分单瓣和复瓣两类，单瓣类能开花结果，复瓣类多半不结果。

樱花是早春重要的观花树种，可孤植，可群植成林，也可植于山坡、庭院、路边。盛开时节花繁艳丽，满树烂漫，如云似霞，极为壮观。因此樱花可以作为休闲种植业创意中的重要类型。樱花品种相当繁多，全世界约有两百余种，多为人工培育。主要品种有东京樱花、染井吉野樱、寒绯樱、山樱花、垂枝樱花等。

(1) 东京樱花

东京樱花树皮紫褐色，平滑有光泽，有横纹。花与叶互生，叶片呈椭圆形或倒卵状椭圆形，表面深绿色，有光泽，背面稍淡。花每支有3~5朵，成伞状花，萼片水平开展，花瓣先端有缺刻，白色、红色、粉红色。花于3月与叶同放或叶后开花。

(2) 染井吉野樱

染井吉野樱是一种高度约5～12米的落叶树。花朵有5枚花瓣，花色在花朵刚绽放时是淡红色，而在完全绽放时会逐渐转白。因为是人工育种，它无法自然结果繁衍，只能以插枝移植，与吉野樱花瓣的形状与色泽相同，其花期也相同，可以同时绽放与凋谢。

(3) 寒绯樱

寒绯樱也叫钟花樱桃，福建山樱花。寒绯樱，顾名思义，是开在寒冷早春的红色樱花。寒绯樱是中国大陆一年里最早开放的樱花，花期一般在2月中旬，其花为钟形花冠，花序就像一个个串着的长铃铛。

(4) 日本晚樱

日本晚樱花大、重瓣、颜色鲜艳、气味芳香、花期长，是樱花中的优良品种。其园艺品种较多，花色有纯白、粉白、深粉至淡黄、浅绿，新生的幼叶也各具情态，从黄绿、红褐到紫红色，花瓣有单瓣、半重瓣到重瓣。

(5) 垂枝樱花

垂枝樱花，也叫垂枝大叶早樱或大叶早樱。大多数中国引进的樱花，枝条都是向上长或者伸展开来的。垂枝大叶早樱在生长的初期也和大多数樱花一样，但达到一定高度之后，大枝横生，小枝直立或下垂，形成垂柳状的樱枝，形态类似龙爪槐。垂枝大叶早樱的花淡红偏白，花型紧致，加上因为垂枝特点而带给人的宁静淡雅之感，常被誉为最美的樱花。

(6) 云南樱花

云南樱花，又称红花高盆樱花。原产自中国云南省，自20世纪80年代推广至中国各大樱花种植地。该品种先花后叶，花深红色，花瓣约25枚，花径2.5厘米左右，花呈半开状态，下垂，萼片红色。花期2月底至3月上旬。红花高盆樱桃的花大多半重瓣，颜色深粉至红，繁密如云，在早春二月底开花，几乎和寒绯樱同一花期。

(7) 大岛樱

大岛樱是日本固有的品种，产自伊豆半岛，称为“伊豆大岛樱”，是野生樱花的代表，树高可达15米。花期3月中旬，花叶同开。花白色，单瓣，呈伞房状开放。萼筒长钟形，萼片呈披针形，边缘有锯齿，花整体无毛。许多樱花园艺品种均来源于大岛樱。

(8) 关山樱

关山樱俗称“红缨”。八重樱的一个代表性品种，在中国广泛栽种，花期3月底至4月初，花叶同开。花浓红色，花茎6厘米左右，瓣约30枚，2枚雌蕊叶化，因此不能结实，花梗粗且长，嫩叶茶褐色。小枝多而向上弯。小乔木，平均高度2.5米，多分枝，开花数量多。秋叶橙黄可比银杏，非常美丽。孤植、群植均可，也可作为行道树栽植。

3.玉兰

玉兰，别名白玉兰、望春花、玉兰花。原产中国长江流域，现在中国北京及黄河流域以南均有栽培。玉兰是落叶乔木，高达2~5米。树冠幼时狭卵形，成熟大树则呈宽卵形或松散广卵形。叶片互生，宽倒卵形至倒卵形，先端圆宽，平截或微凹，具短突尖，故又称凸头玉兰。幼时树皮灰白色，平滑少裂，老时则呈深灰色，粗糙开裂。先花后叶，花朵硕大单生于枝顶，花径12~20厘米，花被9片，钟状。其花高雅莹洁，花香似兰，花形可爱，盛开时满树洁白如雪山瑶岛。果熟时种子裂开，形如扭曲的红色麻花，可榨油。花蕾和树皮可入药。

对于玉兰的品种，至今尚未有确切的分类。一般分为广玉兰、紫玉兰、白玉兰、二乔玉兰、黄玉兰等。也可以依据花瓣的多寡、花被的直立或反卷、花瓣的宽狭、花的颜色及花期的迟早等特征进行分类。

(1) 广玉兰

广玉兰开花很大，形似荷花，又称“荷花玉兰”。原产于美洲，所以又有人称它为“洋玉兰”。广玉兰为长绿乔木，叶革质，背被锈色绒毛，表面有光泽，边缘微反卷，叶长10~20厘米，另一变种叫狭叶广玉兰，叶较狭长，背面毛较少，耐寒性稍强。花大白色，清香，直径20~30厘米，花通常6瓣，花大如荷，花期5~7月，种子外皮红色，9~10月果熟。通常广玉兰可长到30米，但普通玉兰却只能长到16~23米。树冠呈卵状圆锥形，小枝和芽均有锈色绒毛，树枝雄伟壮丽。广玉兰树形优美，花大清香，是优良环保庭院树，适合厂矿绿化，对人类生存有着密切的关系。

(2) 紫玉兰

紫玉兰为落叶灌木，高3米。叶倒卵形或椭圆状卵形，长10~18厘米，宽4~10厘米，顶端急尖或渐尖，基部楔形，背面沿脉有柔毛。花先叶开放或很少与叶同时开放，大型，钟状；紫色或紫红色，春季先花后叶或花叶同放。

(3) 白玉兰

白玉兰是落叶乔木，高达25米，径粗可达2米，树冠幼时狭卵形，成熟大树则呈宽卵形或松散广卵形。白玉兰实生起源的大树常主干明显，树体壮实，雄奇伟岸，生长势壮，节长枝疏，但花量稍稀。嫁接种往往呈多干状或主干低分枝状特征，节短枝密，树体较小巧，但花团锦簇，远观洁白无瑕，妖娆万分。故不同起源之白玉兰园林应用中情趣各异，在小型或封闭式的园林中，孤植或小片丛植，宜用嫁接种，以体现古雅之趣；而风景游览区则宜选用实生种，以表现粗犷纯朴的风格。

(4) 二乔玉兰

二乔玉兰又名朱砂玉兰、紫砂玉兰，为白玉兰和紫玉兰的杂交种。属落叶小乔木，高6~10米。小枝无毛。叶倒卵形，先端短急尖，叶面中脉基部常有毛，背面多少被柔毛，叶柄被柔毛，托叶痕长为叶柄的三分之一。花先叶开放，花大呈钟状，紫色或红色，里面白色，有芳香，花被片6~9枚。果黑色，具白色皮孔，种子深褐色。花期为2~3月，果熟期为9~10月。二乔玉兰是优良的观赏树种。

(5) 红玉兰

红玉兰是木兰科新品种研究所选育的新品种，每年春夏秋三次开花。我国盛夏少花，木本花木更少，此品种很好地满足了这段时间的需要。红运玉兰可在庭园孤植，也可群栽，现已趋向行道树的应用。红玉兰栽培要点为喜光、喜肥、喜水，怕积水烂根。由于红木兰新根为肉质根，伤口愈合较慢，移栽后需精心管理。

(6) 黄玉兰

黄玉兰是一种非常珍贵的观赏植物。玉兰的花色多为白色、粉红色、紫红色，黄色的玉兰花极为罕见。黄玉兰春末开花。生长环境阳性至半阴性，土壤为一般的园土即可，排水良好，不需修剪。南北都可栽种。黄玉兰花色金黄色，花期迟，无需担心早春霜冻的危害。

(三) 观果树

1.枣树

枣树，原产于中国，在中国南北各地都有分布，以山西、河北、安徽、山东、河南、陕西、甘肃等地最多。枣树为落叶灌木或小乔木，小枝成之字形弯曲。有长枝（枣头）和短枝（枣股）之分，长枝“之”字形曲折。叶叶互生，长椭圆形状卵形，锯齿缘。花小，黄绿色，8~9朵簇生于脱落性枝（枣吊）的叶腋，成聚伞花序。核果长椭圆形，未成熟时黄色，成熟后褐红色。花期5~6月，果期9~10月。枣树花小多蜜，是一种蜜源植物。果实可鲜食也可制成干果或蜜饯果脯等。营养丰富，富含铁元素和维生素。果皮和种仁药用，果皮能健脾，种仁能镇静安神；果肉可提取维生素C及酿酒；核壳可制活性炭。

枣树的品种繁多。著名品种有河南内黄“蜜甜枣”，山西稷山“板枣”，河北沧县和山东庆云“无核枣”、山东乐陵“金丝小枣”、安徽“水东蜜枣”以及浙江“义乌大枣”等。枣按果大小与果形等性状结合起来分为六类。小枣型，如金丝小枣、无核小枣、鸡心蜜枣、密云小枣等；长枣型，如郎枣、壶瓶枣、板枣、骏枣、赞皇长枣、灌阳长红等；圆枣型，如赞皇圆枣、圆铃枣、缨德圆枣等；扁圆型，如冬枣、花红枣等；缢痕枣，如羊奶枣、葫芦枣、磨盘枣等；宿萼枣，如柿顶枣、五花枣等。

2.柿树

柿树，又名朱果，猴枣柿树属植物的统称。柿树原产中国，栽培、分布范围很广，栽培历史悠久。柿树为落叶大乔木，高可达10~14米，胸高直径达65厘米，树干直立，树冠庞大。枝开展，带绿色至褐色，无毛；嫩枝初时有棱，有棕色柔毛或绒毛或无毛。叶纸质，卵状椭圆形至倒卵形或近圆形，通常较大，先端渐尖或钝，花雌雄异株，黄白色。结浆果，扁圆形或圆锥形，橙黄色或黄色，可以吃，绿色的可以将其放置几天，等到变软后，即可入食。柿果成熟于9~10月，果肉较脆硬，老熟时果肉变成柔软多汁，呈橙红色或大红色等。柿树抗旱、耐湿，结果早，产量高，寿命长。

柿树树冠优美，可以作为防护林的绿化树种。秋季柿树叶子经霜变红，非常美观，尤其红橙色果实非常惹人喜爱。柿树在中国约有两三百个品种。从分布上来看，可分为南北两型。南型类的品种耐寒力弱，喜温暖气候，不耐干旱；果实较小，皮厚，色深，多呈红色。北型类品种则较耐寒，耐干旱；果实较大，皮厚，多呈橙黄色。主要品种包括磨盘柿、高校柿、镜面柿、尖柿、鸡心黄、三门峡牛心柿、斯文柿等。

3.杨梅

杨梅，又名龙睛、朱红，是喜湿、耐阴寒的亚热带水果树种，原产中国，在华东和湖南、广东、广西、贵州等地区均有分布。杨梅为常绿乔木，高可达15米以上，直径达60余厘米。树皮灰色，树冠圆球形，叶革质，顶端圆钝或具短尖至急尖，基部楔形，上面深绿色，有光泽，下面浅绿色，无毛，仅被有稀疏的金黄色腺体。花雌雄异株。雄花圆柱状，长1~3厘米，花药椭圆形，暗红色，无毛。雌花序常单生于叶腋，核果球状，外表面具乳头状凸起，直径1~1.5厘米，栽培品种可达3厘米左右，外果皮肉质，多汁液及树脂，味酸甜，成熟时深红色或紫红色。4月开花，6~7月果实成熟。杨梅果实色泽鲜艳，汁液多，甜酸适口，营养价值高。杨梅成熟时正是水果淡季，为市场提供了可食的时鲜水果，深受消费者欢迎。

杨梅主要的栽培种如下。

(1) 荸荠种

荸荠种产于中国浙江省兰溪马涧、余姚、慈溪、仙居。为当前中国分布最广，种植面积最大的品种，也是当前国内最佳的鲜果兼加工优良品种。于每年的6月下旬成熟，果实紫黑色，果型较小，核小，但品质特佳，肉与核易分离。着果牢固，采前落果现象少。该品种丰产、稳定、优质、适于鲜食与榨汁、罐藏加工。

⑵ 晚稻杨梅

晚稻杨梅产于浙江省舟山皋泄，该品种至今已有140余年的栽培历史。7月上旬成熟，为当前品质最佳的晚稻品种之一，单果重12克左右，富含香气，系鲜食与加工的优良品种。根系发达，吸收能力强，耐瘠薄，丰产性好。

⑶ 东魁

东魁又名东岙大杨、巨梅，是国内外杨梅果型最大的品种。原产于浙江黄岩、临海仙居种植尤多且果味更甚，7月上旬成熟。是浙江农业大学与澄江区柑橘推广站从地方晚熟优良品种中选出的。果色紫红，单果重约24.7克，最大果重51.2克。甜酸适口，品质上等。树势尚强，枝条比较稀疏，抗风力较强。产量高而稳定，适于鲜食。

⑷ 丁岙梅

丁岙梅原产于浙江省温州茶山。6月下旬成熟，果紫红色，果柄长，果蒂绿色瘤状凸起，单果重15～18克，品质上等。果实固着能力强，带柄采摘，较耐运输。

⑸ 大叶细蒂

大叶细蒂产于江苏省洞庭东西山，树势强健，叶大而厚，果中大，平均重13克，色紫红或紫黑色，肉质细而多汁，甜酸可口，品质优良。

⑹ 大粒紫

大粒紫产于福建省福鼎前岐，树势强健，果紫红色，中大，平均重12.9克，肉质软，味酸甜，呈青绿色。

⑺ 光叶杨梅

光叶杨梅产于湖南靖县，果大，球形，果顶有放射状沟，直达果实中部，呈光泽感，色紫红，品种上等。

⑻ 乌酥核

乌酥核产于广东省汕头市潮阳区西胪镇内辇村和金灶镇东坑村，是选出的良种。果大约重16克，紫黑色，肉厚、质松，汁多味甜，核小品质优良。

⑼ 早色

早色是浙江省萧山临浦实生优选良种。产地6月中旬成熟，果紫色，平均单果重12.68克，果肉致密，较脆，汁液多，品质上等。

⑽ 火炭梅

火炭梅，贵州省的鲜食品种。树体高大，树势开张，枝梢细长。果实扁圆形，果形较大，单果重 11 ~ 15 克，最大 25 克，果实色泽鲜艳，品质好。

（11）早荠密梅

早荠密梅从荸荠种的实生变异中选出，比荸荠种提早 15 天开花，提早 10 天成熟，明显提早杨梅供应期，系早熟品种选种的重要突破。果实性状及品种与荸荠种相似，紫红色，单果重约 9 克，明显大于同期成熟的“早酸”和“野乌”杨梅。

（12）安海硬丝

安海硬丝原产于福建安海。即安海变硬肉柱杨梅，国正圆球形，平均单果重约 15 克，果面紫黑色，肉柱圆钝，长而较粗，果蒂有青绿色瘤状突起。口感较粗硬。极耐储运，是不可多得的适宜长途运输的品种。

（13）临海早大梅

临海早大梅为成熟期较早的大果形品种，品质较佳。产地 6 月中旬成熟，单果重约 15.7 克，最大果重 18.4 克，肉质较硬，较耐贮藏运输，果实采后存放一昼夜仍保持原来果色，是很有发展潜力的早熟品种。

（四）观叶树

1.红枫

红枫又名红叶羽毛枫，亚热带树种。主要分布在我国的亚热带，特别是长江流域，我国大部分地区均有栽培。

红枫是落叶小乔木，高达 9 米。树姿开张，小枝细长。枝条光滑细长，单叶掌状互生，叶片长椭圆形至披针形，幼枝、叶柄、花柄都为红色。春、秋季叶红色，夏季叶紫红色。花紫色，伞状花序顶生，花期 5 月。翅果无毛，10 月成熟。

红枫是一种非常美丽的观叶树种，其叶形优美，红色鲜艳持久，枝序整齐，层次分明，错落有致，树姿美观，宜布置在草坪中央及高大建筑物前后、角隅等地，红叶绿树相映成趣。红枫性喜湿润、温暖的气候和凉爽的环境，较耐阴、耐寒，忌烈日暴晒，但春、秋季也能在全光照下生长。对土壤要求不严，适宜在肥沃、富含腐殖质的酸性或中性沙壤土中生长，不耐水涝性，喜阳光，怕烈日和西晒。

红枫品种较多，其中美国改良红枫生长速度较快，树形优美一致，抗性优良，是表现非常优秀的品种，该品种由北美红枫和中国红枫杂交而成。高度 20 ~ 25 米，树冠椭圆，冠幅 8 ~ 12 米。春天开花，有红色花穗，春天幼芽为浅红色，夏季碧绿，秋天为鲜红色，挂色期长、落叶晚。树干笔直，材质坚硬、纹理好，基本上不受病虫害的影响，是休闲公园、生活小区、医院和道路绿化美化的最佳选择。

2.鹅掌楸

鹅掌楸又名马褂木、双飘树，主要生长在中国长江流域以南，其分布区东起浙江省青天县，向西直至云南省金平县，北界为陕西省紫阳县，向南也至云南省金平县。

鹅掌楸为落叶大乔木，树高可达40米，直径1米以上。树干通直光滑。叶大，互生，上面亮绿色，下面淡绿色，叶形如马褂——叶片的顶部平截，犹如马褂的下摆；叶片的两侧平滑或略微弯曲，好像马褂的两腰；叶片的两侧端向外突出，仿佛是马褂伸出的两只袖子。故鹅掌楸又叫马褂木。花单生枝顶，花被片9枚，外轮3片萼状，绿色，内二轮花瓣状黄绿色，基部有黄色条纹，形似郁金香，因此被称为“中国的郁金香树”。花期5~6月，果期10月。

鹅掌楸喜温凉湿润气候，速生，通常用种子繁殖。树皮可入药，祛水湿风寒；木材淡红褐色，纹理直，干燥少开裂，可供家具、建筑用材。目前，鹅掌楸在河南、湖北、湖南、山东、陕西、北京等地种植，普遍生长良好，表现为生长快，栽种后能很快成荫，耐旱，对病虫害抗性强。树形端正，花淡黄绿色，美而不艳，秋叶金黄，可独栽或群植，是珍贵的行道树和庭园观赏树种，也是建筑及制作家具的上好木材。

二、竹木类树种

1.斑竹

斑竹，又名湘妃竹。因茎上有紫褐色斑点而得名。分布长江流域以南各地及四川、山东、河南、广西等地。

斑竹是散生竹。秆高8~22米，直径3.5~7厘米；节间鲜绿色，圆筒形，在具芽的一侧有狭长的纵沟，秆环及箨环均甚隆起，两者相距3毫米；硬纸质兼革质，背部较平滑，疏生黄色小刺毛，具大小不等之淡墨色斑点，主枝三棱形或为四方形，实心或仅有小如针孔之中空。小枝单生，顶端具叶3~6枚；叶鞘棕黄色，叶片长椭圆状披针形，大都长5~20厘米，宽10~25毫米，先端渐尖，基部楔形，上面灰绿色，下面淡绿色。笋期为4~7月，花期为4~6月。斑竹因秆具紫褐色斑块与斑点，分枝亦有紫褐色斑点，且枝条修长，姿态优美，为著名的观赏竹。竹竿用作制工艺品及材用。

2.黄金间碧玉竹

黄金间碧玉竹，别名黄皮刚竹、黄皮绿筋竹、金竹，主要分布于中国华南地区，性好温暖湿润气候，适生于疏松肥沃之砂质壤土。

黄金间碧玉竹为丛生竹，秆高6~15米，径4~6厘米。秆直立，鲜黄色，间以绿色纵条纹，节间圆柱形，节凸起。箨鞘背部密被暗棕色短硬毛，易脱落。箨耳发达，大小约略相等，暗棕色，边缘具遂毛。箨舌先端细齿裂。箨叶直立，卵状三角形，腹面具暗棕色短硬毛。笋期6~9月。

黄金间碧玉竹竹大劲直，风姿独特，颇为壮观，加之竹竿鲜黄色，间以绿色纵条纹，非常美丽挺拔。宜植于庭园内池旁、亭际、窗前，或叠石之间，或于绿地内成丛栽植，以供观赏，颇著成效。

3.玉韵竹

玉韵竹是南方大型丛生竹子，竹竿黄色带有绿色条纹，分枝高，新竿绿色披白粉并间有绿色条纹，老秆浅金黄色间有碧绿色条纹，色泽光鲜夺目。竹丛内竹竿间生长紧凑，竹的秆顶端则弯曲下垂呈钓鱼杆的钓线状。叶片披针形，青翠婆娑，形态高雅，竹子冠幅 8 ~ 15 米，直径粗达 15 厘米。高度达 12 ~ 20 米，观其形态，潇洒飘逸如参天大树。玉韵竹经过几年生长后，竹子的色泽越来越金光闪烁，金色竹竿在绿色竹竿和绿叶的衬托下，光芒四射，摇曳生辉。

玉韵竹适合营造风景竹林，通常群植，每丛选择 3 ~ 6 枝，地径 2 ~ 6 厘米，高 3 ~ 8 米，成年玉韵竹饱满，四季常青，冬不落叶。金黄色的成竹和绿色幼竹交叉有序，相映成趣，充分体现出观赏竹子高雅秀丽、婀娜多姿的韵味。

三、绿篱树种

（一）大花六道木

大花六道木，又叫降龙木、交翅。主要分布于中国黄河以北的辽宁、河北、山西等省，适应性强，目前在我国南北地区均有生长。

大花六道木为落叶灌木，高 1.5 米，幼枝被倒生硬毛，老枝无毛。叶矩圆形至矩圆状披针形，顶端尖至渐尖，基部钝至渐狭成楔形，上面深绿色，下面绿白色，叶柄长 2 ~ 4 毫米，基部膨大且成对相连。花单生于小枝上叶腋，无总花梗；花梗长 5 ~ 10 毫米，花后不落。花冠白色、淡黄色或带浅红色，狭漏斗形或高脚碟形。果实具硬毛，种子圆柱形。花期 5 月，果期 8 ~ 9 月。

大花六道木非常美丽，枝条柔顺下垂，树姿婆娑，无论是作为园中配植，还是用作绿篱和花径的群植，都非常合适。每年从初夏至仲秋都是大花六道木的盛花期，开花时节满树白花，玉雕冰琢，晶莹剔透。在阳光照射下微微泛着荧光，衬以粉红的花萼、墨绿的叶片，分外醒目。更为可贵的是即使白花凋谢，红色的花萼还可宿存至冬季，极为壮观。

大花六道木品种繁多，观赏效果极佳。其中金边大花六道木最受欢迎，它最大的特色在于叶面呈金黄色，花小，繁茂，并带有淡淡的芳香，是大花六道木中最好的品种之一；粉花六道木，花色粉艳，亮丽异常，是唯一的红花品种；日升六道木，叶片中间为墨绿色，幼小时叶缘带有金黄色条纹，长大后条纹变为乳黄色，是唯一的花叶品种；矮白六道木为六道木的矮化品种。目前，大花六道木在休闲林业创意中越来越受到重视。

（二）大叶黄杨

大叶黄杨，又名冬青卫矛，原产于日本南部。现在我国南北各省均有栽培，长江流域各城市尤多。大叶黄杨属常绿灌木或小乔木，高可达 8 米。小枝绿色，略呈四棱形，枝叶密生，树冠球形。单叶对生，叶革质而有光泽，倒卵形或椭圆形，长3~6厘米，边缘具钝齿，表面深绿色，有光泽。聚伞花序腋生，具长梗，花绿白色。蒴果球形，淡红色，假种皮桔红色。花期5~6月；果9~10月成熟。

大叶黄杨枝叶茂密，四季常青，叶色浓绿而有光泽，且有许多花叶、斑叶变种，是休闲林业创意中美丽的观叶树种。大叶黄杨移栽成活率非常高，移植后两个月既有绿化效果，常用作绿篱及背景种植材料，亦可丛植草地边缘或列植于道路两旁。若加以修饰成型，更适合用于规划式对称配植。

大叶黄杨常见的变种如下。

①金边大叶黄杨，叶缘金黄色，有细锯齿。叶嫩绿洁净，叶有黄、白斑纹，清丽幽雅，是理想的绿篱和盆景材料。

②银边大叶黄杨，叶片稍小，叶边为灰白色，叶心具金黄色斑点，如镶嵌一道银边，十分美丽，两个变种均为重要观叶树种。

（三）女贞

女贞，也称女桢、冬青子、将军树等。原产于中国，广泛分布于长江流域及以南地区，华北、西北地区也有栽培，是园林绿化中应用较多的树种，广泛栽作绿篱并供观赏。

女贞为灌木或小乔木，高可达25米。常绿或落叶，树皮灰色、平滑。枝开展、无毛。叶对生，革质，宽卵形至卵状披针形。叶绿光滑，长6~17厘米，宽3~8厘米，先端锐尖至渐尖或钝，基部圆形或近圆形。花簇生於枝端，密集，乳白色，通常芳香。核果黑色，种子1~4颗，花期一般为6~7月，果期7月至翌年5月。

女贞四季婆娑，枝干扶疏，枝叶茂密，树形整齐，是园林中常用的观赏树种，可于庭院孤植或丛植，亦作为行道树。因其适应性强，生长快又耐修剪，也用作绿篱。一般经过3~4年即可成形，达到隔离效果。女贞有一定的药用价值，叶可蒸馏提取冬青油，用于甜食和牙膏等的添加剂。成熟果实晒干为中药女贞子，性凉，味甘苦、可明目、乌发、补肝肾。

女贞可分为以下6个类型：

1.高杆女贞

常绿大灌木或乔木，树皮灰褐色，光滑不裂。叶长8~12厘米，革质光泽，凌冬青翠，是温带地区不可多得的常绿阔叶树，树干直立或二、三干同出，枝斜展，成广卵形圆整的树冠，可栽植为行道树，耐修剪，通常用作绿篱。花两性，圆锥花序顶生。花期5~7月，果熟期10~11月。浆果长椭圆形，紫黑色，种子倒卵形。

2.大叶女贞

落叶或半常绿灌木，枝条铺散，小枝具短柔毛。叶薄革质，椭圆形至倒卵状长圆形，无毛，顶端钝，基部楔形，全缘，边缘略向外反卷；叶柄有短柔毛。圆锥花絮；花白色，芳香，无梗，花冠裂片与筒部等长；花药超出花冠裂片。核果椭圆形，紫黑色。花期7~8月。

3.金叶女贞

由美国加州金边女贞与欧洲女贞杂交育成的，高 2 ~ 3 米，冠幅 1.5 ~ 2 米。叶片较大叶女贞稍小，单叶对生，椭圆形或卵状椭圆形，长 2 ~ 5 厘米。花期 6 月，果期 10 月。核果阔椭圆形，紫黑色。金叶女贞叶色金黄，尤其在春秋两季色泽更加璀璨亮丽。金叶女贞性喜光，耐阴性较差，耐寒力中等，适应性强，对土壤要求不严，但以疏松肥沃的沙壤土为最好。

4.红叶女贞

常绿小乔木，单叶对生，小枝略被茸毛，叶卵形，卵圆形至卵状椭圆形，薄革质，叶形与小叶女贞极相似，萌芽力更强，且生长较快，长势旺盛，其新梢及嫩叶紫红色，在老叶相衬下，倍感鲜艳，光彩夺目。若几经修剪，则新枝密集，整个树冠呈紫红色，在绿色植物群丛中，显得更加艳丽动人。入冬后，全株又呈紫黑色，在万物中更加显眼。

5.花叶女贞

落叶或半常绿灌木，枝条铺散，小枝具短柔毛。叶薄革质，椭圆形至倒卵状长圆形，无毛，顶端钝，基部楔形，全缘，边缘略向外反卷；叶柄有短柔毛。圆锥花絮；花白色，芳香，无梗，花冠裂片与筒部等长；花药超出花冠裂片。核果椭圆形，紫黑色。花期 7 ~ 8 月。

6.红果女贞

分布在中国罗霄山脉 1 500 米的高寒地区，常绿灌木或小乔木，高 5 ~ 7 米，嫩枝及花梗紫红色，叶椭圆形，长 6 ~ 8 厘米，宽 3 ~ 4 厘米，淡紫红色。顶生圆锥花序，长 6 ~ 8 厘米。果长椭圆形，假浆果核果状。花期 5 月，果期 8 月，枝头红果累累，延至 10 月不落。该品种适应性强，生长快，萌芽率高，耐修剪。

四、盆栽树种

(一) 罗汉松

罗汉松，又名罗汉杉、长青罗汉杉、土杉、金钱松。产于中国江苏、浙江、福建、安徽、江西、湖南、四川、云南、贵州、广西、广东等地，在长江以南均有栽培，目前主要用于盆栽观赏。

罗汉松是常绿乔木，可高达 18 米，树冠广卵形。叶条状披针形，先端尖，基部楔形，两面中肋隆起，表面暗绿色，背面灰绿色，有时被白粉，排列紧密，螺旋状互生，雌雄异株或偶有同株，花期 5 月，种熟期 10 月。

常见的栽培品种有狭叶罗汉松，叶较窄，先端渐窄成长尖形；柱冠罗汉松，叶小，先端纯或圆；小叶罗汉松，叶密集于小枝顶端，呈螺旋状着生，较狭窄，先端钝圆；短尖叶罗汉松，叶极短小；斑叶罗汉松，叶面有白色斑点。

罗汉松树形古雅，种子与种柄组合奇特，惹人喜爱，可门前对植，中庭孤植，或于墙垣一隅与假山、湖石相配。斑叶罗汉松可作花台栽植，亦可布置花坛或盆栽陈于室内欣赏。小叶罗汉松还可作为庭院绿篱栽植。

(二) 苏铁

苏铁又名铁树、凤尾蕉、避火蕉。原产于中国南部，在福建、台湾、广东等地均有分布。苏铁为常绿棕榈状木本植物，茎高1~8米，茎干圆柱状，不分枝，羽状复叶，长0.5~2米，厚革质而坚硬，羽片条形，长达18厘米。边缘向下反卷，先端锐尖，叶背密生锈色绒毛，基部小叶成刺状。雌雄异株，6~8月开花，雄球花圆柱形，雌球花扁球形。种子12月成熟，种子大，卵形而稍扁，熟时红褐色或橘红色。

苏铁属植物树形优美，苍劲质朴，大型而美丽的叶四季浓绿顶生，具独特之观赏效果。如布置在庭园及大型会场可收庄严肃穆之效；配置于花坛中心，使人有安详之感；作古代建筑之陪衬，则显古老苍劲；作现代建筑之配植，则四季浓绿而赏心怡神。苏铁品种较多，有华南苏铁、海南苏铁、云南苏铁、台湾苏铁、篦齿苏铁、四川苏铁、叉叶苏铁等。

(三) 含笑

含笑，又名香蕉花、含笑梅、笑梅，原产中国华南南部各省区，现广植于中国各地，在长江流域各地需在温室越冬。

含笑为常绿灌木或小乔木。分枝多而紧密组成圆形树冠，树皮和叶上均密被褐色绒毛，小枝被棕色毛。单叶互生，叶椭圆形，绿色，光亮，厚革质，全缘。花单生叶腋，花形小，呈圆形，花瓣6枚，初夏开花，色象牙黄，染红紫晕，开时常不满，如含笑状，花香袭人，有香蕉气味。花期3~4月，果卵圆形，9月果熟。含笑适于成丛种植。叶绿花香，树形、叶形俱美，是重要的观赏林木。

第三节 休闲林业创意的案例

一、美国红杉国家公园

美国红杉树国家公园，1980年列入世界遗产名录。位于美国加利福尼亚州维塞利亚东面的内华达山脉南部。红杉国家公园成立于1890年9月25日，占地1635平方千米。红杉国家公园以其巨杉而著名，成熟的红杉树树干高大，可达70~120米，树龄800~3 000年，是世界上罕见的植物景观。其中包括地球上最大的树——谢尔曼将军树。

红杉国家公园每年的参观人次约为100万。游客通过海拔520米高的灰山的三河镇附近的南入口进入红杉国家公园。灰山周围有一个丘陵生态系统，包括栋属道格拉斯种林地、山麓丘陵的沙巴拉群落、草地、丝兰植物以及陡峭而和缓的河谷。这里也有丰富的野生动物：短尾猫、狐狸、地松鼠、响尾蛇和骡鹿是这个地区常见的动物，而更罕见的是深居简出的山狮。在海拔1 700~2 700米的区域，人们可以找到西黄松、杰弗里松、糖松和美国黑松，还有大量的白杉和红杉。公园还有巨型红杉——地球上活着的最粗的单干树木。在这些巨型的红杉树木之间，春季和夏季期间，融雪流向四处而形成郁郁葱葱的水草地。游客们在此地经常可以见到骡鹿、道格拉斯松鼠和美国黑熊。除了徒步旅行、露营、钓鱼和背着背包徒步旅行之外，红杉国家公园的许多地方都是游客们的最想去处，其中包括：

1.谢尔曼树小径

这是一条铺好的 1 288 米长的来回小径。游客们可从停车场向下迂回曲折地穿过一片巨型红杉林地而走到谢尔曼将军树的基部。

2.原木隧道

这是红杉国家公园里一条穿过一棵落地巨杉的隧道。这棵高 84 米、直径 6.4 米的巨型红杉于 1937 年由于自然原因而倒地，而且还横跨了公园里的一条公路。第二年，一班工作人员在树干上挖了一条长 2.4 米、宽 5.2 米的隧道，使得这条公路再次畅通。

3.弦月草甸

弦月草甸是红杉国家公园大森林区域内的一片巨杉环绕的小草甸，这片锯齿山脊的山地森林草甸标志着内华达高原小径的西端，此径从这片草甸横跨大西部界线而延伸到惠特尼山。开拓者黑尔·迪克森·撒普按照宅地法在此以及原木草甸附近定居。自然资源保护者约翰·缪尔曾多次造访这片草地而且高度赞扬其为“内华达山脉的最佳之处”。弦月草甸位于一条铺好的 4 828 米长的公路末端，这就允许将军高速公路接近了大森林博物馆。

4.莫诺岩

莫诺岩是位于红杉国家公园中心、莫诺溪源头、大森林和弦月草甸之间的一个花岗岩圆丘。20 世纪 30 年代，民用保护公司建造了一条切割进入并灌筑到该岩石的 400 步阶梯，因而游客们可以徒步到岩石的顶端。这条阶梯被列入了国家史迹名录。从这块岩石上看到的风景包含了该公园的大部分地区，其中包括大西部界线。该岩石海拔为 2 050 米。

身处美国红杉国家公园，于巨木的苍翠挺拔间，感受巨大与渺小的深刻对比。放眼望去，是不可逾越不可置信的高度。仰望天际，隐约闪烁的橙色光芒，仿若与树木的枝叶轮廓浑然一体。层层叠叠的巨木，参差错落。携手挺立的，身单影孤的，经雷击火焰而面目焦黑的，轰然倒塌而姿态静谧的……辗转嬉戏于那些倒塌后，被略加修饰为穿行通道的树洞之间，纵然潮湿而清冷，却可触及到窥探与藏匿的乐趣。让人震撼于生命之中，那些不曾被探知的韧性，那些恍如隔世的力量与劲道，让人感受来自心底的灵魂涤荡。

二、日本森林浴

森林浴起源于德国的“气候疗法”“地形疗法”和“自然健康疗法”，法国的“空气负离子浴”、俄罗斯的“芬多精”科学和韩国的“休养林构想”在一定程度上促进了森林浴的普及和发展。

"森林浴"属于空气浴中的一种，主要是利用森林环境的小气候、空气负离子和芬多精的功效，使人达到放松身心、解除压力，从而提高身体素质。日本在原有森林浴内涵的基础上还提出了森林疗法的概念，即通过置身于林间，利用森林地形进行散步或运动，在林间放松休憩等方式达到疗养目的。目前，日本学界普遍认为，森林疗法是在森林环境中利用五感来感受自然的声、色、触感、生命力，或利用森林气候、地形、立地效果来维持和增进人的身心健康。森林浴和森林疗法已成为日本休闲林业旅游创意中的重要形式。

日本的森林保健旅游研究起源于森林浴的实践，日本的森林浴有三个要素：一是有良好的森林环境，如较高浓度的空气负离子、植物精气、清新的空气、舒适的气候等；二是要开展保健活动，如在森林中散步、运动、吐纳、触摸植物、吸收植物精气等；三是有保健疗养效果，生理上要能提高免疫力或抗癌能力、使人头脑清醒、充满活力、提高身体素质，精神上要能帮助人们放松心情、消除疲劳、精神振奋。

日本的森林浴基地开发的特色有以下几点。

（一）多样化的开发模式

1.综合接待型与单一步道型

从接待设施的综合性和丰富性划分，可以分为综合型森林浴基地和单一型森林浴基地。

具有代表性的综合型森林浴基地有：东京都奥多摩町、新泻县津南町、长野县饭山市、长野县上松町、高知县津野町、宫崎县北乡町以及宫崎县日之影町等。此类型森林浴基地综合服务设施齐全，可以满足游客康体、疗养以及吃住行游娱购等综合需求。此类型基地除了提供良好的森林疗养环境，还配备了多条森林浴步道，以及多样的森林旅游产品和丰富的体验活动，并联合医疗保健机构，结合运动健康疗法、膳食疗法等使游客更加全面地享受森林浴带来的良好疗效。选择度假疗养型的游客大多以中长期滞留方式开展森林浴活动，滞留时间一般为三日至一周不等，游客年龄层主要集中在中老年人，消费水平较高，对各项服务要求较高，主要为了达到缓解压力、放松身心，提高免疫力等目的。

具有代表性的单一型森林浴基地有：宫城县登米市、神奈川县厚木市、长野县木岛平村、长野县小谷村以及和歌山县高野町等。此类型森林浴基地及步道仅提供单一的森林旅游产品，一般以森林漫步以及森林向导陪游为主。选择此类型基地的游客多为临近地区的当地居民，大多以短期滞留方式开展森林浴活动。

2.森林健身型和温泉疗养型

从森林浴基地所依托的主要旅游资源划分，可以分为森林健身型基地和温泉疗养型基地。

具有代表性的森林健身型基地有：北海道鹤居村、秋田县鹿角市、山形县小国村、东京都桧原村及福冈县浮羽市等。此类型森林浴基地综合服务设施较为齐全，森林资源丰富，疗养环境良好，且树种多样（日本特有的山毛榉林、照叶树林、杉树林、桧木林等），但均没有设置专门的医疗设施。此类型基地除了提供日常的森林旅游产品外，还定期或不定期地举办各种一日游来吸引更多的游客。

具有代表性的温泉疗养型基地有：山梨县山梨市、长野县南箕轮村、静冈县河津町、宫崎县绫町以及鹿儿岛县雾岛市等、此类型森林浴基地提供专项旅游资源，以森林中的温泉疗养和医疗保健为主，不专门安排森林旅游产品。主要针对临近城市短期滞留的来访者，一般为一日游旅游者，为其提供日常的森林疗养步道、简易的休憩设施，重点提供温泉疗养以及健康诊断专项服务。游客年龄层主要集中在中青年人，社会群体以上班族为主。

3.依附型和独立型

从经营模式角度划分，可分为依附型森林浴基地及独立型森林浴基地。

依附型森林浴基地是指依托于著名旅游景区内森林环境和设施开展“森林浴”，与景区原有的多个景点进行相互配合，利用其综合影响吸引更多游客，丰富客源层次。此类型森林浴基地一般与旅行社进行合作，作为旅游线路中的一部分，此形式可以更好地吸引较远距离城市客源。

独立型森林浴基地是指在相对良好的森林环境下，建立独立存在的有一定规模的森林浴基地，利用网络、报纸杂志及电视广播等媒体进行广泛地宣传。日本森林浴基地大多为独立型，很少与旅行社进行合作，一般会在本地区政府网站或本基地的官方网页上对其森林旅游产品进行宣传，游客可以通过网络进行报名，申请参加森林浴旅游项目。但也有少数森林浴基地依附于世界遗产地进行开发，如和歌山县高野町森林浴基地和奈良县吉野町森林浴基地。

（二）专业化的经营措施

1.推行森林保健疗法师制度

日本森林疗法协会于2009年4月，在全国范围内实行了首次森林疗法检定考试，通过一级的合格者可成为森林疗法师，二级合格者可成为森林疗法向导。拿到森林法师或森林疗法向导资格者可以申请进入各森林浴基地工作，对进行森林浴的游客进行专业指导。有森林疗法师和向导陪同指导在一定程度上会提高其森林浴的效果。

2.依托专门机构进行运营

日本森林浴基地审查委员会规定基地采用四种形式进行运营，分别为自治体、民间企业、民间团体和共同体。日本约80%的基地属于当地自治体，即由当地区役所或市役所的观光科（旅游局）进行基地的日常管理。如东京都奥多摩町，该基地性质为自治体，其推进组织为奥多摩町观光协会，行政推进组织为奥多摩町观光产业科，奥多摩町观光协会同相关医疗福祉机构、民宿、国民宿舍及温泉疗养等机构进行合作，促进森林浴基地更好更快地发展。而民间企业、民间团体等其他运营模式的基地只占少数部分。

3.创新主要盈利手段

日本森林浴基地多以提供丰富的森林旅游产品为主要盈利手段，常见的森林旅游产品有：森林漫步、森林向导陪游、越野式森林漫步、森林健身项目、森林瑜伽气功以及自立训练法、森林芳香疗法、森林体验项目、植树体验项目、健康乡土药膳料理、温泉疗养、健康讲座、医疗检查以及专家建议等。其中又以森林漫步、森林向导陪游及医疗检查最受游客欢迎。

（三）个性化的森林浴活动形式

进行森林浴活动的形式多种多样，但基本可以分为步行浴、坐浴、睡浴和运动浴。根据不同年龄和不同体质的游客，往往会选择其中不同的游憩类型。如步行浴，一般适合于中老年人，在林内漫步，步行 5～8 千米路程为宜，步道平均坡度为 5～7 度；中、青年人以步行 10～15 千米路程为宜，选择有一定坡度道路中速行。再如坐浴、睡浴，两者主要适合于年龄较大或体弱有慢性病的游客。坐浴是指静坐在林内木椅或是林中草坪上，进行深呼吸等慢运动；睡浴是指静卧在林内吊椅或草坪上，闭目养神，放松身心。而运动浴则一般适合于中青年人群在林内进行各种形式的活动，如在林内空地上练气功、打太极拳以及其他体育活动等。

三、浙北桃花岛

浙北桃花岛位于嘉善县姚庄镇北鹤村，四面环水，自然环境独特，村中遍布桃园，仿佛世外桃源，于 2007 年正式通过 AA 级旅游区评审，是长三角地区最适宜休闲度假的农业生态旅游区之一。

北鹤村是姚庄的黄桃专业村，全村 95%的农户种植黄桃，面积达 130 多平方千米。黄桃不仅成为北鹤村的支柱产业，到了桃花盛开的时候，放眼望去，北鹤村内万紫千红、灿若云锦，故北鹤村又有“浙北桃花岛”的美称。

姚庄镇从 2001 年起每年投入 100 万元连续举办 8 届“嘉善姚庄黄桃节”和 4 届“嘉善姚庄桃花节”，对黄桃产业形成了极大的品牌效应，还带动了旅游业的快速发展。

2006 年，浙北桃花岛将发展了二十多年的黄桃产业和村庄整治的成果转化为旅游资源，和农业生态游实现设施共建、资源共享，让群众通过“农家乐”“采摘游”等形状广泛参与旅游业，探索出一条为农民增收拓展了新的渠道，实现了“一棵桃树两个节日、一片桃园两个产业，花开花落都是财”。2006 年，浙北桃花岛接待游客 3.5 万人，2007 年增加到 11 万人。2008 年仅桃花节期间就接待游客 6 万人，门票收入 6.8 万元，高峰日一天接待八千多人，旅游总收入达到六十多万元。

经过多年的建设，浙北桃花岛成为一个集农俗游赏、农耕文化展示、文化遗址游览于一体的特色农业生态旅游区。目前已建成的景点有“农家乐”休闲区、水韵风情区、垂钓乐园、桃韵广场、采摘桃林、锦绣亭、白鹤亭、清凉游廊、商贸中心、桃源游廊、百果园、柳约草堂、野营基地、桃林迷宫、野外拓展训练基地、儿童乐园等。而且，“桃花岛”每年主要有两个旅游高峰期，三月份是“桃花观赏期”，观“桃海”陶冶情操；八月份是“黄桃采摘期”，采摘具有营养保健价值的黄桃，各个时期均有丰富的旅游活动项目。同时，还有桃园鸡、精品蘑茹、蜜梨、农民画等供游客选购。

如今的浙北桃花岛生态旅游区是一个使游客远离都市喧嚣，感受自然，释放心情，返璞归真的农家乐综合旅游区。让游客感受到有别于大城市的返璞归真的自然享受，同时也让农业产业发展有了新途径，农民增收有了新亮点。

思考题：

1.休闲林业创意有哪些属性？

2.休闲林业创意的特点与发展模式如何？

3.休闲林业创意的设计方法主要有哪几种？

4.休闲林业创意的设计类型有哪些？

5.日本的森林浴基地开发有哪些特色？

第四章 休闲养殖业创意

第一节 休闲养殖业创意概述

一、休闲养殖业创意的内涵与理论基础

（一）休闲养殖业创意的内涵

休闲是指在非劳动及非工作时间内以各种“玩”的方式求得身心的调节与放松，达到生命保健、体能恢复、身心愉悦目的的一种业余生活。科学文明的休闲方式，可以有效地促进能量的储蓄和释放，它包括对智能、体能的调节和生理、心理机能的锻炼，休闲是一种心灵的体验。创意是创造意识或创新意识的简称，亦作“刱意”，它是指对现实存在事物的理解以及认知，所衍生出的一种新的抽象思维和行为潜能。创意是传统的叛逆，是打破常规的哲学，是破旧立新的创造与毁灭的循环，是思维的碰撞、智慧的对接，是具有新颖性和创造性的想法，不同于寻常的解决方法。

养殖业是农业的基本类型之一，主要包括畜牧养殖业和水产养殖业。畜牧养殖是利用畜禽等已经被人类驯化的动物，或者鹿、麝、狐、貂、水獭、鹌鹑等野生动物的生理机能，通过人工饲养、繁殖，使其将牧草和饲料等植物能转变为动物能，以取得肉、蛋、奶、羊毛、山羊绒、皮张、蚕丝和药材等畜产品的生产过程。水产养殖是人为控制下繁殖、培育和收获水生动植物的生产活动，一般包括在人工饲养管理下从苗种养成水产品的全过程，广义上也可包括水产资源增殖。

休闲养殖业创意是指借助创意的思维逻辑和发展理念，将科技、文化、艺术要素有机地融入养殖业的全过程，围绕农村的生产、生活、生态资源，对养殖生产、加工、销售、服务等产业及对养殖业的休闲、观光、度假、体验、娱乐等功能进行创新，形成创意养殖业产品、养殖业文化、养殖业活动和养殖业景观，不断满足城市居民日益增长的消费需求的活动。

休闲养殖业的兴起，不但提高了畜牧水产品的附加值，而且可以引导消费，使部分传统生产型养殖业向休闲养殖业转移，起到了保护区域资源、美化环境的作用，推进了人与自然的和谐发展，同时也为“养殖业增效、养殖户增收”提供了新的空间。

（二）休闲养殖业创意的理论基础

1.体验经济理论

体验是指消费者内在心理的真实感受，它存在于个人的心中，是个人在形体、情绪、知识上参与的所得。因为体验来自于个人的心境和事件的互动中，所以每个人的体验都不相同。体验是对某些刺激所产生的内在反应，它主要来源于直接的观看或者参与到某个事件中，体验包括人的感情因素和理性因素。体验是人们心灵土的一种感受，一种反应，它需要通过语

言和表情表达。只有当体验被融入到经济活动之中，成为经济效益的来源时，体验才被推到经济领域中至关重要的位置，于是产生了体验经济。

休闲养殖业作为体验经济的一种重要形式，具有使游客深入体验乡村氛围和田园生活的功能。作为休闲养殖业的经营者必须要承担起导演的职责，以农场或渔场为舞台，以山林田园景观为布景，以游客为主角，以农产品为道具，设计体验活动的剧本，创造出值得游客回忆的活动。因此，体验经济理论为休闲养殖业的发展提供了新的思路。

2.可持续发展理论

可持续发展理论是随着 20 世纪 50 ~ 60 年代环境问题的加剧和 70 年代以来全球绿色运动的兴起而产生的。最早是由世界环境与发展委员会在著名的布朗特兰报告《我们共同的未来》中提出的，这是第一次真正科学地论述了可持续发展的概念，明确提出：可持续发展是在满足当代人需求的同时，不损害后代人满足其自身需求的能力。这引起了社会各界人士的高度重视和极大关注，从此之后，在世界各国掀起了可持续发展浪潮。

农业可持续发展就是管理、保护和合理利用土地、水、植物和动物等资源，以及不断调整技术和机构体制变化的方向，从而确保获得持续满足当代及后人的需要，技术上适当，经济上有活力，而且能被社会接受的一种发展形式。可持续发展是休闲养殖业的内在要求和必走之路。

人与自然的协调是可持续发展的基础，而农业则是与自然界关系最为密切的产业。所以说，人类经济社会可持续发展的基础和关键取决于农业的可持续发展。可持续农业致力于保护与改善农业生态环境，根据经济学知识、生态学原理，采取立体种养、物质循环利用方式来合理配置农业资源，依靠生物与环境间物质和能量的合理流动来增加经济收益，同时着力改善生态环境质量和供给能力，保持生态与经济间的良性循环。因此，发展可持续农业现已成为提高农产品质量与竞争力的有效方法。休闲农业以农业可持续发展作为基本理论，强调作为第一产业农业与第三产业的旅游业结合，保证将可持续发展作为实践的第一宗旨，保证在保证当代人生活、生产、生态的同时不影响后代人对农业资源的利用。可持续发展理论是我国休闲农业发展的指导方针，它可以实现资源的永续利用和生产的良性循环，从而解决农业发展中所面临的生态环境问题。

3.休闲经济理论

休闲经济发源于欧美，主要研究的是人在休闲行为中的投入与产出。休闲行业所创造的价值、休闲经济的运行规律、休闲行为和经济的变量关系等问题。休闲经济的兴起是人类社会文明进步的标志，是人类社会经济的高级形态。从本质上讲，休闲经济是人类改造自身获得全面发展的需求而引起的一种经济现象。

伴随我国经济的发展，人们越来越多地选择外出旅游作为一种休闲方式，这在客观上为休闲农业的发展提供了巨大的商机。休闲农庄提供了食宿等简单服务，没有发展成为集旅游、度假、娱乐等多层次、全方位的休闲方式，无法满足人们多层次、多元化的需要。因此，必须适应休闲经济的发展趋势，根据休闲消费将更注重文化内涵的获得和满足精神需求的发展趋势，开发出丰富多彩的休闲活动。根据时代的变迁和消费者的要求，提供能够体现多元化、多层次和多地域消费特征的休闲设施和项目。

二、休闲养殖业创意的特点与发展类型

（一）休闲养殖业创意的特点

1.“三生”一体

休闲养殖业是养殖生产、产品加工和游憩服务业三级产业相结合的农业企业，体现的是生产、生活和生态“三生”一体的农业经营方式。在创意上要以养殖业生产为基础，体现生产、生活和生态。

2.突出休闲

休闲养殖业所提供的休闲产品、休闲活动和休闲服务，具有服务业商品的特性。创意要围绕“休闲”进行，以休闲为目标，突出特色、展现个性、树立品牌。受气候、地貌、地质、土壤以及水资源等条件的制约，相邻的休闲农庄往往无法避免主打休闲产品雷同，但应该努力突出各自辅助产品的特色。

3.服务游客

休闲养殖业具有市场性，其市场目标是城市，要优先为城市游客提供休闲服务。要了解城市游客的需要，创意要针对城市游客的需要进行，在服务上应努力做到住、食、游、购、娱的兼顾开发，让游客享受服务之后记忆深刻，为他们创造美好回忆。

4.体现和谐

休闲养殖业应体现人、动物与自然的和谐性，为游客提供亲近动物、亲近自然、回归自然的机会。创意要展现农村、牧场、渔场的自然和谐氛围，传承中华民族牧业文化、渔业文化和传统美德，创造经济、社会、文化效益。

（二）休闲养殖业创意发展类型

1.根据养殖业不同结构的分类

①休闲牧业创意。针对具有观光性的牧场、养殖场、狩猎场、森林动物园等进行创意，为游客提供观光和参与牧业生活的风趣和乐趣，如奶牛观光、草原放牧、马场比赛、猎场狩猎等各项活动。

②休闲渔业创意。针对利用滩涂、湖泊、水库、鱼塘等水体，开展具有观光、参与功能的旅游项目，如参观捕鱼、驾驶渔船、水中垂钓、品尝水产品、参与捕捞活动等，还可以让游客学习养殖技术。

2.根据休闲养殖业不同功能分类

①观赏型休闲养殖业创意。针对休闲养殖业中具有观赏价值的自然景观、不同的“新、奇、特”动物品种、在养殖生产中所用器具等资源的创意，使游客获得更浓厚的自然情趣和丰富的文化体验。

②品尝型休闲养殖业创意。针对休闲农业中的游客品尝等活动的创意，让游客充分体验农业动物资源及其制品的色、香、味等特色，如在餐饮方面提供山珍、海味、奶制品、肉制品等具有当地特色的食品。

③购物型休闲养殖业创意。针对休闲养殖业商品满足游客购物需求的创意。例如，建立牧产品销售中心、水产品购物站、工艺品展销中心等，向游客销售农牧产品、水产品和相关的工艺品。

④体验型（参与型）休闲养殖业创意。针对让游客体验养殖生产劳作过程和活动方式的创意，如开展草原放牧、渔场捕捞、鱼塘垂钓、蜂房摇蜜等活动。

⑤娱乐型休闲养殖业创意。针对乡野和乡土特色进行创意，满足游客娱乐性需求。例如，开展赛马、斗鸡、斗牛、狩猎、垂钓等活动。

3.根据经营者的经营理念分类

根据经营者的经营理念，休闲养殖业可分成四类，包括生活型、生态型、生产型及综合型。生活型以重视消费者的生活方式经营，将休闲养殖业作为一种生活方式；生态型指以重视土地、环境、休闲、生态及环境道德为目的的经营方式；生产型则较偏重产品的行销贩卖；综合型则结合以上三种，除经济原因外，对环境道德有一份期许，希望借助休闲化的经营，达到理想的生态与生活的环境，对土地、自然生产、教育等重视并期望达到永续经营生存。

三、休闲养殖业创意的设计方法

1.文化创意法

休闲养殖业创意没有脱离养殖业的范畴，因此养殖业文化是创意休闲养殖业进行创意的主要元素。休闲养殖业创意，要深度挖掘养殖业文化的内涵，寻求养殖业文化与创意休闲养殖业各个环节的最佳结合点，寻求养殖业文化与当地区域农业资源的完美结合。

文化创意是发展休闲农业的重要途径，目前，与种植相关的节日较多，如湖南不同区域举办的柑橘节、葡萄节、桃花节等，但与养殖业相关的节日较少，可举办与养殖业相关的节日。此外，在开发农产品的过程中融入文化创意，如蝶翅画带有浓浓的文化韵味，深受广大休闲消费者的青睐。

2.科技创意法

运用科技手段，创造人工环境，将来自世界各地的一些具有观赏价值的动物养殖在某一区域，可以在养殖区域设置电子展示屏，介绍相关动物的名称、特征、养殖方法，以及该动物的生长发育过程等，游客在观光的同时，增长了知识。科技创意可以大大增强休闲养殖业的教育功能。

3.产业融合渗透创意法

在规划设计时应以养殖业产业化发展为基础，把养殖产业同旅游业、服务业、文化业、商业、加工业、制造业、包装业等相关联产业结合起来，整合这些产业资源，通过一系列创意途径把各种创意理念渗透融合渗透于产业化运作过程中，将新、奇、特、怪、养生、时尚的创意休闲农产品作为满足人们不断增长的物质、文化、精神、生活等方面的需求，从而达到休闲养殖业体验的利益最大化。

4.保健养生美容创意法

将现代人追求的养生美容、康体保健生活目标作为推动创意升级的重要参考依据，在项目规划设计和制订营销方案时要积极宣传消费者吃安全、卫生、新鲜、时令的禽类、牲畜、水产品，既能大幅度提高创意休闲者的经济收益，还能在一定程度上使休闲消费者达到养生的效果。创意休闲农业经营者应根据每一种禽类、牲畜、水产品所衍生的养生产品和养生文化，运用传统烹饪方法和创意烹饪方法建成“养生文化食府”，满足消费者对养生康体美容的追求。

5.多元时尚化创意法

在项目规划设计时，应将目前流行的时尚休闲元素融合到创意养殖业项目设计、建设、实施的各个环节中，针对儿童、中青年、老年群体，以及休闲、娱乐、养生保健、科普教育、文化传承、生态文明、游戏、婚庆等多元化、时尚化的创意休闲方式，满足不同消费群体的需求，探索符合创意养殖业发展的重要创意途径。

6.细节创意法

为了体现休闲养殖业的重要特征，规划设计创意休闲农庄内的各个环节时，应融合创意元素，包括养殖动物品种、生活生产体验的形式、牧场与池塘水库的形状、垂钓台的形状、建筑的造型与颜色，以及绿化苗木、指路牌、垃圾桶、室内装饰、餐饮菜式、员工服饰等方面的设计都要体现创意、休闲、文化、科技的理念与内涵。

第二节 特种动物及其在养殖业创意中的应用

一、畜禽养殖创意

（一）生态土鸡养殖创意

1.生态土鸡养殖简介

土鸡也叫草鸡，是指放养在山野林间、果园的肉鸡。不同地区特有不同品种的土鸡，比如：上海浦东鸡、山东寿光鸡、辽宁庄河鸡（大骨鸡）、湖南桃源鸡、广东竹丝鸡、河南的卢氏鸡和固始鸡、河南正阳三黄鸡、浙江的仙居鸡、江西的白耳黄鸡、福建的青鸡等。由于土鸡品种间相互杂交，因而鸡的羽毛色泽有“黑、红、黄、白、麻”等，脚的皮肤也有黄色、黑色、灰白色等。市场消费不一样，故要选养适宜当地消费市场的品种。

土鸡肉质鲜美、营养丰富、无公害污染，肉、蛋属绿色食品，近年来在市场上颇受人们青睐，价格不断攀升。养鸡场地宜选择地势高燥、避风向阳、环境安静、饮水方便、无污染、无兽害的竹园、果园、茶园、桑园等地较理想。放牧场地可设砂坑，让鸡砂浴。还要搭建避雨、遮阳、防寒的草棚或塑料大棚。养殖品种可选择适宜的地方优质土鸡，如仙居鸡、固始鸡、萧山鸡、三黄鸡、杏花鸡等，具有体型小、毛色美观、活泼好动、耐粗饲、抗病力强的特点，适于放养，而且蛋的品质好，肉质细嫩，味道鲜美可口，深受消费者的喜爱。

2.生态土鸡养殖创意

养殖生态土鸡的休闲农庄经营者可以从以下五个方面进行创意。

①制定主题。以鸡、蛋及蛋加工产品设定主题发展，改变游客对鸡与蛋的“感觉”，超越有机菜、水果等一般性资源等级，强化农场的主题意识。不仅将蛋视为一级产品，而应引入二级加工品甚而三级的商品的产品开发。咸蛋教学可视为二级的产品与体验产品，而一系列的蛋雕或蛋绘可视为商品贩售。因此，经营者应考虑如何将蛋主题规划转变成更宽的产品线或面。解说员介绍鸡的品种、公母区别；鸡蛋的选购、品质的好坏判别，教导游客如何选购优质蛋的方法。解说鸡的孵化过程及鸡成长过程、养殖设施及经营管理方法。现场烹调鸡蛋特餐或鸡蛋加工品，设计多种 DIY，设置烘培小站以吸引不同年龄游客体验，以达到促销的效果。

②塑造印象。塑造小鸡可爱的印象、公鸡雄纠纠等不同品种和性别的印象及有机蔬菜、富有田园风味的健康餐饮，同时结合日常的生活教育，加深游客对该农庄的印象。如：蛋是优质蛋白质食品的观念；鸡肉属于低脂肪类，富含不饱和脂肪酸，属于白肉，可多食；该农庄的鸡及蛋都经过良好生产管理，食用无虑。

③去除负面因素。避免产生与主题违背的事项，如加强鸡只饲养、宰杀等卫生管理，及时清移鸡粪及降低废弃物所衍生的不快臭味等，加强家禽与人畜共传染病的预防，如这些负面因素存在，再好的主题也难以吸引游客到来。此外，消费者对蛋的不正确食用加工方法、观念及对摄入蛋内容物，如胆固醇的担心等都可纳入活动内容解说。

④游憩结合。以农庄的资源设计成多项感官性活动，为游客提供视觉、听觉、味觉、嗅觉、触觉等感官刺激的体验活动，如欣赏模样、观察行为、辨识鸡的品种和性别，辨识不同阶段鸡鸣，品尝鸡肉料理，触摸小鸡、鸡蛋的蛋壳品质活动，或举办农庄写生彩绘、雕刻、鸡的传说典故故事解说等情感型活动；将广播媒体及政府机构采访视察等相关活动资料及合法经营作为宣传，以获得游客认同，让游客产生寓教于乐的游憩体验。

⑤纪念品与农产品。以印有该农庄标志的包装盒包装售卖农庄自有生产的新鲜蛋、咸蛋、

皮蛋、蛋糕等蛋加工品等。进一步结合不同种纪念品的开发，如蛋雕、彩绘制品等。蛋制品的参观及选购，可结合食品厂参观制作过程与展售。让游客将其回忆带回家，将有助于对该农庄的记忆延续，对游客的重游意愿及宣传效果有加乘作用。

（二）香猪养殖创意

1.香猪养殖简介

香猪，偶蹄目、猪科、猪属，以体小早熟，肉味鲜，闻名全国。香猪又名“迷你猪”，其中以来自国家农业部门授予“中国香猪之乡”贵州黔东南地区的从江香猪、剑白香猪，和靠近贵州黔东南地区广西的巴马香猪最为著名，另还有环江香猪、藏香猪等品种，这些都属矮小猪种。

香猪体格短小，其被毛黑色，毛细有光泽，头长，额平，额部皱纹纵横，眼睛周围无毛区明显，耳薄向两侧平伸，背腰微凹，腹大圆而下垂，四脚短细，尾巴细小，尾端毛呈白色。饲养宠物香猪每头售价有的高达2 000～3 000元。香猪养殖场四处环山、环境优美、远离居民区和工厂，空气好、水质好、山上的牧草也好，这样的环境养殖的香猪不但肉质好且达到了医用动物养殖的要求。在猪舍选址上也有考究，选在地势干燥、背风向阳、平整的地方。猪舍用砖头砌墙、水泥抹面，每个圈养8～10头小猪、每头小香猪约有0.8平方米空间，猪舍外设有排粪场。或采用发酵床养猪技术，由于有机垫料里含有很多活性土壤微生物，它们能够有效迅速地降解掉香猪的排泄物，所以不再需要养殖人员清扫排放香猪粪尿，由此也就不会形成大量冲圈的污水，大大降低了废弃物和排泄物的排放。

2.香猪养殖创意

①制定主题。以猪肉及猪肉产品设定主题发展，改变游客对猪肉“感觉”，不仅将猪肉视为一级产品，还应引入二级加工品甚而三级的商品的产品开发。肉制品教学可视为二级的产品与体验产品，而一系列的猪肉制品可视为商品贩售。因此，经营者应考虑如何将猪肉主题规划转变成更宽的产品线或面。在肉制品教学中，解说员介绍猪的品种、公母区别；解说员介绍猪肉的选购、品质的好坏判别，选购优质猪肉的方法。解说猪成长过程及经营管理方法或养殖设施；现场烹调猪肉特餐或猪肉加工品（如火腿肠、香肠、腊肉制作）；解说员引导猪肉制品的参观及选购，可结合参观制作过程与展售。

②塑造印象。塑造小香猪可爱的印象，餐饮提供有机蔬菜、富有田园风味的特色菜，结合日常的生活教育，加深游客对该农庄的印象。如：香猪肉是一种高蛋白低能量食品，而且营养全面，富含人体必需的氨基酸和微量元素，完全符合人体生理需要和健康需求。该农庄的香猪及肉制品都经过良好生产管理，食用无虑。香猪素有“一家煮肉四邻香，七里之遥闻其味”之美称，在餐饮方面，可开发不同的香猪菜品，如烤香猪、灌灌香肉、藤椒香肉、双椒香肉等，满足不同游客的品尝需求。

③去除负面因素。避免产生与主题违背的事项，如加香猪饲养、宰杀等卫生管理，及时

清移猪粪及降低废弃物所衍生的不快臭味等，加强人畜共传染病的预防。此外，消费者对猪肉的不正确食用加工方法、观念及对摄入高蛋白质的担心等都可纳入活动内容解说。

④游憩结合。以农庄的资源设计成多项感官性活动，为游客提供视觉、听觉、味觉、嗅觉、触觉等感官刺激的体验活动，举办农庄写生、传说典故故事解说等活动，香猪因为被驯养的时间还不是很长，其身上还保留着一些野猪的天性和机能，它们活泼好斗，弹跳力好，一只成猪能很轻松地越过一米左右的圈墙。香猪是一种很聪明的动物，有专家研究表明一头成年的香猪相当于一个六岁儿童的智商，它能学会狗所能做的任何技巧。因此，可以训练香猪做一些表演项目，增加游客的游乐兴趣。

⑤纪念品与农产品。以印有该农庄标志的包装盒包装贩卖农庄自有生产的新鲜猪肉、猪肉加工品等。若能进一步结合香猪可作宠物的特点，加强宠物香猪养殖所需的笼子、食物，以及与香猪相关的工艺品研发生产，将大大延伸香猪养殖的产业链。

（三）奶牛养殖创意

1.奶牛养殖简介

奶牛是乳用品种的黄牛，经过高度选育繁殖的优良品种，我国引奶牛主要以黑白花奶牛为主，从 1980 年开始引进此品种，此品种适应性强、分布范围广、产奶量高、耐粗饲。黑白花奶牛也叫中国荷斯坦奶牛，中国荷斯坦牛有一百多年的历史，其育种过程非常复杂。它是由纯种荷兰牛与本地母牛的高代杂交种经长期选育而成。

休闲农庄养殖奶牛以 10 ~ 20 头的规模为宜，在奶牛场建场选址时，要遵循地势高、干燥、背风向阳、远离交通要道、有充足水源、便于粪便处理等原则进行选址。建筑时，为节省开支，不搞重复建筑，要合理利用原有设施，一次成功。让奶牛在干燥、干净、舒适的环境条件下生产生活。因此，在牛舍设计上，从牛栏、牛槽、牛床、过道、饮水槽、运动场、挤奶台以及舍内通风等方面都要非常重视创意。

2.奶牛养殖创意

①制定主题。以牛奶及奶产品设定主题发展，加深游客对牛奶的认识，强化牧场的主题意识。牛奶视为一级产品，引入二级加工品甚而三级的商品的产品开发。“奶牛与牛奶”教学可视为二级的产品与体验产品，而一系列的奶制品可视为商品贩售。因此，经营者应考虑如何将牛奶主题规划转变成更宽的产品线或面。在“奶牛与牛奶”教学中，解说员介绍奶牛的品种、奶牛产奶的原因、奶粉的生产过程；介绍牛奶的选购、品质的好坏判别，分析鲜奶与复原乳，酸奶与酸奶饮料，婴幼儿配方奶与一般奶粉，以及全脂、低脂、脱脂牛奶的差别；解说奶牛的生长过程、养殖场经营管理方法或养殖设施；现场制作酸奶、奶茶、牛奶布丁等，设计多种 DIY 吸引游客体验，以达到促销的效果；奶制品的参观及选购，可结合酸奶厂参观制作过程与展售。

②塑造印象。塑造奶牛甘于奉献的印象，提供有机蔬菜、富有田园风味的健康餐饮，结

合日常的生活教育，加深游客对该农庄的印象。如：牛奶是是最古老的天然饮料之一，被誉为“白色血液”，对人体的重要性可想而知，牛奶主要成份有水、脂肪、磷脂、蛋白质、乳糖、无机盐等；牛奶营养丰富，一般人群应每天饮用；该农庄的奶牛经过良好生产管理，牛奶食用无虑。

③去除负面因素。避免产生与主题违背的事项，如加强奶牛饲养、挤奶等卫生管理，迅速清移牛粪及降低废弃物所衍生的不快臭味等，加强奶牛传染病的预防。此外，消费者对牛奶的不正确食用、贮藏方法、观念及不同人群对不同牛奶的选择等都可纳入活动内容解说。

④游憩结合。以农庄的资源设计成多项感官性活动，为游客提供视觉、听觉、味觉、嗅觉、触觉等感官刺激的体验活动，举办农庄写生、奶牛传说故事解说等活动，或认识奶牛品种、摸小牛、挤牛奶等游憩活动，播放农庄相关活动资料及合法经营作为宣传，以获得游客认同。

⑤纪念品与农产品。以印有该农庄标志的包装盒包装贩卖农庄自有生产的鲜奶、酸奶、奶酪、牛奶糖等产品。进一步结合不同种奶加工品及纪念品的开发，让游客将其回忆带回家。奶牛场新鲜的空气、漂亮的牧野风景、草地都是牧场特色，只要经营方向正确，用“核心资源”营造独特性，一定能形成稳定的市场。

二、鸟类动物养殖创意

（一）百鸟林创意

1.百鸟林简介

我国是鸟类资源丰富的国家，已知鸟类多达 1 329 种，是世界五强之一（巴西、印尼、秘鲁、哥伦比亚、中国）。休闲农庄可建一个百鸟林，百鸟林是一个模拟自然环境的鸟类观赏保护中心，可临湖而建，或修建池塘，园中应有一张巨型鸟网，中心高，边网低，达到一定的覆盖面积。网内放养多个品种的鸟，如养有褐马鸡、丹顶鹤、绿孔雀、红腹锦鸡等国家一、二级保护动物，将大大提高游客的浏览兴致。要避免放养鸟类之间、鸟类与人之间、鸟类与环境之间存在互相干扰，需要综合考虑鸟类的自然栖息地特征和食性以控制放养鸟的种类和数量；为鸟类设置合适的隐蔽场所，提供合适的巢材巢穴，多点分散投喂食物等措施有助于减少干扰的发生。

2.百鸟林创意

百鸟林有意识地种植某些植物或投放鲜活食物，既为鸟类提供了自由采食的食物来源，又很好地展示了鸟类的自然采食行为。同时，在路边可设置一些展示牌，介绍关于鸟的知识、诗句或故事。

百鸟林应以观鸟为主题，主要为游客提供观赏活动，向游客介绍鸟的知识，认识不同鸟的种类，了解他们的生活习性，听听不同鸟的鸣叫，也可开展喂食和鸟的表演活动。游客来到百鸟林，就像来到了一个童话世界。沿着弯弯曲曲的石子路，观赏迎风招展的花朵，翠绿葱葱的灌木丛，碧波荡漾的湖水，一只只颜色艳丽、体态活泼的小鸟在天空中掠过，或停在枝头呢喃，好一曲人与自然的和谐演奏。如百鸟林地址在离城市较远的林区，可开展露营活动。销售一些与露营相关的物品，以及与鸟相关的工艺品。

（二）鸵鸟养殖创意

1.鸵鸟养殖简介

鸵鸟是非洲一种体形巨大、不会飞，但奔跑很快的鸟，也是世界上现存体型最大的鸟。高可达 3 米，全身有黑色的羽毛，脖子长而无毛，翼短小，腿长。平均速度达 80 千米每小时，最快达 90 千米每小时。鸵鸟全身都是宝：成鸟的羽毛，特别是翅膀末端的白羽，质地高雅绚烂，可制成华丽的羽饰品；雏羽可加工成保暖用品，如羽毛衣、睡袋等；鸵鸟皮可适用于靴鞋、皮带、大衣、手袋、公事包、装饰品及名贵家具的制造材料。鸵鸟蛋营养丰富，蛋壳是不可多得的工艺品之天然材质，可雕刻或绘画成各种精巧、高贵的装饰摆设工艺品。鸵鸟肉具有极高的营养价值，品质优于牛肉，突出特点是低脂肪、低胆固醇、低热量，可减少心血管疾病和癌症的发生，已成为国际公认的绿色健康食品。由于鸵鸟具有耐粗饲、适应性强等诸多优点，符合国家发展“节粮型”草食动物这一产业政策。发展鸵鸟养殖对于调整农业生产结构和人民群众的食物结构，提高农业经济效益，繁荣农村经济，将起到重要作用。

养殖鸵鸟不但有很强的生产意义，也为休闲农业带来了新的契机。鸵鸟栏舍应设在僻静处，如条件允许，场地应尽量大而平坦，适当种植可食的落叶乔木、灌木、苜蓿或千草等。围栏要坚固，高需 2 米以上。房舍面积也应较大，土地面，上铺沙土（为防鼠害也可水泥底，上铺沙土），冬季和繁殖时垫草。舍内应有操作廊和保温设施，还需注意采光。

2.鸵鸟养殖创意

养殖鸵鸟的休闲农庄经营者可以借鉴生态土鸡养殖方面的创意。

首先，以鸵鸟及鸵鸟蛋设定主题发展，“认识鸵鸟”教学视为二级的产品与体验产品，而一系列的羽饰品、鸵鸟皮制品、蛋雕或蛋绘可视为商品贩售。解说员介绍鸵鸟的品种、公母区别；解说鸵鸟的孵化、成长过程、养殖设施及经营管理方法；现场烹调鸵鸟肉特餐或鸵鸟蛋加工品，设计多种 DIY 吸引不同年龄游客体验。

其次，以农庄的资源设计成多项感官性活动，为游客提供视觉、听觉、味觉、嗅觉、触觉等感官刺激的体验活动，举办农庄写生、雕刻、鸵鸟的故事解说等情感型活动，或喂食鸵鸟、摸鸵鸟蛋、骑鸵鸟等活动，让游客产生寓教于乐的游憩体验。第三，以该农庄标志的包装盒包装贩卖农庄自有生产的鸵鸟肉、蛋加工品等。进一步结合相关产业进行不同种纪念品的开发，如鸵鸟饰品、羽毛衣、睡袋、皮靴鞋、皮带、蛋制品、蛋雕、彩绘制品等，让游客愉快地欣赏和购买。

三、水产动物养殖创意

（一）休闲水产业养殖简介

我国大多数地区利用当地渔业资源优势，如海岸线、内陆水库、湖泊、河流、坑塘等，通过水产业基础设施建设、水产业科技优势和人们娱乐生活有机结合，水产养殖业向着多元化发展。目前我国已形成了以“生产、垂钓、观赏”为主的休闲水产业类型。第一，生产经营型：是传统水产业向现代水产业转型期间的较原始的休闲水产业方式，是指以水产业生产为主，以垂钓为辅的生产经营方式，如郊区的养殖池塘、水库等。第二，休闲垂钓型：是休闲水产业最普遍的经营方式，是指一些专业垂钓园和设施较完备的垂钓场以开展垂钓为主，集游乐、健身、餐饮为一体的休闲水产业，如北京怀柔区“不夜谷”、昌平区小汤山垂钓园、顺义区马坡垂钓园等。第三，观赏型：是近几年休闲水产业发展的亮点，主要指水族水产业和科普水产业，如观赏鱼、观赏水草、水族馆、博物馆、海洋馆等。

（二）水产动物养殖创意

水产动物养殖创意应利用区位优势、资源优势、科技优势，从水库捕捞、体育、娱乐等多领域、深层次吸引不同类型、不同品位的消费者，满足不同游客的需要。

1.因地制宜，开发不同的养殖模式

(1) 工厂化循环水人工湿地科普养殖模式

在循环池中养殖锦鲤等温水性观赏鱼类，有条件的可养些热带名优食用鱼，如宝石鲈，也可养殖热水性观赏鱼，如龙鱼、血鹦鹉等。通过复合人工湿地建立工厂化循环水滴流养殖模式，养殖用水经过沉淀和生物过滤后，进入以砂床形式建立的人工湿地，在人工湿地上种植观赏性水草或水稻等，形成一个人工生态系统，采用滴流的方式对水进行净化。该模式的最大特点是在养殖废水的处理过程中，养殖观赏水草或其他水生植物，实现了水资源的高效利用。在旁边将其工作原理、创新性以图文的形式表现出来，进行科普知识宣传，可激发人们的创造思维，尤其对青少年思维的开发具有启发性。

(2) 工厂化循环水观赏鱼养殖休闲模式

游泳是现今流行的健身方式，不仅可以健身，还可以防病、治病，尤其是天然的温泉，更是受到人们的欢迎。将工厂化循环池与游泳健身池套建，形成一种创新性工厂化循环水观赏鱼养殖休闲模式。建造方式为：工厂化循环池在中间，形状可以是圆形、长方形、方形或其他形状，在循环池中单养或混养多种观赏性鱼类，如锦鲤、花罗汉、血鹦鹉等，游泳健身池套建在循环池的周围，呈环形轨道，将其包裹。工厂化循环池的池壁采用透明材料代替常规的水泥池壁，使人们在游泳池的每个角落，透过泳镜就可以看见循环池中五颜六色的观赏鱼集群游动的景观。还可以将循环池铺设砂底，种植些观赏性的水草，将更具观赏性。

(3) 工厂温流水休闲养殖模式

利用发电厂等工厂排出的余热水或地下温泉水进行温水性或热水性观赏鱼的养殖，并与休闲活动相结合，在池边设立茶几、棋盘桌、休闲椅等，营造出“观鱼品茶”“棋盘观鱼”的优雅环境。这种养殖模式成本低，管理方便，经济效益显著。

(4) 流水仿生养殖观光模式

在旅游观光的山涧、库湾处设置拦网，使水体处于自然流动状态，并根据当地的光照、降水、肥源、土质等情况，有选择的栽培水草，放养滤食性和草食性的鱼类，底部放养螺、蚌等贝类。在这种仿野生环境下，水草通过吸收水体中的营养盐生长，为水体补充氧气；草食性鱼类以水草为食，其排泄物滋长浮游生物；滤食性鱼类以浮游生物为食，提高水体透明度，使水草获得充足的光照；肉食性鱼类以底栖贝类和小鱼、小虾为食。采用这种养殖模式，生态处于良性循环之中，所养鱼品种患病率低，产品近似野生，符合绿色食品要求。以天然饵料为主、人工饵料为辅进行养殖，还节省了生产成本。如果选择的是山涧小溪，可种植小型水草，并搭配放养一些观赏性鱼类，如锦鲤、虹鳟、金鳟等，让游客坐着竹筏缓缓漂流于溪水间，欣赏水中五颜六色的鱼儿悠闲地游动，完全置身于大自然之中。

(5) 设施渔业休闲综合模式

综合的意义在于将设施渔业与休闲、娱乐、垂钓、餐饮、文化等融合，形成设施渔业休闲综合模式，也就是说通过多项社会活动促进设施休闲渔业的发展。比如采用此模式建立设施休闲渔业“渔家乐”，垂钓园用温泉水养殖名优食用鱼，以供游客垂钓，并在垂钓池上建立水上餐厅，给予人们“品鲜”的享受，当然水上餐厅可以设置成烧烤的形式，人们将自己钓到的鱼进行烧烤，让其尽情享受自己动手的乐趣；文化园设置不同的综艺娱乐活动，可以是针对渔业的各种问题的抢答活动，这对丰富渔业文化有着很大的意义。还可以根据游客需求设立不同的园区，使经济效益显著增加的同时，社会效益更加突出。

2.增加养殖品种，拓展水产养殖的功能

休闲水产养殖不仅指养殖鱼类，还应拓展养殖水产的种类。由于观赏型水产养殖是近几年休闲水产业发展的亮点，可以因地制宜在海水、淡水养殖区进行不同品种的鱼、虾、蟹、蛙等动物养殖，供游客参观休闲。

3.发展体验项目，激发游客游憩兴致

借鉴上文的养殖创意，在不同的养殖农庄，设置鱼、虾、蟹、蛙等不同的主题，根据各自的主题来开展活动，如开展“认识鱼”的教学，解说员介绍鱼品种、雌雄区别；解说鱼的成长过程、养殖设施及经营管理方法，如何购买新鲜的鱼等；现场烹调鱼特餐，了解鱼的相关加工产品。根据当地资源设计多项感官性活动，如喂食、捉鱼、垂钓活动让游客体验，还可开展划船、快艇游活动，让游客产生不同的游憩体验。

4.开发水产加工品，延伸水产养殖产业链

水产品加工包括以鱼、虾、蟹、贝、藻等的可食用部分制成冷冻品、腌制品、干制品、罐头制品和熟食品等的食品加工业和以食用价值较低或不能食用的水产动植物以及食品加工的废弃物等为原料，加工成鱼粉、鱼油、鱼肝油、水解蛋白、鱼胶、藻胶、碘、甲壳质等的非食品加工业。休闲水产养殖业经营者应加强水产相关产品的开发生产，在游客休闲游玩之余，可向他们销售一些水产品及水产加工品。由此，可促进水产品加工产业的发展。

四、特色动物养殖创意

（一）蚕养殖创意

1.蚕养殖简介

桑蚕别名家蚕，也称蚕宝宝，属昆虫纲、鳞翅目、蚕蛾科，以桑叶为食料的吐丝结茧，是经济昆虫之一。桑蚕起源于中国，早在四五千年前，祖先就栽桑养蚕，是举世公认的伟大发现之一。由古代栖息于桑树的原始蚕驯化而来，与中国现今食害桑树的野桑蚕同源。桑蚕的发育温度是7～40摄氏度，饲育适温为20～30摄氏度，主要分布在温带、亚热带和热带地区。桑蚕是完全变态昆虫，一生经过卵、幼虫、蛹、成虫等四个形态上和生理机能上完全不同的发育阶段。整个世代只幼虫期摄食，并为蛹和成虫期的生命活动积贮营养。

2.蚕养殖创意

“彩色蚕宝宝”是蚕业研究所引进和吸收国内外最新科研成果，并经过多年研究创新开发出的最新科研成果。采用最先进的香肠式人工饲料（不用桑叶）及彩蚕、彩茧技术，通过饲养“科普蚕宝宝”，能完整地观察到家蚕的生长发育、吐丝、结茧、化蛹、化蛾、产卵等蚕宝宝一生的全过程。在休闲农庄养殖“彩色蚕宝宝”可大大提高游客在游玩过程中的知识性、科普性、趣味性，特别能丰富广大青少年科技知识和课外生活，增加生物学知识，培养科学兴趣和能力。“科普蚕宝宝”是最新的科技宠物，也是素质教育最佳的活教材。

休闲农庄可以蚕和丝为主题，解说员可以向游客介绍我国养蚕的历史、蚕的种类、蚕的一生、真假蚕丝及丝制品的辨别。可开展给蚕喂食、捉蚕、观看蚕吐丝结茧等活动，还可制作蚕蛹品尝特餐。在纪念品创意方面，可向游客销售宠物蚕、丝绸制品、工艺品等。考虑养蚕的季节性，农庄不应进行单一的养蚕，而应种养其他植物或动物。

（二）萤火虫养殖创意

1.萤火虫简介

萤火虫名夜光、景天、如熠耀、夜照、流萤、宵烛、耀夜等，属鞘翅目萤科，是一种小型甲虫，因其尾部能发出萤光，故名为萤火虫。这种尾部能发光的昆虫全世界约有两千种，我国较常见的有黑萤、姬红萤、窗胸萤等几种。根据统计，目前中国发现的种类约有一百余种，再加上未发现的种类，总共有一百五十多种。萤火虫体型小至中型，长而扁平，腹部末端下方有发光器，能发黄绿色光。萤火虫夜间活动，卵、幼虫和蛹往往也能发光，成虫发光有引诱异性的作用。萤火虫是环境的指示生物，对环境要求非常高，只要是萤火虫多的地方，生态环境是非常优质的，真正原生态的。近年来，由于环境的污染和破坏，自然界萤火虫越来越少，城市的儿童和青年几乎没有见过萤火虫，因此养殖萤火虫有很大的市场。

2.萤火虫养殖创意

萤火虫对栖息地环境有着很高的要求，简单地说，萤火虫需要在有水、空气好、光线暗的地方生存，只要有一项不符合标准就可导致萤火虫消失。萤火虫最吸引人的地方在于它壮观的发光，而这美丽的生物光可以作为一种宝贵的生态旅游资源进行开发。飞舞萤火虫的发光是为了异性间的求偶，可以引申为“光就是爱”。萤火虫也可作为宠物或情侣之间的礼物。

休闲农庄修建时必须考虑萤火虫的环保要求，可建造萤火虫电教室、萤火虫展览室、萤火虫培育室和萤火虫实景观赏区四部分。在萤火虫电教室，游客可以观看一段环保视频，了解萤火虫从卵到幼虫再到成虫的生长过程，以及环境恶化对萤火虫的影响，听听“囊萤夜读”的故事，学习与萤火虫相关诗句。在萤火虫展览室，游客可以观看不同品种的萤火虫图片；在萤火虫培育室，游客可以观察萤火虫的卵、幼虫、成虫培育情况，用手触摸水生萤火虫幼虫。晚上，游客进入萤火虫观赏区，可以看到树枝上、半空中、草丛里漫天繁星般的萤火虫，欣赏“飞火流萤”。

在观光过程中应该特别强调，萤火虫的培育过程长，观赏期短，禁止游客捉野外的萤火虫，保护萤火虫野生资源，保护当地生态环境。在游客离开时，可向他们售卖萤火虫相关的纪念品和玩具，以及培育的萤火虫幼虫。游客回家后可像喂养观赏鱼一样欣赏幼虫在晚上发出的光芒。

（三）蝴蝶养殖创意

1.蝴蝶简介

蝴蝶，鳞翅目锤角亚目的某些身体细长在白天活动的昆虫，常具有鲜明的颜色，有特殊型的双翅，翅膀阔大，颜色美丽，静止时四翅竖于背部，腹瘦长，吸花蜜，种类繁多，也称蛱蝶。生活周期分为四个阶段：卵、幼虫（肉虫或毛虫）、蛹和成虫。多数蝴蝶的幼虫和成虫以植物为食，通常只吃特定种类植物的特定部位。全球有记录的蝴蝶总数大约有两万种，中国约占两千多种。蝴蝶的数量以南美洲亚马逊河流域出产最多，其次是东南亚一带。世界上最美丽、最有观赏价值的蝴蝶，也多出产于南美巴西、秘鲁等国。

观赏蝶类蕴含的巨大商业经济价值，涵盖多种价值。收藏价值，对一些珍贵美丽种类的收藏；观光价值，蝴蝶生态园观光旅游、蝴蝶成虫活体放飞；工艺价值，蝴蝶标本工艺品的制作比如贺卡、书签、镶蝶镜框、蝴蝶翅贴画等。蝴蝶无疑是一种很有经济价值的昆虫资源，如果能够积极地加以保护，合理开发并充分利用，它将是取之不尽用之不竭的再生资源。但是大部分蝴蝶又以幼虫为害某些珍稀植物。因此，对蝴蝶，要在保护中利用，并在利用中保护，在保护珍稀植物的基础上合理开发利用蝴蝶资源。

2.蝴蝶养殖创意

首先，以蝴蝶设定主题发展，解说员介绍蝴蝶的品种、雌雄区别；解说蝴蝶的卵、幼虫

（肉虫或毛虫）、蛹和成虫生活周期、养殖方法。参观蝴蝶展览馆，观看不同品种的蝴蝶照片或标本，再到蝴蝶生态园或蝴蝶谷观光，游客通过观赏可获得奇特的感受，得到视觉上的享受，同时体现生态旅游的特色。

其次，根据当地资源，举办游憩活动，如儿童画蝴蝶、蝴蝶的传说、诗词朗诵活动，或认识蝴蝶品种、蝴蝶标本工艺品的制作等活动，游客产生寓教于乐的游憩体验；举行蝴蝶放飞活动，放飞蝴蝶有“放飞蝴蝶，放飞心愿，实现愿望”之意，让游客在活动中许下美好的愿望。

第三，开发销售工艺纪念品，向游客售卖蝴蝶标本工艺品，如贺卡、书签、镶蝶镜框、蝴蝶翅贴画等，也可向游客销售蝴蝶幼虫，让游客带回家当宠物养殖，观察毛毛虫蜕变成美丽蝴蝶的过程。

（四）天鹅养殖创意

1.天鹅简介

天鹅指天鹅属的鸟类，共有七种，属游禽。除非洲、南极洲之外的各大陆均有分布。

天鹅为鸭科中个体最大的类群。颈修长，超过体长或与身躯等长，喜欢群栖在湖泊和沼泽地带，主要以水生植物为食，也吃螺类和软体动物。多数是一夫一妻制，相伴终生。求偶的行为丰富，雌雄会趋于一致地做出相同的动作，还会体贴地互相梳理羽毛。迁徙时会多群集结，但仍是小群行动。由于天鹅的羽色洁白，体态优美，叫声动人，行为忠诚，在欧亚大陆的东方文化和西方文化，不约而同地把白色的天鹅作为纯洁、忠诚、高贵的象征。

在天鹅家族中只有黑天鹅属于非保护动物，黑天鹅经断翅后已失去飞翔能力，非常适合在旅游景区、生态绿地、休闲场所、农家乐、渡假村放养，它既能给人带来休闲乐趣，又能使环境充满动感和生机。养殖天鹅的大环境条件：场址宜选在远离城镇、村庄及人类生活区的地方，尽可能地避免外界的干扰，有自然水域，且水草丛生的地方较为适宜。养殖天鹅可采用自然散养和笼舍圈养两种方式。自然散养天鹅在散养情况下，水面积可大可小，一般100平方米水域可放养一对种鹅。在水池中种植一些挺水植物，池周空地可根据季节轮作牧草，供其采食，并栽植一些乔木供夏季遮阳。笼舍圈养舍面积为30平方米，内含水池10平方米，水深60厘米。每舍养一对种鹅，池水要定期更换。

2.天鹅养殖创意

首先，以天鹅及其象征意义设定主题发展，加深游客对天鹅的认识。解说员介绍天鹅的品种、天鹅的象征意义；解说天鹅的生长过程、养殖设施、养殖场经营管理方法。天鹅浑身都是宝，鹅肥肝是高档营养品；鹅肉、鹅蛋是高蛋白低脂肪低胆固醇的绿色动物源食品；鹅血、鹅胆还可制成多种抗癌保健药物和抗生素药物。

其次，游憩结合。以农庄的资源设计成多项感官性活动，为游客提供视觉、听觉、味觉、嗅觉、触觉等感官刺激的体验活动，举办农庄写生、天鹅传说故事解说等活动，或认识天鹅品种、摸天鹅蛋等活动，播放农庄相关活动资料及合法经营作为宣传，以获得游客认同。

第三，在纪念品开发方面，以印有该农庄标志的包装盒包装贩卖农庄自有生产的天鹅肉、天鹅蛋等产品。若能进一步结合不同天鹅纪念品的开发，更能增加经济效益。由于天鹅养殖户不多，天鹅养殖具有一定的独特性，对广大游客有一定的吸引力。

第三节 休闲养殖业创意的案例

一、中国台湾飞牛牧场

飞牛牧场位于中国台湾苗栗县通霄镇南和里，坐落在远离尘嚣的山野之中，区内林木青葱翠绿，繁花茂盛，更有一座种类众多的蝴蝶园。经营面积120万平方米，现有服务设施面积计50万平方米，前身为中部青年酪农村。

飞牛牧场位于远离尘嚣的山野之中，区内林木青葱翠绿，繁花茂盛，还有一座种类众多的蝴蝶园。当地空气很干净，散发着阵阵的草香，微风中透着沁心的清凉，耳边尽是鸟语虫鸣，眼里见到的是绿茵、山岭。青葱的绿野上有低矮的房舍和成群的乳牛，老羊的低鸣和小羊清亮的叫声相互辉映。飞牛牧场除让人们亲近大自然，享受自然之美外，还提供其他的休闲活动，

飞牛牧场占地宽广，分为游客游憩区和农业生产区，让游客有多重休闲选择。游客游憩区中有烤肉区、露营区、住宿区、餐厅、纪念品屋、乳制品专卖店、会议室等，提供游客来到飞牛牧场享受最完备的休闲服务；农业生产区种植牧草、养殖乳牛、生产牛乳等乳制品，有机园区种植花草和有机蔬菜区，让游客体验农场生活。

飞牛牧场自然生态区则分为乳牛生态区、蝴蝶生态区、可爱动物区、自然步道和水域生态区，让游客亲近自然生态与大自然交融，在草原上奔跑嬉戏，为游客提供最自然的生态享受。乳牛生态区是飞牛牧场的招牌区域，宽广的草原放养着数种乳牛让游客以最亲近的方式亲近乳牛；蝴蝶生态区成立于1993年，占地约250平方米，园内广植蜜源植物进行蝴蝶保复工作，目前约有十多个蝴蝶品种的150～200只蝴蝶，让游客了解蝴蝶从卵、幼虫、蛹到成虫的完整生活；可爱动物区中有许多迷人的动物，例如贝多绵羊、新西兰白兔、台湾黑山羊等，可以喂它们吃饲料、牧草，模样相当可爱；自然步道分为数条，有垂榕步道、榄仁步道、樟林步道、丛林步道等，步道大多以木栈空桥、碎石砂土、连锁砖、红砖以及枕木等自然材质所组成。

飞牛牧场以牧场风光驰名，在休闲农业的风潮下，牧场除了畜牧的本业外，提供多种休闲活动，让人们亲近大自然，享受自然生态之美，已成为农村体验、生态保育、自然休闲的渡假乐土。

二、中国台湾鳄鱼生态休闲农场

20 世纪 90 年代，适逢中国台湾加快农业现代化步伐，“富丽农村”“一乡一品”等政策陆续出台，并增强对休闲农业的推广力度。几年后，有经营者通过别出心裁的创意，办起台湾岛内唯一以鳄鱼为主题的休闲体验农场。

1.主题

取名“不一样鳄鱼生态休闲农场”，以鳄鱼生态体验为主题。

2.建场

建鳄鱼养殖池、鳄鱼标本展示区和产品贩售区。空地上养几只黑山羊，既省去打理疯长青草的麻烦，也形成了山羊与鳄鱼“和平共处”这一吸引游客的奇特景观。农场将鳄鱼总数控制在 200 只左右，并配套养殖了兰屿小耳猪、绿头鸭、火鸡等，空地上还穿插种植了香蕉、凤梨、台湾栎树、血桐。既让游客不会单看鳄鱼感到乏味，也顺带增长了认知各种动植物的体验。

3.体验

①喂鳄鱼活动，游客买一个鱼头喂一次，游客可以体验“惊魂一刻”，农庄也可省下一笔喂食的费用。

②逛鳄鱼农场，游客在农场游玩，近距离观赏这些凶猛的家伙。

③吃鳄鱼套餐，游客可品尝鳄鱼肉做的美食，权当品味“胜利者”的志得意满。

④钓鳄鱼活动，游客用竹竿绑块鱼肉让鳄鱼来抢，这个项目最为惊险刺激，还通过设立高额奖金增加人气。

4.纪念品售卖

游客临走时，有买东西作纪念的意愿。农场有鳄鱼皮包、鳄鱼皮钱包、名片夹等鳄鱼皮制品售卖，还有鳄鱼肉排等食品出售。此外，农场的鳄鱼参与了电影拍摄，电视台做节目，农场还成为一些学校的户外教学课地点。这些活动提高了鳄鱼生态体验休闲农场的知名度，吸引越来越多的游客来农场参观体验。

“不一样鳄鱼生态休闲农场”体现了新奇特动物养殖创意，加上提供的体验项目刺激，吸引了大批游客。这说明休闲养殖业的发展可以针对平常少见的新奇特动物进行创意，以特别的动物及少见的体验活动，来吸引广大游客，能获得不一样的收益。

三、湖南益阳锦大休闲度假渔村

湖南省益阳大通湖风景秀丽，水产丰沛。大通湖锦大特种水产有限公司把传统水产业功能延伸开来，利用大通湖的自然资源，以特色养殖带动休闲水产业，将水产业与旅游结合起来，提高水产品附加值，促进水产业更好地发展。

1.特色养殖

首先，发展鱼蟹套养，获得成功，创产值一千多万元；其次，筹建万头猪场，利用猪粪肥建沼气池，发酵后的猪粪肥及沼液用来喂鱼，实现“猪—沼—鱼”的生态养殖模式；第三，养殖“娃娃鱼”，在试养“娃娃鱼”成功后，进行“娃娃鱼”规模养殖。

2.休闲水产业

在生态渔场打造一个集休闲娱乐、餐饮美食、大湖观光、会议接待于一体的锦大休闲度假渔村。休闲水产业提供的服务主要有以下几个方面。

①吃全鱼席。锦大渔村配有绿色环保的电动车，免费接送游客来锦大渔村，吃全鱼席，余味无穷。

②大通湖游览。游客乘船到大通湖上去兜风，其乐无穷。游锦大渔村，绿草茵茵，鸟语花香，别墅连排，曲桥弯延。坐在仿古摇椅上，微风拂面，水天一色，鱼跃湖面，水鸟盘旋，细浪拍岸，美不胜收。

③鱼类旅游产品售卖。公司拥有一条年产 500 吨鱼类旅游产品的加工生产线，可提供百余种鱼类旅游产品。游客离开时可购买各种鱼类产品。

大通湖的美味和美景，吸引了周边及省城不少游客前来休闲渡假。每年“十一”长假，锦大休闲度假渔村迎来五湖四海的游客，七天假期内，接待游客上万人。游客享受了大通湖的湖光美景，饱了眼福，饱了口福，休闲体验，身心愉悦。

锦大休闲度假渔村是以公司投资为主，以特色养殖带动休闲水产业发展的典型，目前已获得较高的收益，发展前景看好。在发展方向上，可增加渔业文化创意，将几大养殖基地结合，开展更多体验项目。

四、福建德化珍禽休闲养殖

福建省泉州市德化县南埕镇，一家合作社依靠优美的自然环境和规模养殖场，创新打造成为集吃、住、休闲为一体的休闲养殖新模式。

1.经营方式

成立珍禽农民专业合作社，将农户组织起来，分类养殖珍禽，共同发展休闲养殖。

2.游客目标

附近城市的游客。

3.资源特色

优美的自然环境，不同品种的珍禽。

4.提供服务

观赏珍禽，感受、体验农家生活。养殖场四面环山、满眼翠绿、空气清新。由于空气好，环境好，很休闲，吸引很多游客来这里观光休闲，体验农村的生活，饲养珍禽。青山绿树中崭新的房子，白白的墙，黑黑的瓦，远远望去格外漂亮，每个房间装修风格古香古色，同时现代设施也配备齐全。游客来到这里，可以参观放养场的万羽德化黑鸡，可以嬉戏农家鸭、鹅，亲手饲养，也可以在农家小灶里炖黑鸡品尝，体验农家无穷乐趣；还可以留下来小住，感受乡村的宁静和清新。

5.产品售卖

游客离开时可以购买亲手养过的家禽，和一些当地土特产。

德化珍禽农民专业合作社依靠优美的自然环境和规模养殖场，带动当地休闲养殖业的发展，促进了农民增产增收。

6.不足之处

规模较小、组织偏散，休闲养殖在文化创意上有待挖掘，体验项目需要增加。

五、湖南望城光明蝴蝶谷

光明村位于长沙市望城区白箬铺镇，属于长沙大河西先导区。在“光明蝶谷”品牌下，规划结合地形环境、农业产业布局和项目引进情况，推出“五谷、八景”作为光明村乡村旅游的主要景区。

“五谷”：梅花坪——梅花山寨，桃花谷——桃花故里，梨花谷——梨园春雪，葡萄湾——葡萄庄园，枇杷湾——金色果园。

“八景”：荷塘古韵——包含万荷塘和仿古商业街；湘酒佳味——以葡萄酒庄为特色的乡村饮食文化，葡萄酒酿制、品尝及工艺文化体验；枫桥野渡——依托鱼塘发展垂钓，规模化花卉苗圃；八曲烟雨——打造湿地公园，开展生态观光和科普教育，整治八曲河，设置拦水坝，开展水上活动以及露营、探险活动；田园牧歌——以牧场、超级杂交水稻田为特色，同时展示风力发电新型能源；红枫岭——美化光明山，形成四季多元山地景观，开展登山、探险活动；潇湘画苑——打造画家村，剪纸、陶艺展示，建立创意文化基地；大塘梅湾——依托莲花大塘，打造梅湾景观，建有廊桥、沙滩、度假酒店、会议中心等旅游功能点。

光明蝶谷位于光明大观园核心功能区，依山傍水，生态自然环境优美。蝶谷分为活蝶观赏网棚区、蝴蝶放飞区、登山览景区、蝴蝶饲养区、谷地休闲区、科普展览区、DIY 制作展销区、生活服务区八大功能区域。活蝶观赏网棚内种植有大量蝴蝶蜜源植物及自然景观植被，定期投放斑蝶科、蛱蝶科、凤蝶科、绢蝶科等 100 余种、近万只蝴蝶供游客观赏。光明蝶谷蝴蝶养殖区建有热带蝴蝶养殖棚和蝴蝶产卵棚，饲养 20 余种名优蝴蝶，可年产蝴蝶约 100 万只。在蝶谷中的科普展览厅内，游客可观赏到来自世界各地的数百种珍稀蝴蝶及昆虫标本。在蝴蝶饲养区，游客可以全面了解蝴蝶由卵到破茧成蝶的整个生命过程，增强科普知识。园区内还提供蝴蝶放飞、蝴蝶饲喂、蝴蝶工艺品加工制作等互动性活动环节。如光明蝴蝶谷开园这天，园区特组织开展了以“我和蝴蝶有个约会”为主题的开园系列活动：摄影家蝶谷采风、“香妃游园”“小记者、亲子游方阵蝶谷集结令”“画蝶之美”“亲子 DIY 蝴蝶标本及儿童画蝶比赛”“小记者蝴蝶谷探访有奖征文”等，吸引了大批游客和活动参与者前来。

光明蝴蝶谷不是单一的景区，而是与光明村乡村旅游的“五谷、八景”结合起来，打造成为个休闲旅游的片区，让游客在春、夏、秋、冬四季都有不同的看点和体验。来到这里，游客可观蝶、赏花、摘果，可垂钓、登山、探险，还可以酿酒、剪纸、做陶艺等，进行多种不同的休闲体验。光明蝴蝶谷的发展前景美好。

六、日本萤火虫产业开发

日本民众对萤火虫非常痴迷，每年 5～8 月，全国各地都有赏萤的节日，民众尤其是儿童和老人纷纷前来观赏萤火虫。在日本，萤火虫深受喜爱和保护而被称为“国虫”，全日本国各地有大大小小上千个萤火虫保护协会，并且产生出诸多关于萤火虫的文艺作品。日本对萤火虫的保护非常重视，尤其是优良水质的标志性水栖萤火虫格外显著。日本共有 3 种水栖萤火虫，一种被立法保护，其他两种水栖萤火虫则是萤火虫产业化的主打品种。日本的萤火虫产业产值可达 20 亿日元，折合人民币 1.4 亿元。日本萤火虫产业化的类型大概分为三种，萤火虫的饲养和销售、萤火虫生态旅游及相关配套产业、萤火虫农产品等附加值的开发。

萤火虫的饲养和销售：饲养两种水栖萤火虫销售给民众，民众可像喂养观赏鱼一样在家庭中欣赏幼虫晚上发出的迷人光芒。一些温泉、饭店及旅馆也购买大批的水栖萤火虫用以吸引顾客。日本水栖萤火虫幼虫为日本萤火虫产业的主打品种。每年萤火虫销售产值超过 2 600 万元人民币。

萤火虫生态旅游及配套产业：日本各地分布上千个大大小小的萤火虫自然景观。萤火虫生长地受到政府保护和重视，并将其开发为引人入胜的生态旅游基地，充分延长了游客欣赏旅游的时间。每年的 5 月至 8 月，大批的民众纷纷前往赏萤。因赏萤从傍晚开始，持续 3 个小时，因此赏萤地点附近的旅馆、餐馆纷纷爆满。在赏萤景区，还附带出售众多与萤火虫相关的纪念品和玩具等附加产品。据统计，每个景区的萤火虫纪念品达到上百种。此部分产值达到 5 200 万元人民币左右。

萤火虫农产品及产业链：萤火虫是洁净自然环境的象征，它对各类污染非常敏感，包括空气、土壤、水质、光线等。如果哪里有萤火虫的大量生存，就说明这里的环境是非常清洁、无污染的；这里的土壤里种出来的农产品也是真正绿色无害的。日本在萤火虫旅游景区周围进行特色水果的有机耕作，并赋予其萤火虫的商标，提升了产品生态价值；这些产品不仅在赏萤景区里销售，而且作为特色有机产品进入高档超市，取得了非常不错的效果。此部分销售产值可达 2 600 万元人民币。

日本的萤火虫产业开发是全世界做得最好的，这对中国发展萤火虫、蝴蝶等昆虫的产业开发很有借鉴意义。

思考题：

1.休闲养殖业创意的特点有哪些？

2.休闲养殖业创意发展类型有哪些？

3.休闲养殖业创意的设计方法？

4.以养殖生态土鸡为例，休闲农庄经营者可以从哪些方面进行创意？

第五章 休闲农业吃住行创意

休闲农业是农业发展的新途径，同时也是旅游业的一种新方式，以农业为基础，以休闲为目的，以服务为手段，以游客为目标，农业和旅游业相结合，第一产业和第三产业相结合的新型产业。因此，休闲农庄提供具有鲜明特色和创意的饮食、住宿、交通服务，对于吸引游客，提高旅游经济效益具有重要意义。

第一节 休闲农业的饮食创意

俗话说“民以食为天”。吃饭是人类生存繁衍的头等大事，饮食是社会生产力发展的一个基本保证，餐饮行业自古以来就是一项非常重要的自然行业。现代社会日新月异，原本按照人们生活消费分类的恩格尔指数的统计依据又发生了很大的变化，作为基本生活消费的饮食状况发生了颠覆性的改变。在发达国家超过50%的饮食在家庭以外消费，饮食的功能逐渐也由温饱型的吃饱，向吃好、吃舒服、吃气氛、吃营养、吃健康、吃环境（风味、特色、文化）等诸多有关休闲、生命生活质量、社会交际及文化艺术追求转变。餐饮行业也因此而变得更加的红红火火、五彩缤纷。

一、餐饮行业

（一）餐饮行业分类

各类餐饮企事业可以按照一定标准进行梳理，归纳出以下一些大类：

①经营模式：独立单位、连锁。

②经济性质：企业、事业。

③经营规模：大型、中型、小型。

④资本结构：股份、合作、外资、国有、合资、私营。

⑤营业时间：全整天、早市、中晚市。

⑥就餐时间长度：快餐、慢餐。

⑦服务程度：完全服务、自助餐、送餐到房、送餐到家、送餐到客户。

⑧提供服务形式：餐桌、送餐、自助、自选。

⑨服务风格：中式、法式、俄式、英式、美式、日式等。

⑩功能：正餐、便餐、小吃、早点、夜宵、送餐、休闲餐饮。

⑪价格：豪华、高价、中价、低价。

⑫内容特色：风味、主题、大众、家庭餐馆。

⑬品种数量：专卖（个别品种甚至单一品种）、大卖场、美食广场（众多品牌甚至很多品种汇集）。

⑭饮食方式特色：酒吧、火锅、面馆、咖啡馆、烤肉店、菜馆、小酒馆、农家乐、渔家乐、家常菜、生态餐厅等。

除了上述这些分类在讨论餐饮业时被广泛接受，还有其他的分类方法，例如美国的餐饮业这样描述食品服务体系：完全服务餐馆、商业快餐店、快速服务餐馆、休闲饮食服务、娱乐饮食服务、社会包餐服务、学校餐饮服务、员工餐饮服务、寄宿餐饮服务、保健康复中心以及其他餐饮服务如航空饮食服务、邮轮餐饮服务、城乡俱乐部餐饮服务、外卖店、零售市场、还有监狱、拘留所等矫正机构餐饮服务。

（二）餐饮行业的市场分类

餐饮行业的市场可以按照各种餐饮服务所处的场所和市场进行归类，如餐饮场所、住宿业、客运市场、康乐市场、机构食堂、零售食堂、餐饮承包商等。

餐饮业的最大组成部分是餐饮场所，占整个行业销售份额的70%以上。餐饮场所包括完全服务餐馆、快速服务餐馆、商业自助餐馆、社会包餐商、小酒馆、菜馆、咖啡屋等休闲饮食场所和早点、夜宵、冷热饮等。完全服务餐馆主要相对于提供有限服务的快速服务餐馆。依照价位、菜单或就餐环境还有正餐、便餐馆等其他多种类型，且所有类别相互包含，很多完全服务餐馆和其他餐馆一样，可同时归入多个类别。

1.完全服务餐馆

完全服务餐馆包括高级餐馆、民族风味餐馆、特色餐馆、主题餐馆等。

（1）高级餐馆

高级餐馆的菜点可能是民族风味的，如中餐、法国风味，也可能是海鲜、山珍野味等特色，还可能以某位主厨的特色菜肴为招牌，如谭家菜、厉家菜等。高级餐馆的食品质量上乘，制作精美，餐馆气氛一般都非常正式，服务更是至关重要，有的为优雅的法式服务，有的则为典雅的中式服务。当然高级餐馆的价格也都很昂贵。例如曼哈顿的圆谷餐馆、旧金山的马萨餐馆专为显贵常客服务。

（2）民族风味餐馆

民族风味餐馆往往与某一文化相关，最常见的有中餐馆、墨西哥餐馆、希腊餐馆、法国餐馆、日本料理、意大利餐馆、西班牙餐馆、泰国餐馆、印度餐馆等。民族特色餐馆在菜单、食品质量、价格、服务和氛围各方面存在着很大差别，即使是同一种民族风味的餐馆也是如此。以中餐馆为例，餐馆经营一种或四种以至更多种地方菜，各种风味的菜系各具特色。

（3）特色餐馆

特色餐馆以某一种食品为主，如海鲜餐馆、素食餐馆、牛排店等。专营特色店种类繁多，几乎是有一种食物就可以有一种特色餐馆，有的经营单一品种，有的则以某一种食物为主打食品，兼营其他食物，以增加餐馆的吸引力，吸引更多的客源。同民族风味餐馆一样，特色餐馆在菜单、食品质量、价格、服务和氛围上也是千差万别的。某种食品可能在一些地方倍受青睐；而在另一些地方则毫无销路。

(4) 主题餐馆

主题餐馆是围绕某一主题而设计的，这一主题体现在营造餐馆氛围的每一个要素中。如北京的邓丽君音乐主题餐厅，餐厅中装修装饰均以邓丽君及其音乐为主题，包括VIP包间也都以邓丽君歌曲命名，如《甜蜜蜜》《小城故事》《在水一方》等。另外还有“老三届”“黑土地”餐馆是做知青主题，北京“老舍茶馆”是文化主题。

2.快速服务餐馆

快速服务餐馆包括快餐店、“机构”食堂和外卖餐馆等。快餐店指的是只需等候极短的时间，或根本无需等候即可将食品端上来的餐馆。快餐店通常菜单上的菜样比较有限，而且食品都是预先制作好的，服务也较简单。这里的食品价格都比较低，典型的西式快餐店有麦当劳、肯德基等。

“机构”食堂的机构一词用来指范围很广的、满足多种公共需求的服务组织，例如大中小学校、工商企业、政府机关等。机构食堂既有营利性的，也有非营利性的，既可以由机构自己经营，也可以由外部承包代为经营。

外卖餐馆是为不在店中就餐的顾客制作食品，然后出售。外卖的食品可以是预先制作好，然后由顾客预定时再包装起来；也可以等到顾客点订时再制作。有些外卖餐馆没有供顾客就餐的地方，也就是只经营外卖，如丽华快餐；有的则既有外卖，也有供顾客就餐的场所，或者外卖只是其经营业务的一项，如肯德基的宅急送。

3.其他类型

这一类型几乎都是跨了以上两个门类的业务，如俱乐部的食品服务、自助餐馆、连锁餐馆、宴席包办、零售市场的餐饮服务等。

二、中国饮食文化与休闲旅游

中华美食享誉世界，我国素有“烹饪王国”之称，饮食文化博大精深，源远流长。在国内外休闲旅游业蓬勃发展的过程中，饮食文化作为旅游资源的文化要素和品牌形象功能也日显重要。

(一) 饮食文化的体系

饮食是人类生存的第一要素。我国幅员辽阔，物产丰富，自然环境、社会经济和生活习俗差异显著，使得我国地方饮食丰富多彩。以饮食为基础，融合习俗、民族、传统、思想和哲学等人文内涵，饮食文化成为蕴含着科学、哲学、民俗和艺术的一种风格各异的文化景观和文化现象。综合而言，饮食文化是在共同地域、共同历史和共同文化作用下，由人们饮食生产与生活的方式、过程、功能、人文等结构聚合而成的全部饮食事项，它融制作工艺、食俗、食仪、食器、典故传说、诗词歌赋、审美情趣、人文精神于一体，也充分寄寓了中华民族的哲学思想、伦理观念、审美情趣和艺术理想。在某一地域，某类饮食及烹饪技术与理念的系统化与知识化形成地方菜系。由于各地气候、物产和风俗习惯等差异，我国饮食形成了精彩纷呈的菜系文化，其中最具影响力和代表性的是湘菜、粤菜、闽菜、鲁菜、川菜、浙菜、淮扬菜和徽菜等“八大菜系”。

饮食文化与餐饮产业关联密切。我国特色风味独具魅力，属于具有地方特色或民族风俗的非物质文化遗产，饮食文化资源在餐饮与旅游开发中表现为饮食景观、和葡萄酒景观，经组合成为消费者品尝美食并体验饮食文化的餐饮与休闲旅游资源。内涵丰富的食文化、酒文化和茶文化，地方小吃、中华菜系、民族饮食、宗教饮食、餐饮老字号，以及养生、医疗、保健和药膳饮食等构成我国饮食文化体系。

（二）饮食文化旅游资源体系

饮食是旅游者六大消费要素中的基本要素。但饮食和餐饮并不自行生成旅游资源，只有对旅游者产生一定吸引力并为旅游业所用，同时带来经济、文化和社会效益，才能成为独具地方人文特色的饮食文化旅游资源。

在旅游地，饮食文化借助器、形、艺、俗等多方面物质形态体现，其商业运作形成以餐饮为核心，以文化为表现，以民族为特征的相关产业，如餐厅建筑、环境、设计、礼仪、服饰、容器、菜肴品种、烹饪方法、就餐方式、民族民俗风情、歌舞演艺等饮食文化旅游景观。休闲旅游地须大力开发当地饮食文化资源，将饮食文化与旅游规划充分结合。休闲旅游者通过领略风味小吃、特色菜肴、名特产品等饮食文化，深入了解休闲旅游地风俗习惯和风土人情，通过亲身参与获得深刻的感官体验和审美享受，品味异域饮食文化成为旅游体验的一项支持因素，饮食文化也正以不同形式成为旅游地的重要吸引物。具有鲜明区域性、民族性和历史文化性的地方饮食文化作为旅游活动的一项日益重要的文化资源和动机触发器，有着广阔的旅游市场和开发潜力，须创新餐饮产品和饮食形象，以推动具有地方特色的名吃、名菜和名点成为旅游地重要的旅游形象代表，如北京烤鸭，天津“狗不理”包子等。而国内外诸多旅游地根据自身地域特点和风物特产，衍生出具有现代地方特色的饮食节事，除各地举办不同菜系的烹饪厨艺比赛之外，其他如韩国泡菜节、德国慕尼黑文化啤酒节等，上海、重庆、信阳等地的茶文化节，普陀山和武夷山的佛茶文化节，青岛啤酒节，盱眙国际龙虾节等成为提升旅游地城市文化魅力与旅游形象品牌的营销途径与平台。

三、休闲农业饮食创意的方法

针对民俗文化的传承和利用，休闲农业的餐饮有两个方面的资源:一是各种类别的民俗文化资源；二是休闲农庄的硬件和软件资源，如场地、设施、设备和人员。休闲农庄应当充分利用自身硬件和软件之长，将众多民俗文化资源有机整合起来，以饮食为核心，以贯穿一年始终的节日习俗为红线，串联起人生礼俗、社交习俗、民族习俗等颗颗珍珠，形成美食与民俗文化交相辉映的璀璨珠串。

（一）餐饮制作的特色化

1.挖掘具有当地特色的食品

如河南新郑的黄帝故里，其休闲农业的餐饮便充分利用其中原地方风味食品，挖掘和开发当地民族餐饮业，重点发展各种快餐和多样化的特色饮食。特色的饭菜有新郑灌肠、楚旺扒糕、鸡蛋布袋、河南烩面等。特色小吃有如黄帝糕、黄帝烧烤等。还有人根据二十四孝之一“王祥孝子”的故事，创意出“卧冰鲤”（即糖醋鲤鱼或清炖鲤鱼，据“卧冰求鲤”的故事）、入幕雀（即炸麻雀，据“黄雀入幕”的故事）、风雨柰（柰是苹果的一种，即拔丝苹果，据“风雨守柰”的故事）、聪明藕（王祥故里村前的池塘内藕多一眼）和野菜汤，四菜一汤，两荤两素，正好适合前来休闲的三口之家。

2.进行医农同根开发

“医农同根，药食同源”是中国文化的瑰宝。中医药学家认为：世间万物都有一定的药用价值，有选择性地吃一些食用农产品，可以有针对性地治疗某些疾病。如北京通州桑瑞生态庄园的桑芽茶、桑叶茶和天然桑叶粉等。桑叶粉是一种超微粉，可以添加到面粉中，制成桑叶馒头、桑叶面、桑叶蛋糕等，做成功能食品，既改善了口味，也丰富了面品的色彩，增加了食客的食欲。再如北京海淀凤凰有机公社遵循“健康的土地——健康的植物——健康的食物——健康的人类”理念，每周一通过市内有机生活馆为会员配送蔬菜、水果等有机产品，以药用与食用山药为特色。此外，农场内特设食育中心，从健康饮食、茶疗茶饮、瑜珈、芳香疗法、中医养生等层面向会员提供健康管理和调整方案。

3.创意食物造型与混搭

变换食物的形状及食物颜色的搭配，是一种快速见效的创意方法。食物的造型与混搭看似没有色、香、味那么重要，然而，把食物换个姿态，变个戏法，就能展现出不同的魅惑。比如笑脸蒸蛋，用香菇丝做成眼睛，西红柿用开水烫一下做成嘴巴，肉脯剪成鼻子状，如此打扮出来的笑脸蒸蛋，一定能让小游客食欲大增。另外，需要说明的是食物的混搭有定的讲究，有些食物搭配在一起能起到营养加倍的效果，如：五谷加红枣，胜似灵草；精粮合口味，粗粮润胃；豆腐配海带，常吃除害；白菜萝卜汤，益寿保康；心虚气不足，桂圆米煮；口渴心烦躁，粥加猕猴桃。然而，有些食物混搭在一起却能产生毒害作用，若在吃海鲜的同时吃葡萄、山楂、石榴、柿子等水果，就会出现呕吐、腹胀、腹痛、腹泻等症状；豆腐忌与菠菜同食，豆腐里含有氯化镁、硫酸钙这两种物质，菠菜中则含有草酸，两种食物遇到一起可生成草酸镁和草酸钙，这两种白色的沉淀物不能被人体吸收，不仅影响人体吸收钙质，还容易诱发结石症。

（二）餐饮发展的品牌化

通过餐饮的发展，形成品牌菜肴、品牌宴席、品牌服务，使休闲农庄的餐饮项目成为促进景区发展的重要因素。湖南省宁乡的金太阳现代生态休闲农庄，其“金太阳”品牌在建设金太阳现代生态休闲农庄之前，在长沙本地的餐饮行业已小有名气。“金太阳”独创的几道招牌菜如“美味金蹄”“口味牛蹄”“蟹黄豆花”还曾在湖南省的美食节上获得了金牌奖。“金太阳”农庄的餐饮继承和发扬金太阳品牌，吸引了不少食客，农庄推出的温泉生养游等项目在“金太阳”品牌的影响下，也很快打开了局面，成为其他老牌温泉酒店不可小觑的新贵。

（三）就餐环境的体验化

注重就餐环境的塑造，增加服务、菜肴、就餐方式、就餐环境的文化内涵等体验要素，可深入调研、广泛征集和创意升华当地饮食文化的历史渊源、名品典故、民间传说和私家菜品，如过桥米线、叫化鸡、东坡肉等。例如，由昆明北门书屋旧址改造而成的金石印食府主打“马帮菜”，不管是菜谱设计还是店内装潢，都极力凸显本地特有的马帮文化。堂屋内的茶树、蜂巢、鸟窝、蓑衣、水烟筒、老唱片机与楼外的石渠溪水游鱼、水车修竹、奇花异卉争奇斗艳。历经百年的老马鞍、马龙头、马干粮袋、皮酒囊、马帮生活用具，以及666盏星星般闪亮的老马灯，两百余幅装点君子楼、新迎楼的老照片，许多餐具上小巧可爱的小铃铛，别具一格的驮子、马车、瓢餐具，无不折射出悠久的马帮文化的光芒。

（四）餐具的特色化

从旧石器时代的简单石碗，到现在做工精美的陶瓷碗；从古人最早用树枝做用餐工具，到现在精美绝伦的筷子，餐具的发展让人们感到欣慰。不同的餐具代表不同的饮食文化、给人以不同的用餐体验。同样的白米饭，使用白瓷碗、陶瓷碗、玻璃樽或是竹筒盛放，其视觉感受、内心感受甚至是味觉感受都有很大的区别，可以通过餐具的创意体现饮食文化，丰富和增进生活乐趣。

（五）就餐方式的多样化

休闲农业的餐饮项目可以针对旅游者的不同需要，采用快餐、自助餐、宴会、烧烤等不同就餐方式，丰简随意，快慢有别。

四、休闲农业饮食创意的原则

（一）体现时代的风格特色

地域美食的创作与推出，是众多特定地理范围空间的饮食文化产物，不论是历史传承还是空间移动扩散，都离不开特定的地域。不同地区的人们都喜爱并且不愿意脱离自己及种族的饮食方式、烹饪传统和菜点风味，因而，各地区、各企业注意在周围的地域性上做文章是相当重要和合情合理的，也是当前餐饮经营和促销最有利的方式。

不同的时代有不同的制作方式和审美观念，人类的烹饪文化是由传统遗产和现代创造成果共同组成的。不同的地域、不同的时代创造出的菜点饮宴风格是不同的，其文化精髓正是迎合当地、适应民众的价值取向。

当地的餐饮经营，其时代特色是不容忽视的，也就是我们所说的适应市场的变化。我们制作和开发的食品，必须是当代顾客所认可的、感兴趣的，即使是很传统的菜品，我们也要用现代的审美观念去完善它、武装它、改良它，使其符合现代人的进食欲望，因为只有这样，才能满足现代客人的需求，从而取得良好的社会效益和经济效益。即使是开发古代的饮宴菜品，或回采粗粮野菜，我们也要以现代的观念和思路，去满足当代客源的思维模式和饮食方式，即用新时代的观念去武装古老的、传统的食品，使其成为符合新时代需求的美味佳肴。我们不能把古代较流行的，甚至营养卫生不讲究或有些糟粕的东西带到今天的餐桌上，以至于令人反感。

（二）突出本地区的独特个性

不同地区文化体现了不同的地域特征，反映了不同的人文景观。我国疆域辽阔，民族众多，历史悠久，地域风情、物产菜品多姿多彩。俗语说："聊向村斋问风俗"，地域性菜品饮宴的独特个性的展现，需要烹饪创制者时刻把握地方特色和乡土气息，设计、制作与突出有自身地域特色的菜点品种。

我国各地有各自的风味特色，在选料、技艺、装盘等方面都形成了自己的个性。菜点饮宴的创新，应该本着就地设计的原则，继承传统，唯我独优地发挥本地的特长，才可能使本农庄的餐饮特色鲜明，并可以生根开花，影响着海内外。

江苏省兴化市是清代著名的书画家、文学家郑板桥的故乡。兴化宾馆在研究"板桥宴"的菜品时，始终围绕郑板桥家乡的特色做文章，《郑板桥文集》多处谈及家乡兴化的饮食烹饪之事："江南大好秋蔬菜，紫笋红姜煮鲫鱼"；"一塘蒲过一塘菱，荇叶菱丝满稻田。最是江南秋八月，鸡头米赛蚌珠圆"；"三冬荠菜偏饶味，九熟樱桃最有名"。"板桥宴"充分利用当地特产为原料，并以郑板桥的传说故事为根由来研制菜品，使其每一个菜品都能找到地方依据。此宴充分利用新鲜的鱼、虾、藕、草鸡、黑毛猪肉、醉蟹、螺蛳、麻虾子等水乡食品，体现出了苏北水乡民间的"蒲筐包蟹、竹笼装虾、柳条穿鲤"的乡土风格特色。

随着社会的进化发展和各地烹饪文化的交流和影响，在突出地方风格的创作中，制作者也会潜移默化地不断吸收新的东西，在借鉴外邦的烹饪文化的同时，只要不影响本地区的主导特色，这对于本地区的餐饮发展也是有其利而无其害的。

（三）注重文化品位和审美情趣

当今人们的饮食需求已发生了翻天覆地的变化，人们已从过去的饱腹需求，向更高的审美需求发展。吃得好，吃得有营养，吃的环境有氛围，吃的菜品、饮宴有文化味，这绝非过去的客人所要求的。而今，农庄的餐饮经营在开发菜品、饮宴时，需要利用一切文化特色，多从环境氛围的角度考虑，多从娱乐、情趣方面着想，以此调动广大顾客的进食欲望。

在开发地方特色的餐饮菜品、饮宴时，要着重渲染地方饮食文化特色。这不仅是外地客人所向往的，而且也是本地人所感自豪和享用的。那些地方风味宴、仿古宴、乡土宴，风味浓郁，文化底蕴深厚，加之幽雅的环境和特色的菜品，给客人以惬意与温馨，符合新时代的审美需求，它自然就具有无限的生命力。

如红楼菜、红楼宴的研制，对菜点的文化、餐厅的环境、员工的服装等都进行了一定的渲染，以提升餐饮文化的品位档次和风格特色。南京夫子庙的秦淮风味小吃宴，多少年来，已形成一定的品位和规模。人们荡漾在桨声灯影里的秦淮河畔，满眼望去，两岸茶馆酒楼鳞次栉比，其风味小吃带有浓郁的本地方独异的口味风格。秦淮小吃之所以耐人寻味，是经过经营者和厨师们精心配制，才成为干稀搭配、雅俗共赏的美味佳品。在晚晴楼、白鹭宾馆、秦淮人家等处，这些小吃宴品，伴随着歌舞、画舫、食具和各种风韵，已体现其文化价值和审美情趣，品尝普通的“小吃宴”，更体现了另一种滋味、另一番雅趣和美感。

第二节 休闲农业的住宿创意

休闲农业注重轻松愉悦、回归自然、融入天籁的田园氛围。者重逢体现了旅游的节奏感，即“旅速游缓”。怡然自得的旅游其实就是慢生活节奏的一种表现，而慢的体现就在于旅游时间的长短和项目安排的多少；住宿过夜是慢慢体会的最佳方式。那星空映射下的原野湖泊、虫吟、蛙鸣都和白天的感受截然不同。

一、住宿业

住宿业俗称旅游业，是典型的传统服务业，有偿为人们提供住宿场所，此外这些住宿场所还提供诸如餐饮、清洁服务等一系列顾客需要的服务。住宿业的范畴比较大，不仅包括商务酒店、独家酒店、会议中心、也包括提供住宿服务的农庄、公寓楼、学校宿舍、招待所、寄宿处、敬老院等相关设施，同时还包括分时度假的共管产权式酒店、临时酒店以及邮轮、卧车等活动状况的住宿设施，甚至包括医院中的住院部。

（一）住宿企业的差异要素

每个住宿企业之间存在着很大的不同，形成住宿企业间的差异，导致这些差异产生的要素大致有以下五个方面。

1.服务范围

不同住宿企业提供给客人的服务范围差异巨大。如某些小旅馆的客房可能就只是一个放置了一张小床的小房间，外加走廊尽头的洗手间；而豪华超五星级酒店可能提供全套的豪华服务，24小时房间服务，康乐、商务、礼宾各方面服务一应俱全，并有各式餐饮服务。而大部分的住宿企业提供介于这两类之间全部或部分的服务。

2.客房类型

客房的类型千差万别，有的廉价旅馆可能有通铺房间，有双层床、吊铺等，多人合睡在一个房间，几个房间合用一个洗手间；而豪华酒店提供的豪华套房，除了卧室，还有客厅、就餐区、小厨房等。最普通的是带私人卫生间的卧室，放一张或两张床，房间的面积在14～40平方米，因住宿企业的性质和规模而定。

3.室内陈设

住宿企业客房的室内家具的布局以及风格称为室内陈设或室内装饰。室内陈设决定着住宿企业客房的氛围。客房内家具的档次越高，表明其豪华程度越高。室内陈设也有极其简单、价格便宜和格调高雅豪华两个极端。连锁经营的住宿企业则很注重客房类型和风格的独特性，一般都将连锁客房内部的家具类型、色调、风格统一起来。

4.房价

房价即住宿企业向租住房间的顾客收取的费用。一般情况下，房间价格因地域或房间设施不同而异。如顾客要求提供其他特殊服务设施，那就应另外付费。大都市的客房价格一般比偏远地区的房价要高，因为重点城市的建设费用及经营成本要高于偏远地区，像纽约、东京、伦敦、巴黎在各自国家的住宿企业中都是房价相当高的，纽约很久以来就是美国住宿企业房价最高的城市。

5.目标顾客群

住宿企业自古以来都致力于吸引特定的顾客，贸易客栈主要是吸引旅行商队的特定客人，英格兰的马车驿站则把目标转向了乘马车的旅客。一个世纪来，火车站附近开办了大量的旅店，主要是为了接待那些铁路游客。当今机场附近和高速公路旁出于同样原因开办酒店，不过寻找目标顾客变得更为复杂，美国酒店和汽车旅馆协会的报告指出，因为如今的住宿顾客中30%是商务旅行，25%是为了参加各种会议，24%是为了度假，还有21%是个人因素，这就使住宿业的设计应考虑到不同层次的顾客，价格也不拘一格，从低到高有所变化。当然，有些特定的住宿业，如机场中转旅店、高山滑雪旅馆等，还是只需考虑某种特定的顾客。

由于有了上述五个决定住宿企业差异的主要因素——服务、客房、室内陈设、房价和目标顾客群。也就决定了大都市的市中心往往都建有众多的酒店和旅馆，它们种类繁多、档次各异。有的提供有限服务，有的提供全套服务；有的只有最简陋家具的小房间，有的则是设施齐全、豪华无比；有的装修简朴，有的则华丽典雅；有的目标顾客是自助型的青年学生，有的则是服务于大企业的老板以及社会名流。乡村、小社区和各类旅游区又有着各自特定的多种差异的旅馆、度假村、养老院等住宿企业。

（二）住宿企业的服务

每类住宿企业的服务产品有着很大的区别，每类住宿企业的服务产品都有其鲜明的特征，它是服务理念的具体化。这些服务产品一般都是一种组合，我们也可以借用零售业中诸如箱包类、鞋类等常见的“产品线”这一词语，来说明住宿企业以经营理念为基础向顾客提供的一组服务产品。住宿企业提供的服务产品线包括以下三大要素。

1.客房设施

客房是住宿服务的产品线中最基本的要素。客房一般分单间、套间以及其他就寝设施。许多住宿企业为客人提供专门化的客房服务，如经济型酒店以提供简洁的单间为主要特色，而全套房酒店则以提供套房为特色，还有许多住宿业提供包括各种类型、各种大小的单间、套房等范围广泛的客房设施。

2.服务项目

客人可以享受到的服务项目也是住宿业服务产品线的基本要素。服务项目的性质和范围同样受到住宿业类型的制约。如娱乐、消遣等设施对于度假酒店的经营是很重要的，而对于经济型酒店就没有必要，而会场、会议室、商务中心等设施对于会议酒店又是必不可少的。

3.环境氛围

住宿企业提供的产品线中第三个基本要素是环境氛围。这种氛围是指一个住宿企业中一系列有形和无形的特征组合形成的与众不同的经营特点。当一个客人见到一家住宿企业，走进大门，穿过大堂，建筑、装饰、色彩、灯光照明、家具、地毯、壁纸、艺术品及其他设施在给他一个个感觉，一步步地加深对此住宿企业的印象。住宿企业的建筑装饰风格、职员着装、物品陈设、灯光照明、整洁程度、室内设施、墙上饰物、背景音乐以及所有其他促使顾客对此住宿企业形成良好印象的服务态度、礼节礼貌、举止言行等一切有形的和无形的特征就构成了住宿企业的环境氛围。许多住宿企业还为客人提供食物和酒水，但不是住宿业最基本的服务产品要素。

二、休闲农业的住宿创意方法

（一）以整体创意打造农庄的住宿功能特色

住宿功能的发展空间大，发展样式多。其中，最直接最有效的便是根据农庄的整体定位，打造与农庄品牌相称的特色住宿服务。将清新雅致的住宿环境与休闲农庄的体验服务、产品等功能相结合，形成一体化的休闲农业旅游。以中国台湾的宜兰香格里拉休闲农场为例，该农场地处海拔250米，四面环山，景色清丽，气候宜人，年平均气温25摄氏度，四季如春，终年适合游玩。该农场兼具采果、休闲、度假、生态等多功能，设有欧式森林小屋，周边遍植山花，住宿功能与农场定位相当契合，打造出香格里拉仙境般的住宿环境，有强烈的品牌效应。

该休闲农庄内设有清新雅致的住宿设施，共106间不同档次的乡野套房。在房间内可以一览农场的美景。而且对住宿旅客赠送景观果园门票，并可免费参加民俗活动。其住宿功能不局限于提供夜宿，更甚于，将住宿功能与体验、产品功能相结合，整合出具备高度品牌意识的特色休闲旅游。

（二）以文化创意开农庄住宿功能的类型

农庄的类型多样，不同类型的农庄有不同的文化背景和定位，在对其各功能的创意开发时，要针对其自身的文化内涵与格调，量身定做不同的个性化方案。

1.自然景观文化型

该型农庄远离城市，自然生态良好，是城市游客回归自然的好去处。该类型农家乐的文化特点是空气指数好、污染指数低、环境淳朴自然。在住宿功能的创意开发中，不能破坏自然生态的优势，客房外墙种植攀援植物，让住宿环境与自然环境融汇在一起。客房外走道处摆放园林特色盆景。客房内部陈设小型花卉、盆景。卫生间内摆放绿色植物清新空气。客房内墙可贴园林特色的花卉、苗木墙纸，环保又自然。该类农庄一般依山傍水，周围自然景观便是最大的特色，根据这一文化特点，农庄的住宿功能也兼顾景点介绍，在客房内放置大量旅游景点的介绍，交通等攻略。

以浙江省安吉蓝海养生温泉农庄为例，该农庄坐落于安吉天子湖畔，农庄四面群山环抱，风景怡人。依赖良好自然地理环境优势，农庄以养生为主题，以温泉为特色经营，设有温泉溶洞客房。该客房内部设计以溶洞为主题，相加私人温泉的特色，相当契合农庄当地四面环山的自然景观文化特色。另外，有一些农庄，依赖湖泊的自然资源，在水面建造独立的水上小木屋，营造出清幽、自然的氛围，同时也充分保护了游客的私隐，让游客在完全放松的情况下享受自然度假之旅。

2.农田景观文化型

此类型农庄以花卉、盆景、苗木、果品为特色项目，提供农家菜品、果品、农特产等吸引游客前来观光、赏景、休闲。此类农庄别墅型住宿可采用小木屋形式，客房周围再布置小片农田围绕，别有一番风味。在客房内盛放些当季现摘的水果供游客食用。让住客感受到农庄主人的热诚。果品收成旺季时，可提供创意果品（如水果馅饼）作为早餐提供给住客。

以日本笠间市某住宿型农庄为例，该农庄距离东京约两个小时，在规划完善的农庄里，种植了花、草、蔬、果。住宿区为小木屋设计，设施约占十分之一，通道与给水设施完备，住宿空间设计有前门小阳台、客厅、卧室、厨房、浴室等。小木屋被农田围绕，住宿在这里，一推开门引入眼帘的便是小有规模的瓜果农田。游客身心被自然环抱，或许会让暂住于此的都市人忘却自己的真实身份，全身心投入到“乡野农夫”的角色中去，享受蔬菜瓜果自给自足的惬意生活，真正达到舒缓压力的作用。

3.餐饮养生文化型

该型利用当地的农副产品吸引游客前来品尝农家菜，达到养生健身的目的。这类农庄重在餐饮养生。抓住该特点，在客房内放置养身菜品介绍，提供点菜配送入客房等贴心服务。也可将养生特色菜制成半成品，装入礼盒供住客外带。针对农庄的购物等功能，在客房内应设有多柜多箱以及购物清单等便民措施。对需冷藏的农产品，客房部提供冰柜等冷藏服务。这类农庄多为多功能农庄，游客一般为中高层消费者。在住宿功能上要相对豪华，在客房外部设计与农庄相统一的同时，客房内部设计可相对奢华。

4. 民俗风情文化型

该型以民俗风情村寨为特色。利用当地民俗文化、民族文化和村寨建筑吸引游客。该类型农庄民俗特色与众不同，文化内涵深刻。将深刻文化底蕴融入住宿功能，定会收获丰盛。住宿客房的设计需与民俗风情相统一，客房走道以民俗小品作装饰。客房内部以民俗挂饰、风景画作装饰。在住宿功能个性化过程中，应以介绍当地乡村文化、自然风光为主。房内摆放景点宣传册等刊物。住宿退房时赠以民俗配饰做馈礼，既可以让住客留念加深印象，增加重游率，又可增加潜在游客。

此外，为增加游客重游率，吸引不同层次的游客，住宿标准可分层分类。根据各自具体的文化特征，划分不同级别的住宿功能。客房不必前面一律，可各有主题、各有特色。例如，将住宿区划分为四区，分别以“春、夏、秋、冬”四季当地光赏植物的特征作为客房特色，可用这些植物做摆设、小品、挂饰等。

（三） 以科技创意提升农庄住宿功能的内涵

农庄虽以“农”字当头，却不是传统农业的简单缩影。农庄作为现代休闲农业的重要组成部分，必须依靠现代科技的力量，才能转变农业经济生产方式，让农庄又好又快发展。将现代科技与住宿功能的创意开发相结合，可以吸引更多年轻游客入住。

1.现代网络科技

进入移动互联网时代，“在线”成为无数年轻人的习惯。住宿部提供 WIFI 服务对于一个高品质的现代农庄而言是必不可少的。当一天的游玩观赏结束之后，躺在客房内的游客，特别是年轻游客，会使用手机或者其他移动终端进入网络，发微博、发“朋友圈”，分享一天的游乐心得与感想。这种人际关系网络的分享，在吸引游客的方面会发挥巨大的作用。另外，在客房内提供 USB 充电接口和各种手机的充电器，也会让住获得年轻旅客的好感。

2.现代农业科技

一个有创意的住宿环境，也可以是将农业用材融入科技的。例如某些柴草热水器，只需要“柴、草”等各种生物质资源，通过气化燃烧原理，点火即有热水，随用随烧。其适应性强、安全性高，高效节能且成本低。这样在城市中不曾使用过的游客感到惊喜与兴奋。

（四） 以艺术创意拓展农庄住宿功能的形式

艺术是提升农庄水准境界的必经之路。艺术作为一种文化现象，为满足主观与情感的需求，亦是日常生活进行娱乐的特殊方式。各种农庄之间的住宿功能要形成差异化、个性化，可依托艺术的不同表现形式来塑造，例如，文字、绘画、雕塑、建筑、音乐等。

1.音乐创意

根据不同类型、不同文化内涵的农庄，在客房入口处与走道间播放与该农庄特色相符的音乐，让耳朵也进入大自然的怀抱，让心神都走近农庄。

2.建筑创意

农庄的住宿建筑，根据不同类型，设计成不同风格，而不是单调的建筑。如欧式、藏式、水上小屋、甚至是帐篷等。

3.绘画创意

结合农庄的特色，在住宿外立面上进行绘画创作，也可作为小品、摆设添置与客房内外的走道两边。用来激发游客对于农庄的情感与归属感。如住宿部的外墙上涂上与农庄风格相一致的民间涂鸦（有农家鸡鸭等形象、也有农家过节欢聚愉快氛围的写实），画风及主题都结合了“农”字的特色，却不失创意个性，能给人留下深刻的印象。

第三节 休闲农业的交通创意

交通客运业是旅游业的三大支柱之一，从旅游交通的空间范围大小来看，可以分为两大类，一类是旅游景区的外部交通，主要交通工具包括飞机、火车、高铁、旅游大巴、自驾车、轮船等。另一类是旅游景区内部交通，休闲农业的交通主要指休闲农业园区的内部交通。休闲农业园区内的道路和沟渠，不仅是连接不同场景的线性单元，也是农业园区景观的视觉走廊。它可以将不同的景点和背景组成景观序列，例如，田成方、林成网、路相通、渠相连，各要素组合井然有序、脉络清晰、标志鲜明，结合着天际优美的轮廓，带给了旅游者活动的便利和视觉的美感。

一、休闲农业园区的交通要素

1.道路

休闲农业园区的道路主要有两种类型，一类是公路，可以行使车辆，另一类是步道，旅游者步行游览。道路建设可能对生态环境造成影响，如占用土地、砍伐树木、尾气噪声污染、妨碍动物生活等；同时也对旅游者的体验造成影响，助长“走马观花”的旅游模式，并且不利于增加旅游者的消费，提高效益。

一般来说，在景观核心区不宜建设道路，在非核心区建没的道路，也应该选择无须砍伐太多古树名木或破坏古迹名胜的地方。道路要尽可能考虑对生态环境的影响，避开景观视线，减少对景观的损害。同时在道路两旁要加强绿化、美化，可以适当建设小品，按景观路、生态路、文化路、交通路四路合一来设计。道路要充分考虑安全性，选择适当的宽度、坡度和硬度，路面颜色要和周边景观协调。

休闲农业园区里大量使用的是步道，步道设计的一个重点是选址，这和游览线路的设计有关，《休闲农业规划设计》中有详细阐述。步道设计不宜过宽，在色彩、质感方面要与环境协调。材料使用上应以本土材料为主，兼用现代材料，现代材料模仿的树木、古砖等往往可以达到以假乱真的程度。步道设计中可以适当穿插一些花样，如洞、梯、桥、汀步等。如美国黄石国家公园中有一处必须从一棵古树中穿过，别具匠心。步道建设要考虑不同人群的需要，特别是要照顾到老弱病残等特殊群体。步道建设也要和景观、游憩设施建设结合起来，使旅游者行、停两便。

2.水道

和道路相比，水道最重要的功能往往不是交通，而是观景和娱乐，大多数景区的水域都有水上项目，如武夷山九曲溪的竹筏、张家界金鞭溪的漂流。水道建设必须考虑污染问题，一般不能在生活水源中进行水上活动，在水质保护严格的区域可以采用环保船只。

3.索道和观光电梯

目前在全国很多景区内都建有索道，一些景区的收入甚至主要来源于索道收入。人们对于索道是爱恨交加，争议较大。索道不仅提供交通便利，而且也提供了新的观景视角：但索道也会对景区生态环境、旅游资源价值、旅游者消费方式等造成一定影响，索道的存在自有其价值。从历史辩证法的角度来看，在不同历史阶段人们对于索道可能会持不同的看法，因此建设索道必须慎重。

4.空中交通

空中交通包括热气球、直升机等。欧美一些滑雪胜地常用直升机将旅游者送上山顶，然后再滑下来。但这一方式国内较少采用。直升机的安全性、价格昂贵、噪声污染、起降空间、空中管制、驾驶人才等都是制约直升机交通发展的因素。虽然热气球得到了更多的使用，但是热气球也存在很多和直升机类似的问题。

5.交通工具

休闲农业园区中可选用的交通工具较多，如电瓶车、自行车、船等。电瓶车是景区内使用得最为广泛的一种交通工具，它的优点是污染较少、上下方便、舒适安全、适宜观光。

二、休闲农业园区的交通创意

（一）游步道与景观相融合

1.游步道的设计之美

①线型之美。在游步道线型设计时曲线美于直线，如S形、卵形、C形、“之”字形等。具体选用哪种线型取决于地形状况。如果地形比较平缓、开阔，选用长C形较好；如果地势陡峭，则多用“之”字形。选用以上线型无论从高处远眺，还是从近处观看，都会感觉到游步道线条优美、顺畅、和谐，游客走起来也比较舒适，不会有单调的感觉。但当制高点有中心景点时，也可以直代曲，如仰视直线拾级而上，通过两侧林木形成主甬道，会给人以崇敬和震撼的效果。

②空间之美。除合理的利用原有的地形地貌之外，可使路面错落有致，跳动起伏，可以满足游客视觉上的需求。

③秩序之美。游步道有一定的范围和界限，两则如用花草、木条、篱笆或其他材料和形式进行隔离，能给人以单纯整齐的审美体验。

④选材之美。游步道使用不同的材料，能给人不同的感受，路面镶嵌的石子似一朵朵跳动的浪花、起伏的音乐，给人一种自由烂漫的感觉。

⑤颜色之美。在景区多样统一，整体美的大原则下，游道使用不同的颜色也能让景区别具特色。

2.游步道与自然景相观交融

假如在农业休闲园区中有一条小溪，则游步道沿溪流边布线为好，因为人们喜欢看到跌宕起伏的流水，喜欢聆听潺潺的水声，更喜欢在溪边小憩、嬉戏，通过手脚、全身心的触觉，感受自然的纯真。如在农业休闲园区中有一处瀑布，即使落差不大，设计者也要设法将游步道经过此处，并在瀑布下设计观景台，以供游客呼吸到水雾的湿气，感受大自然的气息。假如在农业休闲园区中有一处别致的树林，如五角枫林、连翘林等，要设法让游步道经过此处，因为秋天可观看火红的枫叶，春天则可欣赏鲜黄的连翘花，此景正是大多数游客平时难以见到的。另外，在游道中搭配各种风格的桥梁，把我国深厚的桥梁文化底蕴，巧妙地用于现代城市景观环境中，也能创造出充满诗情画意的意境。

（二）交通的文化内涵和体验性

1.注重交通的文化内涵

交通是人类在自然界中留下的痕迹，它体现着建设者的意志和情感，体现着以人为本的理念和人性化的关怀，具有文化内涵和审美要素。因此，交通的设计可以紧紧围绕其功能的发挥，结合每个旅游区的实际情况，在充分发挥使用功能的基础上，进行合理的规划建设，追求其生态性和审美性的最佳效果。如河南省新郑黄帝文化园景区的公交路线有叫“黄帝专线”，车上涂上旅游标徽等。在景区内使用指南车形状的代步车辆，不仅和黄帝文化紧密结合，而且是一道独特的景观。另外，像海南省南山佛教文化旅游区的电瓶车根据景区主题进行佛教文化的包装。西宁至拉萨的旅游列车，更是根据青藏高原的自然环境和藏文化包装车厢，成为体现文化内涵的典型案例。

2.提供特殊体验的交通

在乡村旅游规划中，尽可能增加出行的乡土性，可在保持交通工具干净、整洁、安全的前提下，使用传统的牛车、马车、驴车、骆驼、大象等畜力交通工具，行走在乡野气息浓郁的羊肠小道，充分地体验和了解中国的农业文化。趣味性的交通工具，如造型各异的游览车、古代欧式马车、吉普赛大篷车、老爷车、单桨木船、橡皮筏等也会给游客以新鲜的感受；观光游览区要控制游程的节凑，张弛有致，休闲设施和观光游览交错设计，并在交通工具进行创新。例如，各种绳木游乐设施，所有设施均以木头和绳子为主要材质，不用任何动力，如攀岩架、横梯、竖梯、吊床、网梯，设计一段让游客通过网梯爬到树屋中进行动物观察的体验足以令游客印象深刻；张家界大峡谷的全透明玻璃桥是体验交通的创意典范之作，游客必需克服胆怯才能在玻璃桥上将脚下400米处的谷底全景尽收眼底。

第四节 休闲农业吃住行创意的案例

一、吃的创意案例

（一）创意水果菜

水果是一种老少咸宜、全民皆爱、四季通吃的食物，但是水果入菜在国内还比较少见，在热衷于养生的国外，水果入餐很早便已风靡。无论是蓝莓、芒果加入甜品，还是圣女果、凤梨参与正餐烹饪，都广受好评。2013年，南京市的湖滨金陵饭店推出了创意水果菜，颇受市场青睐。如榴莲煲鸡、菠萝蜜焗肋排、红酒梨、莲雾芡实葛仙米等。

水果入菜有以下三个方面的作用。

1.调味

水果丰富的汁液和奇特的香味，能够为料理增添很多天然的香气。无论是搭配肉类还是蔬菜，都能够创造出与众不同的滋味和口感。有人可能会觉得水果的酸酸甜甜和油盐酱醋混合在一起很奇怪。但是，只要把握好度量，就是给菜肴画龙点睛，水果本身的浓郁香味不仅不会抢了料理的主风头，还能解腻，缓和“高温”出产下的料理的浓重口味。

2.营养

水果含有丰富的营养，尤其是维生素。有些水果确实不适合煮，因为会造成多酚的氧化和维生素C的流失，但是，也不是所有的水果都如此。有些水果，比如梨、山楂、苹果等，加热后有呈现出新的营养价值，润燥、通便、促进消化、保护虚弱肠胃。养生和美味结合，是时下的饮食新理念。因此，将水果的元素加入传统中餐，或者西餐甜点，都是对料理在营养上的加分，更能博得消费者的青睐。

3.美观

无论是讲究“色香味形”的中餐，还是摆盘精致的西餐，五颜六色的水果绝对是厨师们烹饪、装盘、摆饰的缪斯，其中的作用不可小觑。一个莲雾的小樽子，一片橙子的点缀，或者西柚汁的浇淋，都会对菜肴本身的美观起着很大的作用。起码从一开始，便能抓住食客的眼球，勾人食欲。

（二）部分创意水果菜的做法

1.榴莲煲鸡

原料：榴莲肉160克，清远鸡650克，葱段，姜片，绍酒，盐，鸡汤，胡椒粉，黄、红椒块。

做法：首先，将鸡斩大块用绍酒、盐、胡椒粉腌一下。然后，旺火热锅把鸡块两面略煎黄，烹酒加鸡汤烧沸、放盐调味煮12分钟后，加榴莲块、甜椒块于砂煲中小火煲8分钟，待卤汁开始浓稠，榴莲香味从缝中溢出即可装盘。

2.菠萝蜜焗肋排

原料：猪肋排1 500克，菠萝蜜肉200克，菠萝蜜汁150克，姜25克，葱25克，洋葱200克，干红椒5只，啤酒1瓶，盐、白胡椒粉、红曲米粉、冰糖碎、酱油及色拉油各适量。

做法：首先，斩好的肋排洗净，再加上葱姜盐料酒白胡椒粉腌渍备用；菠萝蜜切片备用；然后，将腌渍好的肋排过油，加入啤酒、盐、酱油，红曲米粉及汤烧滚后，加料包（煸香的洋葱、生姜、干辣椒）、菠萝蜜汁烧35分钟后加冰糖碎、菠萝蜜汁大火收汁，到快稠时弃料包，加菠萝蜜块翻炒出锅。

3.红酒梨

原料：去皮去核雪梨6个，红葡萄酒750毫升，砂糖250克。

做法：砂糖加入红酒中煮溶，放入雪梨块，用中慢火加热煮至红酒滚起，续用小火慢煮至红酒汁呈糖浆状及雪梨变酥时，捞出梨放凉，淋上红酒糖浆，再搭配少许新奇士橙肉块，效果更好。

4.莲雾芡实葛仙米

原料：大莲雾100克，新鲜芡实15克，葛仙米50克，天鼎汁100克。

做法：在莲雾大头1/3处切段，并沿边留5毫米一圈，中间割挖个半球形，然后用薄刀竖切2/3六刀，做成莲雾盅，在滚水中略烫捞出备用。留下的莲雾靠外表一面切比芡实略大的颗粒，其余榨汁；葛仙米用汤汁煮一次，换天鼎汁紧汁烧并勾芡出锅，装入莲雾盅，最后用莲雾汁煮芡实，调好味，下莲雾粒翻炒出锅，与莲雾盅一起装盆上席。

二、住的创意案例

1.泡菜筒屋

泡菜筒屋坐落于密歇根州阿尔杰县的大马雷，是基于人物而建造的小屋，类似于我们平日所见到的泡菜桶，由于外形奇特而被誉为美国最具创意的建筑之一。1926 年，芝加哥箍桶公司（以及腌菜等生产商）为他们的广告插图画家威廉和其妻子建造了一座两层木桶式小屋，作为夏季别墅使用。泡菜筒屋占地 12 140.57 平方米，由两个泡菜桶形状的房屋组成，主要部分是高 4.88 米的筒，共有两层，一层为客厅，二层为卧室。较小的泡菜桶作为厨房使用，两个建筑之间由食品储藏室相连。被称为世界上最神奇的建筑之一。

2.美国加利福尼亚州加伯维尔的木屋

加利福尼亚洪堡县的艺术家施莫克用巨大的红杉树建造了一个木屋。施莫克和他的朋友花费了 8 个月的时间，挖空了一棵 9.75 米高的红杉树，并给这个木屋装了四个轮子。像一般的移动房屋一样，木屋也拥有一间客厅、一间厨房和一间卧室，在国家公路上行驶时，房屋必须获得特别许可。虽然房子时而会移动，但它大部分时间都停在北加利福尼亚的海岸边。如今，这座木屋位于南加伯维尔的 101 号公路上，屋内的咖啡店向过往的游客售卖食物、饮料以及红杉树礼物，超过 5 岁的人想要进门参观需要另付 1 美元的门票费。

3.芬兰的玻璃屋

在芬兰北部，有世界上独一无二的 20 个玻璃穹顶客房，它们隶属于卡克斯劳太恩度假村。每个玻璃屋都配备了厕所和豪华床铺，玻璃圆顶使用了芬兰人发明的热玻璃，即使当外界温度下降到下零下 30 摄氏度，热玻璃也能保持良好的视界，让你舒适的躺在床上就可以清晰的观赏到壮丽的北极光和数以百万计的星星。

4.树屋

荷兰雕塑家设计师德里·瓦布纳尔设计的树屋是挂在书上的帐篷。最初是为了给那些住在树上的激进分子提供方便，后来成为野营爱好者、孩子以及所有打算在树上美美地睡上一觉的人的绝佳选择。每个“水滴”都固定在树干上，一家四口睡在里面不成问题。

新西兰太平洋环境公司的建筑师们设计的黄色树屋餐厅，位于一片红树林上。看上去像是一个镶在 40 米高的红杉树上的巨大蚕蛹，房屋主体为人工种植的白杨木条，栏杆用附近的红衫木做成，木条和栏杆构成镂空状，充分利用了自然采光。

三、行的创意案例

1.张家界玻璃栈道

张家界天门山玻璃栈道悬于山顶西线，长 60 米，最高处海拔 1 430 米。是张家界天门山景区继悬于峭壁之上的鬼谷栈道、凭空伸出的玻璃眺望台、从玻璃台可以看见下面。玻璃台伸出栈道有 4～5 米，专供游客拍照、是继横跨峡谷的木质吊桥后打造的又一试胆力作。这条看着就让人腿软的玻璃栈道给人带来的刺激震撼感可与举世闻名的美国大峡谷玻璃走廊“天空之路”媲美。晴天时，蓝天和白云的倒影铺满了整条栈道，让人在对脚下的透明战战兢兢之余，更乐享于踏云而行的快感；云雾天气，玻璃栈道则在雾中若隐若现，天上人间的美景更是让人惊叹不已。

2.翻滚桥（英国伦敦）

在英国伦敦帕丁顿有一座神奇的可收缩移动的桥梁，由托马斯·海德维克设计，桥身长 12 米，它的特殊之处在于平时只是一座普通的钢结构人行桥，但它具有特别的可伸展可收缩的八段结构，一旦有船只通过河面时，桥身就会自动卷起变成圆环形，使得船只可以顺利通过，设计创新大胆。

3.坐轿子游黄山

在黄山能享受到其他旅游景点罕见的旅游服务，就是坐“轿包”。若有长辈无法长途攀登高山，可藉由坐轿完成游黄山的梦想，也常有年轻人体验尝鲜，据说坐“轿包”是过皇帝或皇太后的瘾。黄山的轿夫身穿统一的制服，挂上名牌方便辨识，让游客们可以放心乘坐。轿子通常是一人乘坐的黄色竹椅，大多有扶手及靠背，乘坐舒服，由两位轿夫共同服务。

4.踏板驱动的单轨车

在新西兰的罗托鲁瓦游乐园有一种踏板驱动的单轨车。这种单轨车与其他的轨道车类似，采用实心车轮和硬轨，用以减少滚动阻力。不同之处在于，悬挂在轨道下方的荚状吊舱采用子弹形设计，乘客躺在里面，通过踏板驱动车子前行，就好像在骑一辆躺式自行车。这种设计能够减少风阻。轨道宽 8 英寸（约合 20 厘米），吊舱悬挂在下方，距街道上的行人和车辆 19 英尺（约合 5.8 米）。

思考题：

1.休闲农业饮食创意的方法有哪些？

2.休闲农业饮食创意的原则有哪些？

3.住宿企业的差异要素有哪些？

4.休闲农业的住宿创意方法有哪些？

5.休闲农业园区的交通创意如何表现？

第六章 休闲农业游乐创意

第一节 游乐概述

"吃、住、行、游、购、娱"是旅游活动的六大要素，其中"游"是旅游项目策划的核心要素，也是旅游区规划建设与经营管理的核心内容。但是学术界对于"游"的具体用词没有形成共识（至于"娱"一般公认是指"娱乐"），可能有游憩、游艺、游历、游览、游玩、游赏、游乐等多种用词和理解，并且，对于"游"和"娱"的具体范畴也是模糊的。在历史经验和前人研究的基础上，我们认为采用"游乐"一词代指"游"是比较恰当的。

我国文献很早就用到"游乐"这个词。如《东周列国志》第八十一回记载："吴王宠幸西施，日事游乐。"唐代李约《过华清宫》诗曰："君王游乐万机轻，一曲《霓裳》四海倾。"直到今天，游乐一词的使用频率仍然非常高，还派生出游乐园、游乐池、游乐设施等词汇。

一、游乐的起源和发展

根据现有的文献，游乐活动最早起源于一种名为"修禊"的祭祀活动。修禊又称祓禊，是一种古代巫术遗风流传下来的风俗，是一种祭祀活动。《辞源》对修禊的解释是：古代民俗于农历三月上旬的巳日（魏以后固定为三月初三），到水边嬉游采兰，以驱除不详，称为修禊。在中国古老的信仰中，人们是相信万物有灵的，每当冬去春来，万物苏生时，那些在寒冷季节里蛰伏的种种足以危及人类的生灵也复苏了。于是古人在水边设祭，祈求神灵的帮助，保护人类免受邪祟的危害。修禊之俗周代即已盛行，《周礼·春官》有"女巫掌岁时祓除衅浴"的记载。修禊活动最初是在三月上旬的巳日进行，又称上巳节。古人在这一天成群结队的来到水边，洗濯一冬的污垢，清洁身体的同时，疾病灾祸仿佛也随着流水被带走。后来，修禊活动加入了禊饮的内容，即一群人围坐在一起称觞举箸，饮宴取乐。

春秋时期，孔子开一代游学之风，并感悟到山水比德之游的妙境，提出了"智者乐山、仁者乐水"的观念。当时文人士大夫的讲学游历，并非单纯的游山玩水和讲学，也包括在游历中考察民俗和体察政情。到东汉初，重阳登高发展为风俗节日。人们在农历九月九日登高、插茱萸、饮菊花酒、赏菊等。在魏晋时期，游乐山水、寄情山水成为文人士大夫的风尚，山水诗、田园诗、山水画也得到空前发展。唐朝是我国古代国运鼎盛时期，游乐活动也极为丰富多彩。三月三日、元宵节、上元节成为著名的节日游赏盛会。端午节赛龙舟和观赏龙舟竞渡也是唐代常见的民间游乐活动。市民也十分热衷于春游、郊游活动，并且出现了公共园林——唐长安曲江。宋朝的游乐活动更为丰富，以临安为例，游乐节日有春节、上巳、寒食、清明、端午、七夕、中秋、重阳、社日、中元节、花朝节、观潮节等，游乐内容有乘舆游山、交游山僧、观赏喷泉、游观寺院、赏览园林、饮酒为乐等。总体来说，在近现代以前，无论中西方，游乐活动的主要参与者基本是贵族、士大夫、商人、文人等，普通百姓参与游乐的机会总体是很少的。

二、游乐的概念和内涵

二战以后，随着"旅游"一词及其概念的全面提出，"游乐"一词逐渐边缘化，其使用频率远远不及"旅游"，但游乐活动仍然是旅游活动的核心内容，游乐也可以说是最狭义的旅游。从古至今，游乐就是游乐活动的同义语，其基本涵义并没有发生多大变化，普遍认同的是：游乐是基于出游的动机，并离开居所一定范围，进行各种调节身心、恢复体力、振作精神的一类非日常性休闲活动的总称。

要把握游乐的内涵，需要把握两点。

第一，游乐活动是旅游活动的核心内容，是有旅之游与无旅之游的合称。由于业界已经习惯于从旅游的技术性定义来理解旅游。例如外地人逛北京庙会被视为旅游活动，而北京人逛北京庙会不被视为旅游活动，但二者的活动并无实质差异，都是游乐活动。之所以前者被视为旅游活动，而后者不被视为旅游活动，关键在于是否有"旅行"的过程，即从居住地到异地。因此，游乐与旅游并不是捆绑在一起的概念，游乐是旅游活动的核心内容，但不是旅游活动的全部。除了游乐活动，旅游活动还包括"吃、住、行、购、娱"以及咨询、投诉等其他内容。而且，有一些游乐活动也不是旅游活动，如市民逛公园。

第二，相比娱乐活动，参与游乐活动往往能获得更多精神和文化享受，也需要花费更多金钱和时间，因此游乐是较娱乐更高一层次的休闲活动。娱乐起源于人类的生产劳动，并成为人们日常生活的构成元素和推行教化的有效途径。而游乐则起源于修禊习俗，长期以来，其参与者主要是地主、商人、贵族和上层知识分子，广大劳动人民极少有机会参与。直到今天，参与旅游及游乐活动仍然是绝大多数国家人们的梦想和奢望。

娱乐活动不仅可以在工作日参与，也可以在工休日、节假日参与。而游乐活动基本上都是在工休日和节假日里参与的，在工作日里一般是不可能参与游乐活动的。例如，看电视是典型的娱乐活动，既可以在工作日的闲暇时间参与，也可以在工休日和节假日参与，已经成为日常生活的一部分；而外出游山玩水是典型的游乐活动，需要在工休日和节假日参与，在工作日基本上是不可能参与的，并非日常性休闲活动。

三、游乐的类型

主要根据所从事游乐活动的内容或对象，游乐可以分为观光游览类、户外运动类、考察研究类、生活体验类、休疗保健类、旅游节事类和游乐设施类七个大类，各大类以下再分若干小类，小类下面仅提供基本类型举例。

1.观光游览类

该大类不分小类，如观日出、观山景、观建筑、生态观鸟、赏花等都属于观光游览。

2.户外运动类

根据国家登山运动管理中心的定义，户外运动是一组以自然环境为场地（非专用场地）的带有探险性质或体验探险的体育运动项目群。可分为陆地型项目、水上型项目、空中型项目三个小类。陆地型项目如徒步、野外生存体验、定向越野、滑雪、滑草、滑沙、攀岩、速降、登山等。水上型项目如自然水域游泳、帆船、龙舟、皮划艇、漂流、潜水、风筝冲浪等。空中型项目如热气球、飞艇、跳伞、悬挂滑翔、滑翔伞、动力伞等。

3.考察研究类

考察研究类可分为历史文化型、科普认知型、考察探险型三个小类。历史文化型如民俗考察、寻根探源、革命传统教育、民俗采风等。科普认知型如生态认知、科普展览、环境教育、生态农业科普教育、环境监测实验等。考察探险型如洞穴探险、森林探险、地质地貌考察研究、古建筑考察研究、动植物考察研究等。

4.生活体验类

生活体验类可分为实用型与经历型两个小类。实用型是在获得某种经历或体验之余，还获得实物或技能收获，如狩猎、土法捕鱼、自助作坊、认种认养等。经历型是纯粹为获得某种经历或体验，如品尝农家菜、住农家旅馆、草原放牧体验、农事体验等。

5.休疗保健类

休疗保健类可分为自然因子型和非自然因子型两个小类。利用自然因子型如避寒避暑、森林浴、雾浴、海水浴、矿泉浴、日光浴、泥沙浴、负离子呼吸、森林疗养、地形疗养等。利用非自然因子型如药浴、鱼疗、人工矿泉、康健步道等。

6.旅游节事类

旅游节事类可分为文艺庆典类、民俗节庆类、会议展览类、特色物产与景观类、康体赛事类五个小类。文艺庆典类如民歌节、电影节等。民俗节庆类如孔子文化节、关公文化节、那达慕、庙会、东巴文化节、相亲节、狂欢节、花儿会、潍坊风筝节等。会议展览类如农博会、园艺博览会、世博会、西博会等。特色物产与景观类如啤酒节、采摘节、黄酒节、葡萄节、陶瓷节、钱塘观潮节、黄果树瀑布节、梅花节、冰雪节、牡丹花会等。康体赛事类如农运会、省运会、龙舟节、武术节、登山节、渡江节、避暑节、滑雪节等。

7.游乐设施类

根据国家标准《游乐设施术语》（GB/T20306-2006）的解释，游乐设施是指在特定的区域内运行，承载游客游乐的载体。游乐设施类可分为有动力游乐设施、无动力游乐设施、水上游乐设施、其他游乐设施四个小类。有动力游乐设施是指具有动力驱动，承载游客进行游乐的设施，如各种游艺机。无动力游乐设施是指本身无动力驱动，由乘客在其上操作或游乐的设施，如蹦极、滑索、充气弹跳儿童娱乐城、空中飞人、系留式观光气球、光电打靶类游艺机等。水上游乐设施是指借助水域、水流或其他载体建造的水上设施，如游乐池、水滑梯、造浪机、游船、水上自行车等。其他游乐设施是指不适用于上述类别或由上述类别组合而成的游乐设施，如某些组合攀爬。

上述游乐活动项目的分类依据主要是游乐的内容或对象。由于游乐的具体内容或对象是极其丰富的，因此分类系统仅区分大类和小类。小类下面仅提供了基本类型举锄，一般来说没有对小类进一步细分的必要。例如国家标准《旅游资源分类、调查与评价》所列的旅游资源基本类型多达155种，其中绝大部分都是观光游览的对象。如果对观光游览大类细分，则小类和基本类型会过于繁多。游乐活动的分类在应用方面，非常适合用于旅游规划的游乐活动项目策划，具体应用时在各小类以下列出游乐活动项目名称及说明即可。关于游乐与娱乐的区别，主要在于娱乐已经成为日常生活的一部分，如看电视、打牌、下棋、听音乐、玩电脑游戏或手机游戏等，而游乐并非日常生活的一部分，只有在出游时才能体验到。

第二节 休闲农业游乐创意

作为一种新发展的休闲旅游方式，休闲农业无疑是减缓生活压力、放松身心、体验自然的不二选择。人们从市区赶到远郊的“农家乐”，不仅期望品尝到原生态农家菜、欣赏到田园乡村风光，更期望体验农家的“游乐”活动。休闲农业景区的朴实、天然、生动，可以深入地满足现代旅游者回归自然、放松心灵的需求，同时，休闲农业游乐强调的“参与”和“体验”，也能让旅游者感受到更为真切的快乐。

一、休闲农业游乐元素分类

1.景观欣赏型

景观欣赏型，即以对自然农业景观进行视觉上感受为主的旅游项目。包括自然风景景观欣赏、人为景观欣赏及自然与人为相融合景观欣赏。自然风景包括屋瓦房、稻草屋、大面积的农田、塑料种植大棚和养殖鱼塘等。人为景观指在农家乐建筑、装饰小品上融入农元素，营造田园乡村风格。如在建筑体上增加插画艺术、对建筑小品采用仿生方式展现等。自然与人为相融合景观指在利用现有自然景观基础上，通过人为添加使景观拥有田园风情。如金山高佬庄农家乐餐饮包厢的门口专门设置成堆类似于小酒坛的陶瓷瓶罐，上百个同样的小瓷瓶散落在青葱的竹林中形成了独有小景象；水域边战时抽水用的脚踏术制水车，一些小角落绿植物从中堆有碾磨的磨盘都成为农业休闲园区增添气氛的小造景。

2.娱乐参与型

娱乐参与型，即能进行亲身体验及参与的娱乐项目。常见的休闲农业游乐参与活动有亲手采摘果蔬（如草莓、桃、樱桃等）、垂钓鱼蟹、捕捉家畜（如普通的典型性家畜，鸡鸭鹅羊等）、真人CS实战基地、棋牌室等。游客可以亲自参与生产过程，将现摘现钓的食材作为稍后餐饮的原材料，在吃到农家菜同时也体验到劳动的快乐。如上海赵屯金瓶农庄是一个集草莓育苗、生产、加工包装、营销于一体的农民专业合作组织，其最具特色的娱乐参与环节是采摘草莓。另外农庄内还设有烧烤区、垂钓区、划船区、野营区、混水摸鱼区等多个游乐场所及棋牌、网球等娱乐场所游客参与体验。

3.文化感受型

文化感受型，即能感受农家乐氛围或感受当地农家人风土人情的体验项目。其中常见的场馆有农产品馆、农具博物馆等，如水车演示、农家饭桌、小床、蓑衣和各种农产品，它们能直接向游客传达农文化，让游客体会农家气息。当然，通过与当地居民的沟通交流也可达到了解农文化、加深农印象的目的。如崇明瀛东渔家乐内设有渔具博物馆（朴素的平瓦房内挂着各种捕鱼用的网）以及男耕女织馆（馆内陈设有各种各样的耕种用的农具、旧时磨谷物用的磨具以及织布的纺织机、纺纱框等），展览陈列馆反映着渔业生产过程，让游客在体验农业生产过程中感受渔文化。

二、休闲农业游乐创意项目

1.针对景观欣赏性，开发赏玩类项目

休闲农业景观可分为自然景观、人为景观、自然和人为相融合景观三大类。

自然景观指具有“农”韵味的田园乡土景观，其区别于城市的高楼耸立、车水马龙，相反，农村独特的自然给人一种闲适、放松的亲切感。自然景观的范畴很大，如“绿树村边合，青山郭外斜”的山水景观，不同于城市人工湖泊、人造假山的约束感，老一辈开拓的水渠、水沟，大自然赋予的自然河岸、山川等，都能给游客一种自然贴近感。“小荷才露尖尖角，早有蜻蜓立上头”的动植物景观，不同于城市规则绿化带、圈养宠物的秩序感，田野间、小路边随处可见的狗尾巴草，散养的农畜、自由穿梭的蜻蜓等，都能给游客一种零距离接触感。“明月松间照，清泉石上流”的天地景观，不同于城市污染天空、水泥路面的沉闷感，深邃广阔的夜空、泥土香味的农田等，都能给游客一种轻松感。

人为景观指商家为了某种商业目的而建造的欣赏景观，其目的可以分为展览宣传、文化感受、获取经济效益等。常见的以展览宣传农文化为目的的有各类农业嘉年华、主题创意园等；以传播文化为目的的有剪纸、雕塑、刺绣、曲艺、绘画、服饰等；以获取经济效益为目的的有商业产业链的开发等。其中，农业嘉年华又可分为关于植物、动物或两者相结合的活动；主题创意园又可分为动植物观光类、科技示范类、生态农业类等；商业产业链又可分为实用物及废弃物的商业价值体现。

自然和人为相融合景观指将自然景观和人为景观根据不同的目的进行随意地合理搭配，从而丰富景观的欣赏性。如“科技+动植物”类型，借助科技手法、栽培理论，如将嫁接、转基因、克隆等手法应用于农业领域。例如采用基质和水培等先进的栽培技术，采取立柱式、墙壁式、牵引式等立体种植方法种植各种蔬菜，形成“蔬菜树”“水上菜”等奇特景观。又如通过嫁接技术培养特大南瓜、方型西瓜、特种颜色花卉、饲养袖珍宠物以及其他具有特种品质的农产品等；“手工技艺+农产品”类型，将编制、雕刻、陶艺的等手工技艺与农产品巧妙结合，制作成精美的装饰艺术品。例如将造型编织技艺以稻草元素来表现。最常见的有稻草人、形态各异的稻草工艺品、稻草装饰品、稻草编织物等，既可作为一种商业物品，又可加深农家氛围，最重要的是形成了新的文化——稻草文化；“美术+天地”类型，将农产品作为材料应用到绘画美术领域，把固有的水彩、画布改变为农作物、农田形成农村特有的庄稼画。例如以美国梵高的名画《向日葵》为脚本创造出的8万多平方米的庄稼画，4万多平方米盛开的向日葵组成画中的葵花，蓖麻组成花瓶，大豆组成台布。自然与人为相融合景观的范畴最大，选择搭配性强，能够达到最大的创作效果。

2.针对娱乐参与性，开发体验类项目

现如今，最为普遍的采摘果蔬、泛舟垂钓、体验田间野趣已满足不了游客对自然亲近的渴望，然而在原有的有限区域内，诸多条件因素约束农家开发出新的娱乐体验项目。其解决方法就是在原有的基础上深层挖掘项目新的创意价值，即可分为“以单改多”“由废变用”“从零到壹”的三种对策。“以单改多”指对于一些只利用单个方面用途的物品，扩大其使用范围领域，增加多变的体验过程。如农产品主要用于直送、零售或是内部食用，游客采摘之后除了直接打包回家就是将采摘的果蔬作为稍后餐饮的原材料，而新一层的价值可表现为让游客亲自制作农产品对应简单的加工成品，像鲜榨果汁、自酿葡萄酒等；“由废变用”指对于一些原本作为废弃物的物品增加其使用价值，变成可创造经济效益的新物品。如由于一些农产品的自身周期性问题，到了某一特殊时期，一大批质量较差的果蔬无法作为市场消费物用以供给，只能面临被丢弃或成为饲料的命运，商家可举办该类果蔬的拼盘大赛，虽少了食用功能却在原先不能使用的状况下拓展出了新的体验功能；“从零到壹”指对于一些曾经没有体验价值或不敢尝试体验的物品，赋予适宜的体验性，增加体验对象的丰富度。如对于一些大型果蔬，像南瓜、冬瓜等，先前没有采摘的先例，现在可以让游客自行挑选后进行随意的果皮DIY雕刻体验等。

3.针对文化感受性，开发科教类项目

将创意农业园区当作一个教育大课堂、一部农业百科全书，使消费者从中认识自然、认识人类进步的历史、了解城乡关系，树立正确的价值观和人生观。针对一些从小生活在城市中的孩子，将科教类项目分为寓教于体验、寓教于审美、寓教于娱乐三大类型。其中“寓教于体验”指住农家屋，干农家活，吃农家饭，享农家乐。如对于一些城市学生群体，学校组织在有小型军事拓展基地的农家乐里，体验一把挖地瓜、拔野菜、耕地播种等做农活接地气的乐趣，锻炼意志力的同时也达到教育新一代珍惜粮食，尊重劳动阶级的教育意义。“寓教于审美”指品艺术氛围、察自然规律、探生物精髓等审美认知。如一些当地农民穿着服饰上的纹理图案、色彩搭配、材质尺寸等都是具有一定的美感，欣赏具有一定民族特色的复古中华服饰时，可也考虑色彩学、比例数等方面的问题。“寓教于娱乐”指在玩中学习，在玩中沟通，在玩中成长。如父母带着自己的孩子一起做简单工艺品、陶艺等，在动手玩乐之中一方面增进家长与孩子的亲密度，锻炼孩子从小的动手能力，另一方面还可以把成品作为纪念品带回家构成日后成长的美好回忆。

三、休闲农业游乐创意方法

（一）利用美学创意，打造农家特色景观

1.自然景观元素的美学创意利用

自然景观元素主要有山、石、水体、天空、乡土植物及各种家禽等，每一种景观元素均蕴含了一种农业文化内涵，这些景观元素的利用能够营造出一种回归乡土的环境氛围，并契合农业文化给人一种回归自然的感受。

（1）地形地貌

以农业文化为创新基础，丰富地形地貌的景观内容，例如仿照意大利的台地园风格对地形的处理进行景观创新，将游客从平面的农家乐游憩带到三维的空间游憩，提供另一个观赏农家景观的角度；或将科技元素融入其中，让科技为农家乐地形地貌的景观创意开发注入活力，带来经济效益，如将富有变化的地形地貌与过山车相结合，以此开发过山车观赏农家乐景观的娱乐项目；对于过山车的形式也可结合农业文化进行开发创意，例如过山车的材质可使用木质材料，体现自然的特色，以便使之融合于整个农家景观中。

（2）叠石造山

叠石造山是中国古典园林常用造园手法，是一种还原自然的设计形式，石头的自然美体现在瘦、漏、透、皱等特点上，一般与植物水体结合，体现一种“移天缩地”的自然哲学与人文愿望。若是照搬进休闲农业园区，会不太符合农家主题，但可将假山的自然美特点与农业文化中的自然性相结合，创意出符合农家乐景观特点的假山，打造出极具农家特色的景观。此外，还可结合农业文化，在游客亲自感受石头的体验功能上进行创意开发，如做成农家石磨，让游客体验磨面劳作的快乐，感受农家真正的原始态生活，或是石铲、石锛、石锄、石镰、骨镰、穿孔半月形石刀、石磨棒等农业生产工具，让游客去体验各种农耕劳作，感悟工具中蕴含的先人智慧，体味最真实的农家生活。

（3）天光云影

白天有白云、太阳，夜晚有月亮、星星，这些自然景观元素，本身就具有极大的审美价

值，对于在天空的景观美学创意利用上，若是能将这些美学价值与农家乐文化结合进行创意开发利用，并落实到景观功能体验上，将能更加富有乐趣地打造农家景观。如对白天天空的创意利用可结合家禽（鸽子），可在园区中养殖一些白鸽，让游客喂养，这不仅让游客亲身体验农家喂养家禽的快乐，也可带来一定的经济收入，以美丽的天空为背景，飞翔的白鸽亦是一道具有生命活力的生命景观，是天空中一道变化的景观，不仅为农家乐注入生命的气息，也为景观的丰富与创新增色不少。

在白天天空的景观美学创意利用上，还可对天空中其他的自然元素进行开发，例如太阳，太阳能是农业得以发展的源泉，一切农作物的生长都离不开太阳光，现代社会提倡农业绿色可持续发展，对清洁能源的开发利用会促进循环农业的发展，亦是今后农业发展的重要方向，因此，可利用太阳能对农作物的光合作用过程，打造出一个模仿的景观模型来展示这个过程，这样不仅可加深诠释农业文化，还起到科普教育作用，从而吸引更多的游客。

对于黑夜天空的创意开发，可开发出一片观赏夜晚星辰的草坪，利用一些具有农家特色的元素，比如稻草，搭建一个观景平台，或是一个帐篷，让游客能够亲身体验儿时的快乐，或是把农家元素经过艺术处理，创造出一些具有农家文化的景观小品，不仅符合农家乐的景观审美标准，亦可提供功能用途，还能传达农家真实的生活气氛，既有趣，又赋有艺术性，还传达农业文化及农家精神。黑夜的星空是美丽闪烁的，是充满浪漫奇幻色彩的，更是会让人们冥想安静回归生命的；夜里是游客们放松自己最美好的时刻，黑夜过后是黎明，这是一种花未全开月未圆的禅宗境界，人们满怀对未来的期待，内心满是希望，若是能够在农家乐里让游客们通过体验释放这种希望，将是一种让人不能忘怀的记忆。此外，夜晚还可让游客做农家的纸灯笼，放装满希望的孔明灯，或是种芦苇让游客抓萤火虫，提供一个让城市游客可体验的、富有乐趣的农家夜生活。

(4) 江河湖泊

江河湖泊是水元素的主要存在形式，在景观打造中，水元素的利用可让景观更加生动、富有灵气。如建造了水上餐厅，将吃饭和赏景融合在一起，让游客仿佛置身水上观景。在水域景观的美学创意打造上，可结合农家文化修建一个景观景点来传达，表达农家的生活生产方式，或是开发一些娱乐项目，例如水上游艇，以满足游客近距离亲近水的天性，还可借鉴乡村自然的水体存在形式，开挖一些浅水域的湖泊，让游客可以在水中玩耍。此外，也可开发钓鱼的娱乐项目，在钓鱼的方式上进行创新突破，提供不同类型的垂钓方式，让不同年龄阶段的游客有着多种不同的选择，甚者让游客亲自到水中抓鱼，在水中嬉戏玩水，体味真正淳朴自然的嬉水体验，这些娱乐项目的开发是将景观的功能与美学相结合的利用。

(5) 乡土树种

在休闲农业园区的景观打造中，最能体现农家景观美学创意利用的还是对乡土植物的利用。乡土植物的利用不仅能够营造比较稳定的环境，也能反映一种本土的农家气息，创造出富有自然气息的农家乐景观。在休闲农业园林景观打造中，利用较多的是乔木和灌木，其中常绿和落叶相互搭配，这些植物在上海的自然植被中扮演着重要的角色，在植物配置上带来的美学价值也非常大。例如在上海一些农家乐中，将香樟与银杏种在一起，香樟是常绿树种，银杏是变色落叶树种，两种树种的搭配种植，可告诉人们季节的变化，让人们从大自然中获知季候的变化。在休闲农业园景观打造中，对于乡土植物的利用可通过植物配置，搭配不同花期、不同花色的植物来体现大自然的美，从而契合农家景观打造的特色。同时，每一种乡土植物都有着自身的文化内涵，如梅、兰、竹、菊在景区中种植不仅能为景色增添，也为景区种上了一种文化特色。

2.人造景观元素的美学创意利用

人造景观元素是景观元素中的硬质元素，主要为休闲农业园区中的建筑及景观小品。农家乐中的建筑多为朴实的风格，应多结合当地农家文化的农舍建筑风格和建筑结构，突出农家氛围与特色，突出实用的特点。农家建筑多以砖瓦结构为主，在建筑材料可多使用稻草或是木板，用石头取代水泥砖石材料，在建筑形式的表达上，可多以自然风格为主，减少太过僵硬的直线条建筑。为吸引眼球，需结合农家文化，在小品艺术形式上进行创意开发利用，例如上海人然合一生态园的入口门卫室，采取树根的外形创意利用，不仅具有极大的艺术观赏价值，并起到提示主题的作用。在硬质景观选材上，特别是小品材料选择上，应多以农业或农村生活常用材料为主，比如用木质材料或石头等天然材料来营造农家景观。例如，上海申隆生态园的园门设计采用石头为材料，这种景观的创意设计，不仅给人自然的感觉，也符合农家特色景观的打造原则。在对硬质景观的创意利用中，还包括对各种材质雕塑的利用，例如根雕、石雕，可将这些根雕布置成为一个观赏的农业创意艺术园区。

3.农业文化的景观美学创意利用

农业文化是休闲农业园区景观的灵魂，亦是休闲农业园区在美学创意与开发利用上的核心，只有通过富有创意的艺术形式对农家文化进行诠释与传达，才是真正表达富于内涵的景观美学创意利用，从而让游客感受真正的农家文化，体验农家生活。

(1) 文学故事

在景观美学上的创意利用主要是结合文学故事进行开发。例如上海申隆生态园中的八仙种树乌龟岛，位于银杏大道北侧的乌龟形人工岛上，表达了八仙飘然下凡的故事，湖泊中的岛以两个类似圆形的陆地组成，小圆代表乌龟的头，大圆表示乌龟的身子，在乌龟身上有八仙的雕塑，在周围湖泊中种满了荷花，富有南方农家的气息。还有某农家乐餐厅设计，将《西游记》中猪八戒在高老庄发生的一系列故事作为一大文化元素融入到农家乐饮食餐厅设计之中，通过农家乐的餐厅设计作为传达故事的载体，不仅吸引顾客，也呼应了主题高老庄，让游客深刻体会到高老庄要传达的文化。通过文学文化将游客引入农业文化中，富有创造力，通过对文学意境的再现来引导游客了农业文化，是对农家乐景观美学创意开发利用的延伸。

(2) 风俗习惯

农业文化中的一些风俗习惯，如村野文化内容中依据天时地利进行农耕劳作，讲究食物为重、讲究祭天、讲究宗法观念的村野习俗等，这些都体现了不同地域的历史文化特色，这些文化是对休闲农业园区景观进行美学创意利用的灵魂与核心，为景观美学创意利用注入了更多内涵，也为游客增添了更多乐趣。例如一些风俗习惯可用在景观美学的开发利用上，用不同的景观小品或是其他的景观元素来诠释与传达给游客，或是对一些极具前人智慧的农具进行创意开发利用，把这些农具打造成艺术化的景观小品在农家乐中展示，还有一些具农家特色的婚礼仪式、祭祀仪式以及服饰等都可进行景观美学上的创意利用，通过不同的景观形式来展现。

(3) 文化特性

在休闲农业园区景观开发中，要更多地挖掘出农家文化特有的内涵以及与之相关的美学价值，并联系休闲农业园区的主题进行创意利用，通过不同的艺术形式来传达。例如在确定主题上，可把文化中的质朴性作为主要景观打造风格；可结合农家文化的情感性进行创意利用。如人们对粮食作物的喜爱，可把这种喜爱结合农作物进行创意开发，通过艺术景观的打造来传达；如在美国的大型农业玉米生产基地，收割机在收割农作物的时候，以大地农作物作为画板，创造出赋有艺术性的图形；如神秘的麦田圈就是一些大地造型艺术家通过农作物进行创作的，传达了人们对农家文化的热爱，也是对大地农作物的再创造。

另外，休闲农业园区文化的概念策划需要开辟独特的创意视角，需要将景观文化资源的核心价值凝练出来，并利用园区特有资源及技术等要素进行创意，寻找卖点，制造亮点，进而从文化内核上突破景观同质，寻求旅游消费者的文化认同。例如，合肥肥西老母鸡家园基于依托合肥肥西县家禽养殖的特色农业产业文化、老乡鸡餐饮企业的品牌文化、当地关于肥西老母鸡的民俗文化、紫蓬山风景区的旅游文化等相关资源优势，通过准确的文化定位与概念策划，塑造了“鸡文化”景观主题特色。园区一期建有卯日星君广场、斗鸡场、观鸡台、鸡趣博览室、养鸡园、鸡宝宝乐园等特色景观序列，旅游者通过观鸡、斗鸡、捉鸡、吃鸡、购鸡等多种体验方式，充分感受园区的景观文化特色。

(二) 强化特色，充分挖掘农产品及特色农产品的使用价值

强化特色意识，突出休闲农业游乐中的“农”家特色。针对农产品品种丰富度可以采取两个措施。一是专门打造某一农产品，增加其品种类型并充分利用使用价值如上海赵屯金瓶农庄中引进日本丰香、章姬、红颜、甜查理、久香等多个草莓品种，增加种类数目延长参与时间。金瓶农庄为了更突显草莓价值，除了引进不同的草莓品种、让游客感受到草莓采摘的喜悦并品尝优质的草莓这些基本农家乐惯有的吸引游客的手法外，同时还特地增加了让游客亲手将采摘的草莓现场做成草莓汁或酿造草莓酒的环节；二是增加园内农产品种类数目，使产品的生产季大致连接，不至于存在长时间淡季问题。如可按照季节性果蔬的成熟特点，于

四季分别种植相应果蔬。

（三）充分利用文化创意，开发各类节庆活动

主要指在农业生产活动中形成和开发出的节庆活动，是体验式和消费式结合的农业创意产品，常常兼具吃、玩、赏、教等多项功能。通过各类农业节庆活动的组织，在内容和形式两方面对农业文化进行创意提升，掀起旅游农业的高潮的同时又促进农产品的市场销售。其主要文化节庆类型如下。

1.农作物类节庆

主要为各类花卉节庆、水果节庆、蔬菜节庆，谷物节庆等，如上海奉贤菜花节、上海白鹤草莓节以及各地的葡萄节等。

2.动物类节庆

以某种动物为主题，开展农业节庆活动，如各地的螃蟹节，品尝阳澄湖大闸蟹等。

3.民俗文化类节庆

农业民俗不仅是一个地区在历史积淀中形成的农业文化，农业民俗是指一个民族或区域在长期的农业发展中所形成的生产生活习惯风尚。它包括农业生产习俗、农村生活习俗、乡村岁时节庆习俗、农民礼仪处世习俗、农村游艺竞技习俗和社会组织习俗等。

4.综合活动开发类节庆

综合活动节庆开发，涵盖了农业活动的多方面，如上海农业嘉年华，农耕文化节等。

（四）充分利用数字技术，使游乐得到全新体验

数字视觉创意服务运用了全息投影、幻影成像、电子沙盘等最新展示技术，具有极强的视觉冲击力和展现力，能更好地展示休闲行业的整体服务水平和质量。全新数字技术可以通过深度挖掘文化内涵，创新文化体验模式，建立内容丰富、游览紧凑、结构合理的游憩结构，形成独特的文化观光和文化休闲吸引力。数字视觉创意服务作为一项综合技术服务，其运用十分广泛。具体到休闲农业园区来讲，可以逐步采纳和运用的方面主要包括：园区形象宣传推广、互动游乐体验中心打造、景区电子导览系统、3D/4D 影院、旅游演艺、数字展厅、全息幻影成像、互动桌等互动项目等。

第三节 休闲农业游乐创意的案例

一、乡村嘉年华简介

乡村嘉年华的游乐是由十多种自主创新的游乐项目集合的主题游乐群。是为重庆北碚的乡村嘉年华策划设计的农事体验游乐项目。以巴渝地区的农事活动和农耕文化为题材，经过创意设计成为农家情趣的游乐项目。有精彩的娱乐性，能给游客带来模拟体验农事活动的趣

味性，整个活动区要有美丽的农家景象。

二、乡村嘉年华的主要项目

1.粮仓打老鼠

这是由游戏机“打鳄鱼”演化过来的游戏。建两个不大的圆形的粮屯，粮囤底下有十几个方孔，每个方孔中都有绘有鼠形的板条伸出或缩进，就像老鼠出没在粮仓。游戏者举着橡胶锤，绕着粮囤追打出洞的老鼠，动作慢了，老鼠又缩回洞里去了。每次打着一只老鼠会自动累计数字，在一次定时游戏中，看你打到了几只老鼠，按成绩可评分计奖。模拟的粮仓可以建两个或三个粮囤。

2.奇异果树

奇异果树是一项猜想游戏，用人工的方法塑造出一棵仿真的果树，树上长满了红苹果、青苹果、黄苹果、大鸭梨、柑橘、桃子、李子等水果。色彩鲜艳，满枝果实，都是用彩色塑料造型的，里面装有灯泡。就在这棵果树上，猜一猜，你会碰到什么呢？是红苹果的灯亮了，还是大鸭梨的灯亮了；多种猜想结果，都由电路分别连接到控制盘上，并且不断地自动变换连接的线路。假如你猜想按钮 1 是红苹果，但当你按下按钮时，发现红苹果没有亮灯，却来了青苹果，猜想游戏就失败了。整个游戏用光电控制，把“猜猜看”的游戏变得生动活泼。

3.瓜棚迷宫

“瓜棚迷宫”是按预先设计好的迷宫阵形原图，包装成农家的蔬菜瓜棚，搭起的一排排瓜架，瓜架上挂满了黄瓜、丝瓜、苦瓜、南瓜、冬瓜等，虽然都是人造的仿真蔬菜瓜果，但却表现出了一派农业丰收的景象。同时，瓜棚又成了一个变化莫测的迷宫。游戏者在迂回曲折的迷宫瓜棚中摸索探寻，激光控制系统将监视你行进时通过的每一个棚间路口，当你在迷宫中走错路线时，系统会亮灯示警，语音系统还会向你发出警告，两次警告就被判输出局。胜利闯出瓜棚迷宫者会听到祝贺并获得奖励。瓜棚迷宫可以通过控制设在瓜架间各个路口的激光监视系统，达到改变迷宫阵形的原图，使一个瓜棚迷宫能变出多种新的阵形来，让游客玩了还想玩，不断地重复消费。瓜棚迷宫的造型本身又是一个很美丽的田园景观。现代迷宫游戏大多是用各种电子信道门、激光控制器、路径选择器、IC 和 IC 卡读写器等实行游戏的“变阵”，用投币启动游戏的收费方式，游客很容易玩迷宫玩上了瘾。

4.快乐水车

这里设置的水车是一种以水为动力，推动水车转动的装置。游戏者启动游戏后，水槽中就会有水流出，水流冲击水车，使水车开始转动。在水车转动过程中，自动有音乐响起，当音乐停止时，水车必须在规定的转角范围内，游戏的成败要看停位准确，同时还要比较水车转过角度最大为最好。游戏者必须控制水槽中的水流，既要让水车多转角度，又要掌握水车的停车位置，做好并不容易。

5.游戏纺车

在木制纺车上进行模拟纺线的游戏比赛也是十分有趣的。游戏者在开始时可以领到一只绕线的筒管，通过摇动纺车，把筒管上的纱线缠绕到纺车纱锭上的空筒管上。游戏给的时间是5分钟，看游客在5分钟内能完成纺线多少。在空筒管上装有计数器，记录下定时纺线的成绩。如果急躁求快，纺纱时容易断线，发生断线就必须完成接线后重新开始纺线，否则就算违规出局。游戏现场根据情况可以设立多台木制纺车，大家一起来参加纺车游戏会更加生动，更有情趣。

6.舂米

舂米是一项农家的稻米加工工艺，人们手持木棍，用力捣击石臼中的稻米；也有用脚蹬动杠杆式的舂木，稻米在石臼中被粉碎。游客在一次又一次的用力舂米，当木桩捣向石臼的底部时，安放在底部的传感器把力量数值传到了显示屏上，显示屏把力量值和捣米次数转换为舂米完成了多少公斤的面粉，并告诉游戏参与者获得的成绩。舂米游戏活动的周围完全是农家的室内环境。

7.激光打野鸭

借用“激光狩猎”游戏项目，改装成“激光打野鸭”。在一个水塘里，放置了若干只用硬塑料制作的野鸭，在水面上浮动。“野鸭”的身上装有一个激光感应器，可以接收激光枪发射出来的激光信号。“野鸭”的体腔内，装有充电电池、闪光灯和音乐。当激光枪射中野鸭身上的感应器时，“野鸭”就会鸣叫，发出闪光。游客可以在一定距离的围栏外持枪射击。看谁能最快地射中“野鸭”。“野鸭”被射中后，鸣叫和闪光将持续10秒，10秒后又恢复原状，可以继续作为射击目标投入游戏。

8.打麦场

这是一块模拟的打麦场。在模仿农家场院的地上有一块块橡胶地垫，地垫上绘有一堆铺在地上的麦穗的图形。游客挥动打麦板，在空中转圈摔打地上的“麦穗”。麦穗图形的地垫下面装有一个力量记录仪，记录下每次打麦的力量和规定时间内击打的次数。测力记录仪对一次次击打的力量进行自动累计，最后按规定时间内的打麦次数和力量累计，评定游客的“劳动成绩”。游戏可以通过投币启动，定时结束。

9.推碾子

碾子在农村劳动中用得很广，是用于谷粒破碎和压碾的农具。这里设置的是一个大磨盘和在磨盘上滚动的石碾子，游客用力推动碾子围着大磨盘绕圈旋转，进行着模拟推碾子的农事劳动。圆柱形石碾的端面上安装一个记录器，可以很容易地记录推碾的圈数和时间，并且把测到的数据传输到电子记分显示牌上，这就是游客推碾比赛的成绩。

10.推磨

推磨和推碾子的游戏方式基本相仿，都是农事劳动中的压碾工把测到的数据传输到电子记分显示牌上，这就是游客推碾比赛的成绩。推磨和推碾子的游戏方式基本相仿，都是农事劳动中的压碾工具。运动方式不同，计数方式和电子记分显示方法基本相同。值得提醒一下的是，石磨、石碾应随时保持自动上料，避免推空磨而损伤石磨。

11.绿色蔬菜运重庆

这是由模拟驾驶汽车游戏变化而来的电子互动娱乐项目。游戏者坐在汽车驾驶室里，汽车风驰电掣般地飞奔在曲折的山路上。游戏考验着游客“驾驶”的熟练技巧和谨慎的操作动作，保证送菜的汽车一路畅通地到达重庆。游戏紧张激烈，面对大屏幕上不断变化的路况，多拉快跑，安全运送。这项游戏很有挑战性，又十分像农村运菜的景象。

12.鸡鸭成群

这是一项辨别声音的游戏。在农家的围栏里，混杂一起地养着一群鸡、一群鸭，共有三四十只。这些鸡鸭都是按照1∶1的比例仿造的，在它们的体腔内都放置了模仿鸡鸭鸣叫的音片和喇叭，控制系统可以令这些或那些鸡鸭鸣叫或不叫。在围栏外的游客凭灵敏的听觉来判断哪些鸡鸭在叫，哪些鸡鸭不在叫。鸡鸭身上都编了号码，以便于指认。指认的编号用按键表示“确定”，指认“正确”或“错误”会自动显示。

13.收割机

“收割机”是按照农田收割庄稼为形象题材而设计的游戏项目。游戏者操纵游戏机上的方向杆，仿真驾驶一辆在屏幕上的履带式收割机，在一块麦田里收割。在屏幕上可以看到每当收割机上的“收割臂”经过麦地，麦秆就会一片片地倒下，游戏者要巧妙地选择用最短的时间、最合理的行进收割路线，收割完整块麦田。收割机只能让“收割臂”划过麦田，不能将车身部分开进麦田或碰到麦田。这是一项需要动手又动脑的快乐游戏。

14.脚踏水车

两台木制的脚踏水车安装在水边，水车可以单人或双人蹬踏抽水。在规定的时间内，经过奋力蹬踏水车，把水抽到岸上的一个小水缸里，能按时抽满的获得成功，不能按时抽满的为失败。缸内水满之后会自动放水，流回到大水池里去。木制脚踏水车的制作不难，设计一套记录时间、水量和自动放水是关键，可以使游戏自动地顺利进行。

思考题：

1.根据所从事游乐活动的内容或对象，游乐可以分为哪几类？

2.休闲农业游乐元素如何分类？怎样针对其设计游乐创意项目？

3.休闲农业游乐创意方法有哪些？

4.举例说明乡村嘉年华的主要项目有哪些？

第七章 休闲农业文化创意

第一节 休闲农业文化创意概述

知识经济时代的来临，使未来的社会以史无前例的速度变化着，休闲也将成为人类生活的重要组成部分。它将带来两个变化：一方面人们的生活方式、工作方式发生了很大的变化，在提高效率的同时，人们也将有更多的闲暇时间；另一方面，随着经济全球化、网络化的到来，文化之间的相互融合相互渗透也会在越来越多的方面体现出来。在这种情况下，人们的休闲需求、休闲价值观、休闲方式都在潜移默化地发生变化。

文化是人类在历史社会发展过程中所创造的物质财富和精神财富的总和。农业在发展中产生了文化，文化发展又推动了农业进步。人生活于文化之中，《周易》说："观乎天文，以察时变；观乎人文，以化成天下。"这说明了文化对人们生活的重要性，文化确实是人之所以成为人、人类之所以成为人类的根本标志。

农业文化是在特定的社会文化环境中进行的，中国农业几千年的发展史，孕育和造就了中国特色的社会文化，农业文化作为社会文化的重要组成部分，是同农业生产活动相伴随的客观存在的文化因素，是农业生产领域不断拓展的产物，在农业生产活动中，行为是观念与思想的表现，而观念与思想又是文化的结晶，农业是农业文化的物质载体，不同的农业生产活动形成不同的农业文化。

一、休闲农业文化创意内涵与特点

（一）休闲农业文化创意的内涵

休闲农业是农耕文化和农村传统文化的物质载体；休闲农业文化，是人们在农业休闲生产实践中创造出来的与农业有关的一切物质文化和精神文化的总和。内容可分为农业科技、农业思想、农业制度与法令、农事节日习俗、饮食文化等。其发展可分为原始农业文化、传统农业文化和现代农业文化三个阶段。在中国农业文化发展的前两个时期，即原始农业文化和传统农业文化时期，可统称为农耕文化时期，或古代农业文化时期。

农耕文化，是指农民在长期农业生产中形成的一种风俗文化，以为农业服务和农民自身娱乐为中心。中国的各民族大多为农耕民族，农耕文化丰富悠久。各民族的农事活动，既是农作的劳动过程，又体现出独特的文化特色。农耕文化集合了儒家文化及各类宗教文化为一体，形成了独特的文化内容和特征，其主体包括语言、戏剧、民歌、风俗及各类祭祀活动等，是中国存在最为广泛的文化类型。

任何一种文化创意活动，都要在一定的文化背景下进行，但创意不是对传统文化的简单复制，而是依靠人的灵感和想象力，借助科技对传统的再提升。文化创意产业属于知识密集型新兴产业。文化创意产业具有高知识性特征。文化创意产品一般是以文化、创意理念为核心，是人的知识、智慧和灵感在特定行业的物化表现。近年来，文化创意产业与信息技术、传播技术和自动化技术等的广泛应用密切相关，呈现出高知识性、智能化的特征。文化创意产业具有高附加值特征。文化创意价值中，科技和文化的附加值比例明显高于普通的产品和服务。

休闲农业从业者为了满足游客日益增长的文化需求，挖掘历史、文化和资源优势，以农业为主体，将农业资源优势和当地乡村文化，历史沉淀等有机结合起来，形成了独具特色的休闲农业文化创意。

（二）休闲农业文化创意的特点

我国是一个农业大国，有着几千年丰富灿烂的农业文化。得天独厚的资源条件，天然的山山水水是发展休闲农业的物质基础，乡土性、休闲性、生态性是农业文化区别其他文化的核心特点。

1.乡土性

乡土性是休闲农业文化的底色。乡土性不是落后性，是一地域的人们在历史中形成沉淀下来的地方特色。乡土性源自传统农业生产，包含了环境恬静、民风质朴、形式多样、历史悠久等文化性格，这种乡土文化是城市文化正好欠缺的优点。富有特色的食品、乡间音乐、浓厚的历史与文化积淀使人们远离都市嘈杂，抛却生活烦恼，在遁迹山野、驻足农庄的潮流中，与自然完美和谐共处，而散发着古朴、历史与文化气息的农村，更能让游客沉醉其中，流连忘返。

2.休闲性

休闲性是休闲农业文化的主要特征。农村、小城镇恰恰能提供休闲的、慢节奏的、体验式的文化消费，满足被快节奏生活方式导致身心疲惫的城市人的特殊需求，使其身心获得休憩。除了传统的垂钓、骑自行车、野地散步、划船运动，爬山练习等，还可以吃农家饭、住农家屋、摘农家果、干农家活、谈农家事、帮农家富，让都市人体验耕作乐趣，缅怀田园生活、品味农业情调。

3.生态性

生态性使休闲农业文化具有持久生命力。农村的自然景观未被破坏，山、水、民居、人文景观、各类产业与环境和谐配置，再加上安全卫生的地方特色饮食，给人以回归自然的感受。自然的农村景观、敦厚的农民、简朴的乡居生活、优美的环境、清新的空气、宁静的空间，有利人们调剂身心及养生保健。保持和发掘这三种农业文化特质，将是休闲农业持久生命力的源泉，也是获得市场认可的法宝，因为这样的文化符合现代社会人的全面发展需求。

二、休闲农业文化创意的功能

1.经济功能

经济功能主要表现在为社会提供带有农业文化产业性质农副产品，以价值形式表现出来的功能，是农业的基本功能。其中心作用是满足人类生存和发展对食品的需要，还有以依托农业文化传承提供服务获得的、不可估量的经济价值，对国民经济发展起基础支撑作用，其经济功能还表现在为实现国民经济协调与可持续发展的作用上。

2.教育培训功能

农业资源不仅展现自然美，为人类体验生活之乐趣创造了客观条件，而且它本身也是最宝贵的教育素材，具有极其重要的教育意义。通过现代休闲农业旅游的开发，使一些农村特有的乡土文化及许多民间工艺得到延续发展，并创造具有特殊风格的农村文化。同时随着现代化的高新技术进入农业，现代休闲农业园区不仅能使游客，特别是从小生活在都市的青少年了解农村、认识农业、掌握作物的常规栽培过程、领略高科技农业的魅力。

3.政治功能

历史悠久的农业文化在保持社会和政治稳定方面作用巨大。从很大程度上讲，它的文化底蕴决定了社会地位；农业生产方式决定了社会组织制度的样式；农业文化发展的好坏直接关系到中国绝大多数人的切身利益，在很大程度上影响他们的政治选择；同时，农副产品还是国家的战略储备物资，因此农业文化具有重大的政治作用。

4.生态功能

生态功能主要表现在农业文化对生态环境的支撑和改善的作用上。农业文化各要素本身就是构成生态环境的主体因子，因此，农业文化的功能可直接表现为生态功能。农业的生态功能，对农业经济的持续发展、人类生存环境的改善、保持生物多样性、防治自然灾害，为第二、第三产业的正常运行和分解消化其排放物产生的外部负效用等，均具有积极的、重大的正效用。

三、休闲农业文化创意类型

中国是一个有着悠久历史的农业大国，文化资源十分丰富。主要包括民族文化、异域文化、乡土文化、民俗文化、农耕文化、农事节庆文化、饮食文化、植物文化等。农业文化，是指农业生产实践活动所创造出来的与农业有关的物质文化和精神文化的总和。如农业科技、农业思想、农业制度与法令、农事节日习俗、饮食文化等。

文化赋予自然资源以精神内涵，农业与文化有直接而密切的联系，休闲农业无论是其外形还是内涵，只有突出这种不同的文化特点，才能吸引广大旅游者。对每个进入休闲农庄的游客来说，不仅仅是享受和观光，而且是在接受某种文化的熏陶与影响。因此，文化在休闲农业中以各种形式体现它的重要性。主要类型如下。

1.民族文化创意

民族文化代表着一个国家、一个地区的社会文明进程。中国是一个有着五千年历史和56个民族的文明古国，我国民族文化旅游资源种类多、层次多，不仅有许多古代、近代的文化遗存，如长城、故宫、秦陵兵马俑等；而且还有许多新的文化景观，如名人故居、纪念馆、现代大型建筑物等，这些景观反映了中华民族从远古走来的足迹。许多特色文化艺术，如书法、绘画、戏剧、武术等，都体现了民族文化的丰富内涵。此外，中国民族众多，各民族的文化都有自己的不同发展历程和特点，在漫长的历史长河中创造了灿烂的民族文化，形成了独特的风土民情和奇风异俗。仅各种传统节日，就有汉族的元宵节、清明节、端午节、中秋节、重阳节等；藏族的有浴佛节、雪顿节；苗族的“赶秋”；彝族的火把节；壮族的歌墟；傣族的泼水节等。还有云南大理白族的“三月街”，贵阳苗族的“四八月”，内蒙古的“那达慕”，云南丽江的龙王庙会等许许多多深受中外人们喜欢的民俗节日，流行于我国农村的踏青春游、龙舟竞渡、赛马、射箭、赶歌等多种活动，都突显了我国具有浓郁的民族文化特色。

2.异域文化创意

不同的地方有不同的风土人情，而人们除了观赏自然风光以外，还对不同地区的居民、民俗有着强烈的求知、体验欲望。世界历史悠久，民族众多，民俗风情多姿多彩，旅游者在徜徉山水、流连古迹之余，总是喜欢对异域风光的欣赏，从而使异域文化对游客有很大的吸引力。

我国的文化旅游资源之所以能满足不同游客的需要，并吸引世界上各种各样的游客，这与我国丰富的文化有关。我国的自然旅游资源与文人景观有着紧密的联系，众多以自然景物为特色的游览区，都有着不同文化背景和深刻的文化内涵，有着鲜明的地域特色，形成区域的典型主题及景区的特色文化，如云南、新疆、西藏、内蒙古的少数民族风俗，北京、秦川地区的文物古迹等。

3.乡土文化创意

乡土文化是一种相沿成习的文化意识所体现出的与众不同的形态。如渔船的龙鱼形貌、傣族人民的竹楼和土家族人民的吊脚楼、沿海居民住房的龙檐飞脊等，而这些东西是旅游者了解农村生活方式、民族特点和地方特色的最直接、最直观的材料。旅游者正是通过它们，才“入乡随俗”地较为捷径地触摸到旅游地的文化，才能实现追求文化差异或文化认同，实现审美和自我完善的旅游目的，它满足的是一种高层次文化需求。

4.民俗文化创意

民俗旅游是一种高层次的文化旅游。我国民俗旅游资源丰富，是一座取之不尽、用之不竭的宝库。挖掘民俗文化，提高文化品位，可以满足旅游者的新需求，以充实旅游者的精神生活内涵。随着经济的发展和现代文明的冲击，民俗文化也在发展变异，通过科学合理的开发民俗文化旅游资源，使原本习以为常的民俗成为可以转换成财富的“珍宝”，可以促进形成保存民俗文化遗产的自觉性。同时可以用发展旅游的收入帮助其长久保持、恢复一些已失传的民俗文化，保持民族民俗文化的丰富性和多元性。

5.农耕文化创意

由于地理、气候环境等条件的影响，中华古国传统的社会生产经济形态是农耕经济，农业给古老的中华民族提供了基本的衣食之源，创造了相应的文化环境，也从方方面面影响着中国人的生活。对于以农业经济为主的中国人来讲，自然界尽管有各种突变，但春耕、夏种、秋收、冬藏的生活规律基本上是不变的。

由于受到历史上“以农为本”“重农抑商”思想的影响，中国的农耕文化是单一的种植文化，它区别于西方的农耕文化，是一种“男耕女织”“天人合一”“顺应自然”的文化体系。在这一文化体系中，田园式的生活方式，封闭、庭院式的居住条件，纯朴、自然、和谐的生存环境等成为这一文化体系的基础。随着城市文化进程的加快，人们在生活方式上早已脱离了这一文化环境，然而正是这种状况使人们在休闲中对这一文化氛围的追求更为强烈。如我国传统的牛拉犁、水推磨、石舂米、家织布等设备与技术，无论是外国人还是城市居民都会感到新鲜和奇妙，这也是开发利用休闲农业的有利因素。

6.农事节庆文化创意

古代中国是一个农业国，农桑水利是国之根本，为历代统治者所重视，且许多科学成就，特别是天文历法都与农业有关。岁时节令就是广大劳动人民和历代科学家在农事活动中总结出来的生产规律，农事节庆活动就是在岁时节令的基础上发展而成的。过去祭神、祈雨、庆祝丰收等共同的心理和要求，逐渐使某些具有特殊意义的节气成为约定俗成的最早的农事节日，一些由日月天象变化的特定性形成的民俗节日也产生了：春节、三月三、中秋节、重阳节等。日渐丰富的节日文化成为中国传统文化的一个分支。

7.饮食文化创意

中国是一个讲究美食的国家，而且形成的饮食历史之悠久在世界上也很少见。早在三千多年前，中国的烹饪技艺就已经达到了较高的水平，经过历朝历代的发展相关的饮食文化日趋完善。古老的历史，帝王贵族的倡导，文人墨客的炫耀，经此种种，使我国在物质上产生千味百肴的同时，创造了璀璨绚烂、光耀夺目的美食文化。

中国菜包括地方菜、宫廷菜、少数民族菜和有宗教意味的清真菜、素菜以及保健食品药膳。少数民族的饮食文化对游客有一定的吸引力，比较典型的有：回族的涮羊肉，维吾尔族的手抓饭、烤全羊，傣族的竹烧鱼，蒙古族的全羊席、马奶酒，藏族的酥油茶、青稞酒，白族的生皮、毛驴汤锅等。

8.作物文化创意

古人受到道家思想的影响，认为花木是有生命的活物，具有人的品质，植物因此被赋予特定的人文气质，形成了内涵丰富的文化。在中国传统文化中，竹子象征着虚心谦和、高风亮节、坚贞不屈的操行以及柔韧、孝义精神，成为风流名士理想的人格化身；梅花具有孤芳自赏、冰清玉洁的象征意义，是最为文人赞赏和喜爱的花卉之一；荷花在人们心中的善美形象很深，被赋予"出淤泥而不染、花中君子"的美誉。

我国广阔的领土、悠久的历史、复杂的生态环境，形成了丰富多彩的作物资源和各具特色的作物文化，为休闲农业的开发增添了更为丰富的文化内涵。在休闲农业项目的开发中，茶文化得到了较多的体现，如杭州梅家坞茶文化休闲旅游区、广东梅州的雁南飞茶园、福建漳浦的天福茶博物院等，都是茶文化的代表。我国有源远流长、光辉灿烂的茶学史，茶圣陆羽传奇般的人生经历和他对人类茗饮文化的卓越贡献，一片片香茗中蕴含这无限韵味和丰富深邃的茶学知识，以及丰富多姿的茗茶品种、茗事典故、饮茶器具、古今的茶联、茶诗、名地饮茶习俗等，都有这极为深厚的内涵。

四、休闲农业文化创意的地位与作用

（一）文化具有的教化、激励和导向功能

文化是一种社会资源，文化所具有的教化、激励和导向等功能，在振奋民族精神，增强民族的凝聚力这一面有着极为重要的作用，文化既是民族精神的结晶，也是其劳动力的源泉所在，文化产品和文化设施所承载的文化精神和文化传统，产生了巨大的财富精神，也构成了推动社会向前发展的独特的重要资源——文化资源。

随着现代社会的迅速发展，文化旅游正成为一种倍受青睐、生机盎然的旅游形式，文化是一个地方保持自身特色的决定因素，文化蕴藏着巨大的经济潜能，文化是中国旅游业不可缺少的底蕴和灵魂，是中国旅游业保持中国特色，提高国际竞争力的关键，文化因素对现代旅游活动的影响，将会更加深刻和深远。

（二）休闲农业文化是中国传统文化的根柢

1.农业文化是中国传统文化系统的基础

中国文化是一个以"求善"为目标的"伦理型"文化，而这一特征是与农业文化的基础性、务实性紧密相联的。我国古代社会制度的基础是土地制度，在三千多年前的周朝就基本形成了我国特有的分封制并一直延续下来。周人在击败商人以后，将其子弟、亲属及有功之臣分封到各地，形成以血缘关系和土地关系为纽带的家国一体制度，封建宗法制度开始形成。土地的所有者和管理者是按血缘关系规定的，维持血缘关系历来靠的是世代相传的伦理道德规范，这是最早的农业观念文化之一。为了维护和发展这种规范，封建时代的众多政治家、思想家们花费了极大的精力来论证和阐述它，这就是伦理意识在中国古代社会特别发达、占

有特殊地位的重要原因。

2.农业文化是理解中国传统文化生命力和延续性的钥匙

世界历史上许多古老的文化形态要么中断了，要么彻底消亡了，唯有中国传统文化源远流长，历经沧桑，不仅从来没有中断，而且不断推陈出新，一直具有旺盛的生命力，其原因与农业文化的特殊地位密切相关。中国几千年封建社会的发展中，战乱不止，动荡不息，但是稳定的农业生产方式、社会组织形式、宗法伦理观念始终维系着中华民族的传统和生存。战乱平息，王朝更迭以后，新的统治者自觉不自觉地继续延续着过去的农业文化传统，照搬着前人的土地制度，沿袭着过去的宗法伦理观念，这是维持新的统治秩序的最有效、最现实的途径。每一次社会动荡之后，中国文化不仅没有消亡，而且还向前迈进了一步。可以说，持久、稳定的农业文化，是理解中国传统文化顽强生命力和无与伦比的延续性的钥匙。

（三）农业文化的务实性体现了中国传统文化的价值观和思维方式

中国传统农业文化的政治型特征表面上与务实性的文化传统相矛盾，其实不然。相反，正是农业文化的务实性导致了整个文化传统的政治性倾向。思维方式的顿悟型、直观型也是中国传统文化的一大特色。

中国是以小农经济立国的，经验在农业生产中起着至关重要的作用。科学技术的不发达，范围狭小的农业自然经济，往往仅凭经验就能进行。我国传统的农书一般都是经验型农书，如《汜胜之书》《齐民要术》等都是农业生产直接经验的收集、归纳和介绍，很少有科学的分析和理论的抽象。人们对世界的把握，仅仅靠经验是有限的，在缺乏基本的科学知识，又习惯于经验思维的情况下，从有限到无限，从个别到一般的抽象过程中只有求助于传统的顿悟、直观的思维方式。如所谓“阴阳”“五行”“天人”观念等莫不是这种思维方式的产物。可以分析一下古老的“天人合一”观。虽然人们对这一观念的理解有差异，但强调人与自然的和谐统一，是“天人合一”观的基本思想。这一思想可以在古代农业文化中找到根源。农业生产对自然条件的依赖性十分强，天时、地利、物性、人力的关系，是农业生产的基本关系，天、地、物都是自然现象，人的作用必须尊重自然规律，顺应自然，才能风调雨顺，五谷丰登。这样一种农业生产的经验，上升到理论抽象，就是人的意志与自然的关系。古代思想家用顿悟、直观的方式完成这种高度的理论抽象，用“天人合一”范畴概括了这一思维成果。虽然后续的人们根据自己的经验和需要，对这一范畴进行了新的加工和发挥，使其具有更多的内涵，也使这一范畴变得扑朔迷离。但是最基本的含义仍然是农业生产过程中必须做到自然与人力的和谐统一。可以说，农业文化的务实性使中国传统文化形成重政务、轻自然、斥技艺的价值观和顿悟、直观的思维方式。

（四）农业文化的多样性和地域性构成中国传统文化的地域性特征

中国传统文化的独特之处在于它既是大一统的儒家文化体系，又以空间地域划分出不同的地方特色。这一特色直接来源于具有多样性、地域性特征的农业文化。如岭南文化，总体上是中国传统儒家文化的一部分，但是它既有不同于其他地域的特色，又在某些方面与传统的儒家文化有所区别。岭南文化是与特殊的农业生产环境和农业文化氛围相联系的。岭南的热带、亚热带气候使其物产丰饶，辽阔的珠江流域与内地相通，交换和贸易很早就成为岭南农业文化的重要内容，也构成其他地域少有、正统儒家文化排斥的商业文化特色。另一方面，岭南地区森林茂密，毒蛇猛兽和“瘴疠病毒”多，加上贸易的风险，使岭南人在注重发挥人的力量的同时，又往往好求助于神灵，笃信鬼神、祈求超自然力量的保护。所以一般人认为岭南文化又表现出鬼神迷信特征。

总之，文化是一个系统，影响中国文化发展的因素很多。从文化系统自身内部结构而言，农业文化是基础文化，是影响其他文化发展的基本因素。而中国传统文化的其他方面，则是在农业文化的基础上派生出来的。文化寻根，一寻文化发展的源头；二寻文化发展的根基，农业文化既是这一源头又是这一根基。

第二节　休闲农业文化创意在休闲农业中的体现

一、休闲农业文化创意的必要性

（一）休闲农业与文化创意融合是休闲农业发展的必然方向

随着我国经济水平的不断提高，人们对旅游的消费转向了体验旅游、文化旅游、创意旅游等。文化为旅游丰富内涵；旅游为文化带来市场。旅游产业和文化产业融合，可以获得相互依存、相得益彰、共同繁荣的效果。因此，应将休闲农业置于文化产业的框架下发展，大力发展文化旅游创意产业，休闲农业的发展将得到一个全面的提升过程。

创意是一个国家发展的动力。与传统农业相比，休闲农业具有更高的文化创意附加值与更大的利润空间，有利于提升传统农业的影响力、带动力和竞争力。增强传统农产品的丰富度和吸引力。在休闲农业发展过程中，文化创意是产业升级的必然要求，也是人们的认识不断升华的结果。

（二）休闲农业发展模式转型必须依靠文化创意

中国有着丰富的文化旅游资源，这些宝贵的文化旅游资源给旅游业带来了巨大的财富，但开发中也有很多不足：其一，开发力度和深度不够；其二，在资源开发方面缺乏创意；其三，旅游活动的参与性不强，不能满足现代旅游者越来越强的体验需求和参与热情。

休闲农业文化创意的产品具有较高的体验性和参与性。创意更加注重探究游客的潜在需求与深层次需求，进一步提升旅游活动和产品的体验性，为游客提供更为明显和强烈的感官刺激。因此，休闲农业要想改变目前单一的观光型旅游模式，顺应休闲旅游、体验旅游的大趋势，必须依靠大力开展文化创意。

（三）文化创意有助于实现休闲农业的可持续发展

近年来，随着各地区休闲度假式景区的兴起和蓬勃发展，有的地区显现出重游率严重偏低的劣势。旅游地的生命周期规律表明，要想始终保持旅游地的生机与活力。必须依靠旅游产品的不断创新。文化创意科技含量高，文化附加值大，将是休闲农业发展的重要方向。以文化创意为动力，将各种文化资源与科技、创新、旅游规划相结合。实现文化创意产业与休闲农业的互动发展，才能实现休闲农业的可持续发展。

（四）文化创意可以促进产业结构优化与产业发展

文化创意可以催生出许多新景点、新产品和新服务，从而扩大产业市场需求：同时文化创意与休闲农业的产业融合催生出新的产业价值链，如展览业、影视业、康体业、手工艺品制造业等与休闲农业相辅相成的产业。这促使休闲农业产业的景区、产品与服务结构升级，进而又带动旅游需求结构升级，从而拉动旅游产业结构升级。

二、休闲农业文化创意的主要开发模式

（一）文化旅游开发模式

文化旅游开发模式重在文化资源与农村旅游资源的结合，在农村旅游景点和农业文化背景的基础上，通过政府与企业、农业合作组织的合作，将以农业文化为依托的旅游资源开发成旅游产品，通过市场化运作的方式进行管理、实施，并配套开发农村民俗旅游业，形成政府宏观指导、企业具体运作、农民辅助开发的文化旅游建设格局。文化旅游开发模式适应现代居民对旅游产品的需求，同时满足了人们对农业文化体验的需求，代表农村旅游发展的新方向。

文化旅游开发模式对区域的古文化旅游资源要求较高，无论是对原有旅游景点的修复，或是古文化景点的重新开发、整合，都需要本地区具有深厚的文化内在底蕴。文化为内在灵魂，旅游为利用方式，有机整合、合理开发，才能成为乡村旅游的盈利产业。如北京古北口镇长城历史文化成为旅游公司开发的着力点，吸引中青旅控股股份有限公司参与合作，中青旅斥资30亿将原有长城的一段进行重新打造，形成古北口镇著名的文化旅游产品，大大提升古北口镇旅游品牌形象。

又如湖南省的梅山文化旅游。梅山文化渊源于湘中的梅山地区。梅山地区大致相当于现今的新化、安化、冷水江、涟源、四县市的全部和双峰、新邵等周边部分。梅山文化是以一种以汉、苗、瑶为主，融合了其他民族文化的复合型文化，主要包括梅山宗教文化、梅山民俗文化、梅山歌谣文化、梅山武术文化和梅山农耕文化。梅山文化作为一种独特殊地域旅游文化，在数千年的形成和流传过程中，已渗透到这一带人们社会生活的各个层面，左右着人们的思想意识、价值观念和行为方式。梅山文化旅游正是文化旅游开发模式的一个特色产品。

（二）产业融合发展模式

产业融合发展模式在开发产业链上具有明显优势，是以实现第一、第二、第三产业融合发展为目标的农业文化创意产业模式。产业融合发展模式的重要条件是有实力雄厚的大型企业参与，大型企业带来的融资优势、管理优势、人才优势、产业链开发优势明显，可为整合区域资源、提高现代管理水平提供机会。产业融合发展模式注重区域布局、产业规划，可以有效整合农产品生产、加工、销售，农业休闲观光、餐饮、住宿等多种产业形态，具有较强的市场竞争力，在带动区域经济发展、农民增收方面具有显著优势。

产业融合发展模式，适用于具有独特产业优势或生态、地势优势等，周围具有广阔消费市场，能够吸引实力强、前瞻性强的大型企业的地区，一般采用这种发展模式具有一定的被动性，且成功的机会有限。北京郊区发展农业文化创意产业，吸引企业投资的机会相对较多，可采用产业融合发展模式。目前，除蔡家洼村，还有波龙堡酒庄、张裕爱斐堡国际酒庄等也属于产业融合发展模式。

（三）农业景观组装模式

农业景观组装模式适用性较强，对于优势产业、大型企业、历史文化等条件要求不高，但是需要一定规模的土地。农业景观组装模式以形成规模化或艺术化的农业景观为最终形式，因此需要做好土地流转工作，重点在主要农业品种的种植和造型设计上，并辅以文化活动、配套服务业等作支撑，提高农业景观项目的文化内涵。农业景观组装模式还需要做好宣传工作，但是盈利性相对不高。

农业景观组装模式适用于土地便于获得、周围景点较多、生态保护要求较高、且不宜进行大型项目建设的地区。如果是企业运作则需要建设配套的服务设施，并且着力打造品牌，才能形成竞争力；如果是政府运作，则需要符合区域发展定位。比如，北京“天开花海”农业景观组装模式，是以政府为主导，利用现有的水库区内荒地进行的开发项目，之后通过与企业合作举办长跑节，提高“天开花海”的文化内涵和知名度。

（四）区域品牌开发模式

区域品牌开发模式有利于促进区域主导产业发展，提高区域竞争力、带动整个区域经济的发展，同时为当地农民增收致富提供良好的平台。区域品牌开发模式主要以区域内优势主导产业为基础，通过提高农产品质量、加强农产品安全检测，形成具有竞争力的农业品牌。农业品牌一旦形成，便具有持久的影响力和经济效益。区域品牌开发模式是促进农村经济发展、区域整体发展的有效模式。

区域品牌开发模式适用于区域主导产业优势明显、具有一定规模的农村地区。通过政府的引导和支持，将区域主导产业做大做强，提质提量，形成品牌竞争力，并通过文化渗透、活动宣传等方式提高品牌价值。

三、休闲农业文化创意的方法

下面结合休闲农业文化，介绍农耕文化展示创意、水稻创意、果园创意，以及农业废弃物利用创意。

（一）农耕文化展示创意

农业制度的演变，如土地改革的故事；农业工具的演变，如水车体验；农业科技的总结，如《天工开物》《本草纲目》等；农业物种的变迁，如番茄等外来物种的介绍；农业典故的整理，如大禹治水、神农制耒；农业名人的展示，如黄道婆、袁隆平；乡土文化艺术创作展示，如农民画、民间剪纸、根雕等；农业民谚民俗民歌展示，如二十四节气歌；农业活动的体验，如插秧、采果、嫁接；农业物产的展示与销售，如按省分类的特产展销馆。

（二）水稻主题创意

种一小块旱稻，这对于见惯了水稻的南方人也是很新奇的；将抽穗后的水稻移栽到花盆中，在阳台上就可感受稻谷成熟的喜悦；将小片水田整成一个大的“足印”形状，命名为“春的脚步”；在稻田边安放造型各异的稻草人，比如童话中的“七个小矮人”；在山坡边开一小片梯田，实行水稻与油菜轮作，命名为“山寨版龙脊梯田”；在水稻田中放养红鲤鱼，开展稻田抓鱼比赛活动；在稻田中放养黄鳝和泥鳅，晚上供游客用竹编鳝笼捕捉；在水稻田上架设梅花桩、铁链桥等拓展运动设施，让游客在稻田上空游玩，不小心的话也可能掉到水田里，既新奇也有一些刺激；在插秧时举行开耕节，让游客一起体验“划格子”和插秧活动；在收割季节，举行新米节，庆祝丰收，打糍粑、吃新米，还可送一小包新米作为礼品；体验古代大米加工方法，如舂米、用风车吹糠等；在大米上刻上游客名字，做成吊饰挂件；用各类农产品配合稻草垛堆成五谷丰登的景象；按照古代八卦田的模式种植一块“劝农田”；开发专用礼品米，如富硒米、孕妇专用有机米、学生专用营养糙米等；设置一些与水稻有关的文化标牌，如“锄禾日当午，汗滴禾下土”“稻花香里说丰年，听取蛙声一片”“手中有粮，心中不慌”“从明天起，关心粮食和蔬菜”；其他一些与水稻相关的文化元素，如杂交水稻之父袁隆平的宣传挂图、《老鼠爱大米》歌曲、古代农耕用具展览、乾隆御制耕织图临摹等。

（三）休闲果园主题创意

主推果园观花、观果与采摘，举办相关节会；果树认养、认种，推出各类主题的纪念林；水果造型与文化创意，如“长”字的水果；水果成长与加工创意，如长在玻璃瓶里的梨，寓意永不分离；水果典故、成语小品展示，如孔融让梨；水果诗歌展示，制作成木牌挂在果树上，如与桃花有关的诗歌；水果养生歌诀科普牌，传播水果养生文化；果树科属，自然习性介绍的科普牌；树王培育，每个园子栽培一棵树王，并围栏保护供摄影参观；在同一棵果树上嫁接不同品种，营造一树多花和一树多果景观。

开展果园趣味活动，如果园寻宝、果园滑草等；采摘节期间，配套果园时装表演，吃水果比赛，水果拼盘创作赛；运用水果、果皮、果叶、果仁等开展青少年手工创作活动；培育果树盆景，可供游客带回家；选择一个区域，种植多种果树，形成一个小的百果园；开发野生水果，命名野果园；在入口区适当种植未被矮化的传统果树，勾起游客怀旧情绪；餐厅不提供碳酸类饮料，只供应水果榨汁；生产果酒或者果汁饮料，有条件的可参观体验生产流程。

（四）农业废弃物利用

发挥创意与巧妙的构思，不仅将农业废弃物用作材料和能源，亦通过对其形、色、物质材料及精神文化元素的利用，变废为宝。如用废弃的鱼骨作画；用农作物秸秆作画，编织草鞋、手提袋、动物、宠物篮、杂物篮等；用树叶或树枝粘贴写意画；用鸟蛋或禽蛋壳做工艺品，如花盆、彩绘、蛋雕等；用树根作根雕等；用贝壳做各种造型的工艺品；用核桃壳、杏核、桃核等做雕刻工艺品；用玉米苞叶、松果、棉花壳等做干花等。

四、文化创意在休闲农业中的景观设计

在规划设计领域，景观是指土地及土地上的空间、物体和活动所构成的综合体，由规划区域界定。包括规划区域上的所有物体组成的客观系统、视觉表象、有形物体围合所形成的空间效用、文化载体四个层次的内容。

（一）设计原则

一个地区长期在历史发展过程中，孕育了丰厚的文化资源。规划时应充分了解当地的历史文化资源，结合农业观光园的规划，整合资源，注意人文资源利用的合理性和多样性。

（二）设计要点

1.利用场地保留的人文资源

合理保护开发遗迹，这是场地内宝贵的精神财富。在设计的同时，应该予以保留、合理保护、适当挖掘，为历史文化景观注入新的活力。

江苏无锡龙寺农业生态园是融农业旅游观光、度假休闲、果茶生产、佛教文化于一体的农业生态观光园。园内有佛教文化名寺——龙寺，每年三月三吸引大批游客前往烧香求佛、逛庙会。园内还有近代名人薛父成墓、太湖游击队烈士陵园，以及保留完好的“下乡知识青年劳动点”等人文景观，有着丰富的文化底蕴。

在山东成武生态农业观光园的项目规划中，场地内现存一部分山东省重点文物——汉堤。由于成武较早采用筑堤护城防水的办法，因此建筑有护城大堤。据文物普查和专家考证，大堤始筑于战国，后经秦、汉至元、明、清、几经加固和补修才得以保存至今。在规划时，充分利用这个宝贵的人文遗迹，规划成表现汉堤历史文化、宣扬黄泛区古代水利发展史、表现成武人民奋斗精神的汉堤风情带，在不破坏文物的前提下，在保护区的外围选择一些景点节点，通过构造雕塑、景墙等小品向游客宣传成武历代先民与自然作斗争的历史。

2.凭借地域文化资源、充实文化内涵

休闲农业观光园所在地的地域文化资源可以作为文化景观的有理补充，尤其是极具特色的民俗文化、农耕文化等可以深入挖掘。地域农业文化资源可以丰富园区的景观，而园区的建设也为地域农业文化的传播提供了良好的场所。乡村之所以被称之为乡村就是因为其原汁原味的自然特色，要以乡村自然的农业风景，梯田地形，色彩绚丽的杂交林等自然景观要素为主导，适度进行艺术生态的规划设计。

江苏省溧阳吴楚农耕文化园以吴楚农耕文化为背景，集旅游、观光、休闲、饮食于一体，是传承吴楚文化之精髓，突显溧阳农业文化之全貌的科普教育基地，由农耕文化园、生态制陶园、采茶制茶园和农趣体验园四大园区组成。在几千年的历史长河中，溧阳人创造了灿烂的溧阳农家文化，形成了独特的溧阳方言，发明了许多先进的生产工具和生活用具，孕育了溧阳文化。吴楚农耕文化园就凭借溧阳浓厚的地域农耕文化，通过抢救性挖掘，开发性保护，再现溧阳农家发展史，传承溧阳农家文化。

3.运用人文景观多种方式，展现文化的丰富性

农业休闲景观进行开发规划时首先应该坚持乡土性原则，应当充分利用当地的乡土元素，保持乡村资源的乡土性和原真性，营造乡村意向，比如尽量采用当地传统居民建筑风格；绿化树种的选择大多采用乡土植物，不搞大兴土木工程，尽量保持原有乡村景观结构，保持当地农业文化形态。

人文景观的类型和内容多姿多彩，可以运用多种多样的方式展现，满足游客观赏、体验和科普的需要。一般有实物展示、图片展示、高科技影像展示、景观小品、模型展示、活动表演、游客体验、参观等方式。

五、休闲农业文化创意的发展重点与保护措施

（一）休闲文化创意的发展重点

休闲农业是农村经济结构调整的重要方向，是农村建设的重要内容，也是文化产业发展的新视野，在休闲农业中注入文化因素，增强产业魅力，创造经济价值。文化在休闲农业中的发展体现在以下几个方面。

1. 挖掘民俗文化，突出地域特色

休闲农业在发展初期很容易相互模仿，所以要突出各自的特色，日益激烈的市场竞争中以文化特色为优势，形成独特的文化品牌。按照传承与创新相结合的理念，就地取材挖掘田园文化，寻幽探微发扬山水文化，追根溯源传承建筑文化，去伪存真浓缩民俗文化，形成乡土民俗文化区，加快乡土民俗文化的推广保护和延续民俗风情旅游模式。

民俗风情旅游模式即以农村风土人情、民俗文化为旅游吸引物，充分突出农耕文化、乡

土文化和民俗文化特色，开发农耕展示、民间技艺、时令民俗、节庆活动、民间歌舞等休闲旅游活动，增加乡村旅游的文化内涵。如西部山区、少数民族地区形成以原生态、民俗风情、农耕文化为主题的特色化经营模式；环湖、滨海平原地区形成了以“渔家乐”“花家乐”“竹家乐”为主题的专业化经营模式；名人典故较多或有历史纪念意义的地区则以名人典故、历史文化、边区贸易为主题的历史文化型经营模式。

2.加强文化创意，塑造审美形象

休闲农业不是买地搞土建工程，更要注重文化创意，用好的创意指导项目建设，塑造美学形象。如果建设过程中脱离了朴素、自然、美观的基本原则，不注重文化品味，造成“土不土洋不洋”，其结果得不偿失。

休闲农业与传统的农业生产方式不同，与现代旅游经营模式也有区别，所以在景观建设上要注重保持“原生态”，切忌“人工做作”，在这一点上应运用传统美学观点“外师造化，中得心源”，营造意境美，围绕“好看”，着力打造布局看点和整体景观。抓住人们亲近自然、回归自然、感知自然的迫切需求，注重规划和创意，引进特而专、新而奇、精而美的农业新项目，建成集生产、观光、体验、休闲娱乐于一体的农业观光园。如湘南地区则可以充分利用天然的地理资源优势，以“山水文化”为主的休闲农业，充分提炼“高山流水”“仁者爱山，智者乐水”等传统山水文化。使人远离喧哗的都市生活，沉浸于大自然中，让身心得到全方位的熏染，在自然美景中的体验到“欣欣然而乐”的喜悦心情，获得老庄逍遥游的纯真享受。在天人合一的和谐环境里，人的幸福感油然而生。山水因文化而变得更有魅力，更有吸引力，才能将“青山绿水”化作“金山银山”。

3.注入文化内涵，提升产品层次

改变农村“割完麦子种早稻，收了早稻种晚稻”单一化的农产品种类，改变农业“靠天吃饭”的简单且不稳定的收入模式，带来“四季不断”的收入。如今，随着休闲农业的发展，农民不仅能生产农产品，还生产田园风光，生产农事文化，生产农家情趣，他们改变了沿袭几千年的传统农业方式，大搞休闲农业，把田园整治得像花圃，把庄稼侍弄得像盆景，把村庄收拾得像景区，这么一来，村民卖风景、卖特产，让传统农业与现代旅游联姻，也让乡村成了发展创富的发动机。如湖南怀化市鹤城区将七大支柱产业景观化，通过每年举办一次“杜鹃节”，带动花卉苗木业的拓展；通过举办“杨梅节”，把杨梅深加工系列产品推广到各国各地；通过农历九月的“百草节”把药材种植加工推向更广阔的领域，从而使枳木花制药治疗流行性“出血热”成为全国一大创举，休闲农业产业的链条得以不断拓展并延伸。

发展休闲农业与乡村旅游必须充分依托农业这一基础产业，在此基础上进行延伸开发，拓展新的产业链。休闲农业作为体验经济的一种重要形式，具有引导游客深入体验乡村氛围和田园生活的功能。这是休闲农业旅游产品及客源开发的优势之一。城市居民可以在农园或休闲农业区参与农业生产过程，亲自制作食品、礼品、艺术品，租赁农场自己经营管理。因此，休闲农业必须针对旅游消费的新特点，增强互动参与性，创造性地开发出更加个性化、高附加值的体验型乡村旅游产品，以满足体验经济时代的旅游消费需求。

休闲农业作为从传统农业中衍生出的一种新型产业形态，兼具农业和旅游业的双重属性，具有浓厚的文化内涵。休闲农业与文化产业的融合发展，是推进农业现代化、提升农村整体发展水平的必由之路，是打造特色文化品牌、推动文化大发展大繁荣的有力抓手，是建设文化强市的重要支撑。

（二）农业文化的保护措施

2002 年 8 月，联合国粮农组织、联合国发展计划署和全球环境基金开始启动全球重要农业文化遗产项目。按照定义，全球重要农业文化遗产是“农村与其所处环境长期协同进化和动态适应下所形成的独特的土地利用系统和农业景观，这种系统与景观具有丰富的生物多样性，而且可以满足当地社会经济与文化发展的需要，有利于促进区域可持续发展。农业文化保护涉及一切保留至今的、对今天的发展仍有价值的、与农业相关的物质文化和精神文化的总和。保护内容即包括农业生态系统、农业生产工具、农业景观、农业品种等有价值的物质文化；也包括传统农耕信仰、民间文学艺术、农事节日习俗等非物质文化；其核心是农业文化所蕴含的农业哲学思想，以及围绕之而产生的价值体系。对农业文化的保护措施主要有以下两种。

1.建立农业文化博物馆

对不同区域的农具、农器、农谚、农趣、农街等进行收集、保护和展示。目前虽然国内一些总和博物馆、休闲农业园区有所收集和展示、但要么零星分散，要么商业化浓重、传统农业文化的韵味浅薄，更未上升到一种文化遗产保护的高度。相对于静态的文化博物馆而言，现在更多的学者倡导的是建立生态博物馆，实现农业文化的活态保护。

在农业文化遗产的保护过程中，对农业文化遗产实施活态保护是非常重要的；作为农民农行生产经验的非物质文化遗产，通常都是以鲜活的状态存在于民间社会的。生态博物馆不仅保存社区的实物遗存，更强调保护社区内自然的、人文的一切资源，社区内的文化遗产、自然景观、建筑、可移动实物、风俗习惯等一系列因素；生态博物馆将整个特定的社区作为一座整体的博物馆，社区的遗产被原样保存在其原生环境中。

2.发展社区农业

（1）社区农业的概念

社区农业书近些农业社会学者提出了一个新的农业发展和农业保护概念。社区农业是指依据农业与农村的多功能原理，充分利用社区资源形成的综合性农业。社区农业要充分利用当地资源，特别注重挖掘传统农业资源，如种质资源、传统农具、传统技术、乡土知识等，社区农业体现农业的生物多样性和文化多样性；社区农业充分体现乡土文化。这种文化不仅指直接表现出来的乡土人情、民俗、节日庆典等文化形式，也体现在产品中凝结的某种文化价值的物化形式。

(2) 社区农业保护农业文化的三个特色

一是农村社区作为一个相对独和完整的社会单位，有其独特的资源、文化传统，社区农业的发展需要挖掘社区资源的价值，重新整合利用这些资源。农村社区资源十分丰富，田园景观、农村风貌、自然生态环境；农业生产工具、农业劳动方式、农业技术、循环利用、乡土知识；农家生活、风俗习惯、民间信仰等均凝聚在社区农业活动和社区生活之中。通过发展社区农业，可以使人们重新发展农业文化价值，并使其得到有效利用，使农业文化得以保护和传承。

二是社区农业有利于农业文化的活态保护。社区农业不同于固话的“农业博物馆”，也不同于目前流行的“农业文化主题公园”后者是人们创造出来的农业文化，而社区农业是根植于农民生活之中的。

第三节 休闲农业文化创意的案列

一、“爱斐堡酒庄”产业融合酒文化创意模式

创意农业既是产业融合的产物，也是产业融合的表现形式。北京波龙堡葡萄酒庄、北京张裕爱斐堡国际酒庄、通州桑瑞生态园就是产业融合创意模式的代表，集一产种植（或养殖）、二产加工、三产旅游（或餐饮）为一体，通过产业融合，不断升级产品附加值空间，从而将利润放大，获得三次产业的综合收益。

波龙堡酒庄位于北京市房山区八十亩地村，成立于1999年，由中法合资兴建。2009年成为中国第一个取得欧盟有机认证和美国有机认证的有机葡萄酒企业。波龙堡葡萄酒庄借鉴了法国著名酒堡的建筑风格，采用了“四位一体”的经营模式，即在原有葡萄种植及葡萄酒酿造基础上，还开发了葡萄酒主题旅游、专业葡萄酒品鉴、休闲度假等三大功能，形成了三种产业融合的发展模式。

（一）第一产业——葡萄种植

波龙堡自有葡萄种植园80万平方米以上，全部采用法国酒用葡萄品种，按照有机生产方式和法国葡萄种植管理方式来种植葡萄，为生产有机红酒提供可靠的原料保证。

（二）第二产业——葡萄酒加工

波龙堡有一个加工车间，拥有先进的有机葡萄酒加工工艺和技术，以及先进的设备，年加工高档红酒250吨，定位于高端消费人群，并出口到巴黎，中国生产的葡萄酒第一次打入以盛产名贵葡萄酒而著称的法国的中高端市场。波龙堡自行研发的有机干红葡萄酒填补了国

内空白，正在对我国葡萄酒行业产生深刻的影响。

（三）第三产业——红酒文化主题

以红酒文化为主题，波龙堡酒庄开发了具有法国浪漫风情的旅游项目。游客在庄园里，既可以欣赏法式风格的酒庄建筑，也可以到葡萄园去观看和体验酒用葡萄的种植与管理；可以参观和了解有机红酒的酿造过程，也可以去看一看如兵马俑般壮观的酒窖；可以在品酒室一边品尝各式红酒，一边了解葡萄酒文化与发展历史。酒庄还与婚纱摄影公司签约，为现代派的浪漫新人提供以红酒文化为背景的婚纱摄影服务，一对对新人在充满欧洲风情的酒庄里，在充满神秘感的酒窖里，留下了美好的身影。酒庄还开展了个性化服务——“私人酒窖”服务，在酒窖中为个人设立专有酒柜，为其储藏指定的红酒，当客人需要时，只要一个电话，红酒就会送上门；客人也可以带上三五好友，在酒窖里开一个小型的品酒会或聚会。

二、“平谷桃产业链条开发”创意模式

平谷区位于北京市东部山区，是桃的优势种植区域。20 世纪 70 年代形成区域种植，80 年代开始步入规模发展，90 年代以后形成产业化发展格局。目前，平谷区桃种植面积稳定在 14 667 万平方米，年产量 2.8 亿千克。

平谷区依托桃种植、桃加工、桃文化，从桃子开花到结果，从果实食用到桃树废弃物利用，贯穿了桃产业发展的整个链条，开发形成了“两节两品三养生”的系列产品，成为消费者心中不可替代的独特的“平谷鲜桃”区域农业品牌。北京市平谷区农委的数据显示：目前全区有 3 万户果农近 7 万人从事大桃生产，三千多果农从事大桃销售工作，十多万农民的主要经济来源于果品生产。2012 年，全区大桃生产收入达 11.8 亿元，户均收入 3.93 万元，10 万农民人均收入 1.18 万元，再加上营销收入 1.5 亿元，则户均收入 4.43 万元，10 万农民人均收入 1.33 万元，经济效益显著。另外，平谷区现有三千多人从事大桃营销工作；同时，每年果实套袋、运输、农用机械等为果农提供了短期就业的机会；依托大桃产业发展的加工企业、纸箱厂、果袋厂等也为果农提供了就业机会。

（一）“两节”——春季北京平谷国际桃花节和秋季采摘节

春季桃花节：“人间四月芳菲尽，山寺桃花始盛开”。地处山区的平谷，每到四月，一地桃花，漫山红遍。为了打好“桃花牌”，从 1999 年开始，平谷区设立桃花节，经过 10 年的经营，县域小节事成长为中国十大地方节庆之一。在具体节事上，桃花节集文娱、体育、会展等多元化内容于一体，文化、旅游、体育等多个产业关联。譬如 2009 年的第 11 届桃花节活动共分为文化、旅游、体育三大系列，共推出七大类、10 余项文化活动，既有 300 人参与的体育活动，又有 500 人艺术团的歌舞表演；既有万人齐唱的歌曲《国家》，又有 10 万灯笼装扮的丫髻山传统庙会；而一系列书法艺术摄影展，也充分展示了平谷雅俗共赏的桃文化。21

天的桃花节期间，全区共接待游客 190.8 万人次，实现旅游收入 5045 万元，同比分别增长 31.8%和 32.4%，创造了历史最高纪录。其中，民俗旅游接待 110.9 万人次，民俗旅游收入 3003 万元，同比分别增长 66.2%和 36.1%。

秋季采摘节：平谷大桃品种多，熟期不同，加之运用设施栽培，大桃熟期从 3 月至 11 月，采摘期长达 9 个月。平谷区每年举办的“平谷金秋大桃采摘节”均在桃集中上市的 7～8 月份。采摘节期间，举办“桃王”擂台赛，“吃桃冠军大赛”，农副产品展销会，为寿星“献寿桃”，发放采摘礼券活动等，丰富多彩的活动吸引了众多游客到平谷采摘大桃，带动当地大桃产业经济。2009 年平谷久保、蟠桃、油桃和白桃四个品种评选出的“大桃王”，共拍出 9.3 万元，其中重达 0.7 千克的丰白桃王更是拍出了 3.8 万元的高价。

（二）“两品”——文化桃和桃木艺术品

文化桃：桃在中国文化中是“寿”的象征。尤其是为老人做寿，一般都会送寿桃，或者送寿桃蛋糕。平谷区在打造唯一性特色优势农产品（桃）的基础上，着手开发文化桃。自 2004 年开始至今，平谷区大华山镇泉水峪胜泉康汇农产品专业合作社通过刻模、贴字等技术手段，已经成功开发出“生日”“贺寿”“喜庆”“寿星”“十二生肖”等晒字桃、异型桃系列产品，鲜桃图案丰富，寓意深刻，着色期只有短短的十多天，却成了平谷桃农无限开掘文化含量的黄金期，产品深受广大消费者青睐，取得了较好的经济和社会效益，2008 年被北京市政府命名为“十大农产品创新”之一。

桃工艺品开发：在中国历史文化中，赋予桃木“避邪气、镇宅院、保平安”之含义。桃木被誉为“阳刚之木”“五木之精”，能驱鬼辟邪纳祥。几千年来，中国百姓为避灾祸，几乎家家户户都有悬挂或使用桃木制品的习俗。

平谷区大华山镇引进了“北京绿源桃木雕刻工艺品有限公司”，以桃木为原料，进行桃木文化创意产品设计、桃木工艺品的开发，纯手工雕刻，产品有生活用品、文化用品、旅游纪念品、镇宅保平安等。如桃木龙头刀、桃木剑、桃木梳、桃木如意、桃木镇纸、桃木笔筒、桃木观音、（桃）木刻诗词、桃核雕刻工艺品（镂空摆件、挂件）等。

（三）“三养生”——桃花宴、桃食品、桃保健

根据现存最早的药学专著《神农本草经》记述，桃花具有“令人好颜色”之功效。桃花味甘、辛，性微温，含有山萘酚、胡萝卜素、维生素等成分，有活血悦肤、峻下利尿、化瘀止痛等功效。

桃花宴：平谷区创造性地开发了以鲜桃花为主要原料的桃花宴，推出一百余道桃花菜品。主要特色菜有桃园仙境、桃园三结义、桃乡小炒、桃花缤纷虾球、桃花乌鱼蛋汤、桃汁煎牛仔骨、桃花香椿摊鸡蛋、刺身桃花拼辽参、水晶仙桃、黄桃芦荟等。其中，桃园仙境、桃园三结义、桃乡小炒等菜品和桃花绿豆粥等小吃，格外受游客青睐。

桃食品：鲜桃味道鲜美，但也有一个十分突出的缺点——不易保鲜，俗称“隔夜愁”。当前，桃保鲜技术仍是一项世界性难题。为此市科委与平谷区政府共同支持创建的“北京健康产业中试与孵化中心”运用科技手段对大桃进行精深加工与综合利用，开发出系列产品，目前已试制成功了大桃红桃方片、桃香酥脆等休闲食品。

桃保健：出自唐朝诗人崔护诗句的成语“人面桃花”常被用来形容人的气色好，青春美丽。因此，自古以来桃花常被用来美容。桃有较高的药用价值，桃树一身可入药。“宁吃鲜桃一个，不吃烂桃一筐”的俗语反映了桃所具有的独特风味。鲜桃肉质致密，甘甜多汁，含维生素、铁较丰富，作为食疗果品，桃对胃阴不足、口干口渴或体虚阴液不足之便秘症有较好的滋养和润下作用。根据桃的美容和保健功效，目前已开发出桃花油软胶囊、桃花茶、大桃调味浆、蛋白桃珍等保健品。

三、大地风景：中国台湾宜兰香格里拉休闲农场

（一）项目概况

位于中国台湾宜兰县冬山乡大进村大进路1-1号梅花湖邻近的山丘上。梅花湖是一个天然湖泊，因为湖面呈五片花瓣的形状故名。湖畔广植梅花、杜鹃、柳杉等。落英缤纷的湖面，低垂轻摆的杨柳，景致相当优美。香格里拉休闲农场以此为邻，四面环山，景致十分清丽。年平均25摄氏度的气温不仅没有让人感到畏寒，反而终年都有适合欢乐的气候。农场原来只栽种果树，后来逐步增设农产品展售区、乡土餐饮区、品茗区、住宿度假区、农业体验区及森林游乐区等，而成为一个兼具采果、休闲、度假、生态等多功能的旅游地。香格里拉休闲农场也是一间最丰富的自然教室，里头的生物种类包罗万象，有猕猴、树蛙、萤火虫、蝴蝶（凤蝶）和各式植物，不论年纪大小，都适合在这里学习属于大自然的珍贵知识。

走进农场，沿步行道前行可抵一片浓阴的相思林，林间秋千、吊床、凉亭散布，是享受森林浴、烤肉、打盹最悠闲的天地。果树区栽种芭药、柚子、金枣、柳丁等多类果树，一年四季轮流开放采果。循着森林浴步行道漫游园区，全程仅需一小时。步行道最高点观日楼，是观赏兰阳平原旭日初升的佳地。场方也从事萤火虫的复育工作，每年四五月间园内可见火金姑提灯飞舞。农场设有欧式森林小屋，周围遍植山花，夜宿于此，宛如置身香格里拉仙境。

（二）总体布局

1.住宿区

休闲农场内设有清新雅致的住宿设施，共106间不同档次的乡野套房。在房间内可以一览农场的美景。而且对住宿旅客赠送景观果园门票，并可免费参加民俗活动。

2.农村体验区

农村体验区里种植各式果树依季节性采果，因为没有喷洒农药，所以累累的果实虽然其貌不扬，但却是最天然、有机的，入园后水果现摘现吃，任游客吃到饱。体验区也提供解说服务，让游客了解农场园区内生态以及植物品种。体验区内还有以废枕木、旧建材再利用搭建而成的原野体能场，让游客舒展筋骨、运动强身。步道旁的茅草凉亭，数十年来都是由农场主人亲手搭建及维修的，以农起家的农场主人，即使不再需要下田耕作，但仍不忘劳动的乐趣，依然保持这项技艺，更藉此向游客传递其经营的用心。

3.庙口文化区

农场最具特色的是庙口文化区，每晚有打陀螺、布袋戏、钓瓶子、放天灯及搓汤圆等体验活动，重现中国台湾早期农村生活的娱乐。游客除了可以了解各式童玩的由来外，还可以配合 DIY 活动，自己亲手制作，满足每个人潜在的童心。农场设有专门的体验 DIY 活动，有专门的老师知道制作天灯、木烙（在一块原色木板烙上各式的图案）、利用各种叶子不同的纹路叶脉，搭配特殊的染料制作独一无二的 T 恤等。

4.乌心石树林自然生态区

位于农场周边，内有徒步小径，走一圈约 15 分钟，适合清晨或午后漫步。乌心石是中国台湾原生的优良树种，几百年来，中国台湾人民将这份上天赐予的礼物，化为日常中所需的各式用品；解决了先民的生活问题，更累积了一份对乌心石浓郁难散的依赖情感。几百年过去了，乌心石却也日益消失……罗东林管处与香格里拉休闲农场，20 世纪 80 年代开始种植乌心石树苗，近几年，七万株树苗终于拔高成林，重现了早期遍布台湾山林的原始风貌。现已成为有名的乌心石采摘园。

（三）农场文化

1.稻草文化

农场充分利用稻草开发出了众多令人惊叹的工艺作品，如彩绘草坪、稻草面具、稻草画、稻草纪念物、稻草娃娃、稻草编织等，使得农场的稻草艺术闻名全国。农场内有大草坪，并由设计师绘上两位王公脸谱，面向圣福庙为开漳圣王，面向进兴宫为古公三王，为当地的特色地标。

稻草艺术节：每年夏季农场会举办一年一度的稻草艺术节，吸引了不少慕名而来的外地游客。各小区推出许多有趣的艺文表演，如朝阳小区的竹炮施放、白米小区的木屐舞、玉田小区的弄狮表演和珍珠小区所表演的稻草面具舞及珍珠之歌歌唱，皆让游客在旅游中徜徉艺文风情。

稻草艺术节主办单位除安排音乐、舞蹈、歌唱、歌仔戏、原住民歌舞等活动外，在静态展览部份，有全县目前从事小区总体营造的小区成果展，另有迭草垺、搓草绳、稻田拔河、幼儿推稻草球、稻草人装饰等农村趣味竞技活动，使稻草、风筝等文化产业创意发挥，为农村带来丰沛的生命力。

2.风筝文化

冬山风筝节：农历九月，中国台湾吹起著名的九降风（无雨的北风），秋收冬藏的农闲时节，人们以放风筝为娱乐，满天飞舞的大小风筝，构成一幅美丽的田园景致，体现了农村生活的闲情意致。

风筝博物馆：早期的农村生活，风筝是一项农闲时的民俗娱乐，每当秋高气爽时节，各式争奇斗艳的风筝满天飞舞。目前馆内收藏一千多件风筝作品。多年来，冬山国小校园内的冬山风筝馆，提倡风筝民俗活动与美术教学成果展示，经过冬山乡举办乡镇特色活动冬山风筝节后，风筝已成为冬山乡知名活动，在冬山乡公所规划及冬山国小师生的协助下，将小小的风筝陈列室，转成为乡镇主题展示馆，将校园艺术文化带入小区内承传并推广。

3.木屐文化

休闲农场所在的中山休闲农业区内，有一个白米小区，小区特别与学校合作，由小区中对木屐文化相当熟悉的居民到国小担任木屐老师，除了教导学生了解木屐制造过程外，也特别在学校成立了木屐舞。学校不分年级的学生组成了木屐舞队，每周固定在学校学习木屐舞，而这些学生不但不定时参加表演，回到小区也与小区妈妈组成的响屐舞队相结合，让学生了解木屐不仅仅是一种产品，更具备了优美的文化意义，并且透过木屐舞的表演让参观的民众体验木屐多元的文化特色。

（四）模式启示

1.项目活动丰富，注重参与体验

依托农村生活方式的娱乐，设置专门的体验 DIY 活动。丰富的活动大大提升了农场产品的参与性。尤其是在当前体验经济形态下，这种参与体验更显得尤为重要。而且这种参与体验实际上为产品销售提供了一个新的形式，这种形式更容易被游客所接受，更能激发其购买欲望。

2.打造多种文化，提升农场内涵

项目依托当地的特色，逐渐打造出了自己独特的文化，这本身就是一种强大的吸引力，如香格里拉休闲农场的稻草文化，在其重点打造下，已经使其稻草艺术闻名全国。依附这些文化所打造的各种特色产品、开展的各种节庆活动，大大提升和丰富了农场的内涵。

3.多种服务功能，丰富产品类型

香格里拉休闲农场包含了丰富的旅游业态，涵盖了旅游服务的整个流程，满足了不同层次的旅游需求。有完善的接待设施、多样的餐饮美食，服务于商务人士的大型会议室，满足休闲娱乐的观光果园、生态美景，极具参与性的体验活动及各种特色节庆活动等，丰富了农场的产品类型，拓展了市场需求。

四、新田孝文化主题公园

（一）新田孝文化简介

公园位于湖南省永州市新田县龙泉镇境内，它是目前全国规模最大的孝文化主题公园，公园占地 11 万平方米，集孝德教育、敬老养老示范和休闲旅游为一体，建有孝文化主题广场、孝文化博物馆、二十四孝故事园、施恩柱等七大景区。

孝文化公园在规划理念上，以挖掘和弘扬中华民族孝道文化为着力点，以“孝”“善”“和谐”为主题，在继承优秀传统文化的基础上，警示和感化现代人的价值观，体现健康和谐的时代特征。在表现手法上，运用现代公园营建理念和传统表现形式，力求打造全国一流的主题文化公园。

（二）新孝田文化公园各景点的文化内涵

1.舜帝塑像

中心广场的第一景：舜帝大型塑像，他身高 11 米，他的左边是一组二十四孝之首的“孝感动天”小品圆雕，讲述的是舜帝的故事。相传舜的家世十分贫寒，虽然是帝颛项的后裔，但五世为庶人，处于社会下层。他的孝行传遍千里，得到了尧帝大加赞赏，将帝位禅让给了舜，舜帝以德治天下，天下兴盛太平。

2.孝文化景墙

中心广场第二景：孝文化景墙。文化景墙长 64 米，图案选自于二十四孝故事及《心经》《观经三幅》等，图文并茂。

3.福禄寿喜财

中心广场的第三景：“福禄寿喜财”自然石巧雕群。这是湖南省工艺美术大师游杰辉先生的作品。有诗云“天下怪石多嵯峨，成形成象能几何?”大自然的鬼斧神工，造就了新田如此多的怪岭奇石。这组“福禄寿喜财”融入了人们对美好生活的追求和向往，更表明了天下所有行善行孝之人对美好生活的追求和向往，同时也喻意有了孝，就有了幸福，“福禄寿喜财”也会接踵而至。这些原石巧雕也必将成为孝文化公园及至全国一个不可再生、不可复制的一个亮点和孤品。

4.三孝合一

中心广场是整个孝文化公园的核心，核心雕塑：“连体孝字”。由三个甲骨文“孝”字组合，锻铜打造，其高 9.9 米，每字宽 5 米。三孝连体，它表达的寓意是行孝无穷尽。小孝敬老爱幼，中孝为社会大众服务，大孝报效国家，是孝文化公园的精髓所在，三孝合一，使孝文化的含义在这里得到升华和发扬光大。

5.龙凤呈祥

石阶两边的景墙，右边是双龙，左边是双凤，名为《双龙戏珠》《双凤朝阳》，属于荔枝面高浮雕，材料为锈石，均高 4 米、长 16.5 米。龙凤，都是传说中的灵异神物。龙为雨，凤即风，阴阳相和，代表风调雨顺，平安吉祥。该高浮雕采用仿古的手法，将“龙、凤”的形象夸张、变化，图饰纹样以长绵草、吉祥云(长绵草指代代绵长，吉祥云指吉祥如意)为设计元素的巧妙组合。

6.孝·心

“至孝轴”上第二个景观：“孝·心”创意石像雕塑。该雕塑宽约 1.4 米，高约 2.3 米，一家三口，男左女右，可爱的娃娃坐在其中，一家其乐融融。父母相对，中间合成一个“心”字，娃娃就在心中，并且正对着中心广场上的三个连体大“孝”字，隐喻“孝字当头”。这组“孝·心”石像创意，表达的寓意是，人是父母爱的结晶，父母之爱，是孝的前提和基础，长大了，应该始终做到“孝在心中”“孝字当头”。

7.四祥柱

“至孝轴”上第一个景观：“四祥柱”为三个部分组成，中间所书为象形字，分别是“三羊开泰”“皆大欢喜”“福气祥和”“上善若水”；柱顶是貔貅；古书上说貔貅是一种瑞兽，是龙之九子之一。四只貔貅面向东方，采东方紫气，为这片土地上的人民带来瑞气祥和及好运连年。

8.报恩泉

“至孝轴”上的第四个景观：“报恩泉”雕塑由一母一子组成，天正下雨，母子披着雨衣，美丽慈祥的母亲紧紧搂着小孩，聪明可爱的孩子紧紧依偎着母亲。这组原石创意巧雕石像，表达的寓意是，人来到了人间，是父母的艰辛培养长大，应当善待父母，滴水之恩，当涌泉相报。

9.百善孝为先

“至孝轴”上第五大景观：“百善孝为先”植物造型景观。“百善孝为先”五个大字点缀在绿色和鲜花丛中。这个造型景观表达的寓意是，孝是中华伦理道德的第一要义和核心价值，也是家庭和睦、社会和谐的思想道德基础和力量源泉。

10.孝文化故事园

选择了二十四孝故事中心代表及其石雕，每个故事都洋溢着传统的孝文化，主要有：芦衣顺母、亲尝汤药、卖身葬父、怀橘遗亲、扇枕温衾、行佣供母、哭竹生笋、涤亲溺器等。

11.湘白玉栏杆拱桥

桥上栏板雕有 32 个面和 8 个面的石鼓图文，他们均与“孝”息息相关，是由传统图画演变，被刻画在上面的，十分漂亮，也极为壮观，他也是中国桥文化里唯一体现“孝”的见证。

12.儒家六艺

群雕“儒家六艺”，作品以童子作素材，它展示了孔子教育学生应掌握的六种基本技能：礼、乐、射、御、书、数。第一座雕塑，童子双手作揖，谓之“礼”，指礼节，即今德育，

“不学礼无以立”；第二座雕塑，童子手持乐器，谓之“乐”，即今美育；第三座雕塑，童子手持弓箭，谓之“射”，指强身健体，是为“勇”。第四座雕塑，童子坐于马车之上，手持鞭子，这便是“御”，御即有驾驭风险的能力，是为“强”。第五座雕塑，童子手持毛笔，这便是“书”，知书而识理，知礼方成大“器”。第六座雕塑，童子手握算盘，这便是“数”，精于数，谋在先，数使人明“智”。

13.求鲤亭

紧挨着“龙王像”的就是“二十四孝”故事之一的“卧冰求鲤”雕塑，卧冰求鲤的故事最早出自干宝的《搜神记》，雕塑旁边的亭也由此得名“求鲤亭”。

14.羔羊跪乳

君德广场上左侧花圃中有三只跪羊，羊在古代是吉祥如意的象征，三只羊寓意三羊开泰，孝观念的最初萌芽是表达难以报答慈母的深情。羔羊跪乳是感激哺乳之恩。

15.蝙蝠洞

羔羊跪乳景点右前方石壁的山洞，因洞里常年住着很多蝙蝠，得名“蝙蝠洞”，蝙蝠在古代是“福”的吉祥物。洞前面有一尊“土地”像，守着“蝙蝠洞”，保一方福。

16.君德广场

孝文化公园的东广场也叫君德广场，因其地面有古之君子所信奉、遵循的五大品德而得名。走入广场，首先映入眼帘的是仁、义、礼、智、信五个大字，“仁义礼智信”是儒家“五常”，孔子提出“仁、义、礼”，孟子延伸为“仁、义、礼、智”，董仲舒扩充为“仁、义、礼、智、信”。

17.东入口广场

广场一面临河，建有象征吉祥图案的文化四柱和假山小瀑，地面刻有“仁、义、礼、智、信”五个大字，河边有石亭、右龙王和土地菩萨塑像。

思考题：

1.休闲农业文化创意的特点与功能有哪些？

2.休闲农业文化创意类型有哪些？

3.休闲农业文化创意的地位与作用如何？

4.休闲农业文化创意的主要开发模式有哪几种？

5.中国台湾宜兰香格里拉休闲农场是如何体现农场文化的，对我国大陆发展休闲农场有哪些启示？

第八章 休闲农业节庆创意

第一节 休闲农业节庆创意概述

节庆就是一种具有民俗意义或纪念意义的社会性活动的日子，一般有固定的日期、特定的主题、广泛的参与群众。节庆是“节日庆典”的简称，它具有“节日”的内涵，还有“庆典”的含义，是“节日”和“庆典”相互融合的产物。节日是一个静态的概念，而节庆却具有动态的内涵，带有一定的感情色彩。因此，特殊的节日以及节日中的庆典活动构成了节庆的内涵。在西方的节庆旅游的研究中，经常把节日和特殊事件和在一起作为整体探讨，英文简称 FSE，中文译作“节日和特殊事件”，简称为“节事”。

节庆的概念有广义和狭义之分，广义上的节庆等于节事，涉及的内容和形式比较广泛，西方学术界把这些不同类型的的节庆形式统称为 Event（事件）。把事先经过策划的事件分为八大类别：

1. 文化庆典（包括狂欢节、节日、宗教活动、大型展演、历史纪念活动）。
2. 文艺娱乐时间（音乐会、文艺展览、授奖仪式）。
3. 商贸及会展（展销会 / 展览会、博览会、广告促销、募捐 / 筹资活动）。
4. 体育赛事（职业比赛、业余竞赛）。
5. 教育科学实践（专题学术会议、学术讨论会、学术大会、教科发布会）。
6. 休闲事件（游戏和趣味体育、娱乐事件）。
7. 政治 / 政府时间（就职典礼、受职 / 受勋仪式、VIP 观礼、群众集会）。
8. 私人事件（个人庆典——周年纪念、家庭假日、宗教礼拜，社交事件——舞会、联欢会）。

狭义上的节庆指传统节日以及当前人为举办的各类经济和文化庆典活动。

常见的节日大致有以下几种：

①传统节日。如汉族的春节、藏族的雪顿节、傣族的泼水节等。此类节日的数量最多。

②现代创意节庆。包括我国政府及国际组织规定的节日（如国庆节、妇女节、劳动节等）、地方新兴的节日（如上海旅游节、哈尔滨冰雪节、北京桃花节等）、外来民俗节日（如圣诞节、母亲节、情人节等）、伟人的诞辰和忌日以及国际组织规定的重要活动日等。

节庆是人类社会生活的一种重要的文化现象，是人类社会发展到一定阶段的产物，有人来居住的地方便会有节庆，人们对于节庆已经司空见惯。节庆与旅游有着十分密切的联系，人们喜欢节日旅游，不仅仅是因为节日期间有较多的闲暇时间，还由于节庆时期有着丰富多彩的民俗风情。

一、节庆创意的起源与发展

节庆是一种复杂的综合性民俗事像，受到多种因素的影响，它的形成与发展，是一个民族或者国家的历史文化长期积淀凝聚的过程。节庆最初形成与自然现象的变化和农业生产生活活动密切相关，并产生了相应的禁忌、占卜、祭祀、庆祝活动。在日后的发展过程中，受到了社会、政治、经济、文化、战争、科技等许多因素的影响，使其成为人们日后特定的社会生活、人物、事件而采取的纪念方式，并且在传承的过程中，不断地被人们加以诠释，增添新的内容。

（一）中国传统节庆缘由

1.农业生产耕作

农业是古代中国的立国之本，是古时人们营生的命脉，春节和冬节恰好是一年中头、尾两个有农耕作息衍生的重要节日。对于“靠天吃饭”的农民来说，立春是值得庆贺的。春节又称为“过年”，年原来是“稔”最初的意思，是“五谷丰稔”的含义。由于北方禾谷多是一年一熟，“年”逐渐由农业生产周期的名称引申为节日名称。春节既是年终庆祝丰收的日子，更是新的一年农业生产开始的大好时光。在农村，一般腊月（农历十二月）过半就充满的准备过新年的气息。从农历腊月二十三的“送灶神”开始，一直到正月十五的元宵节，将近一个月的时间都是民间喜气洋洋的快乐时光。

2.人伦孝悌

中国人也许对神、宗教不热衷，但是对于祖先却怀有十分深厚的感情。因为祖先是自己的本源，是在血缘关系上高出于己的人，因而对祖先感恩戴德、奉若神明。这是历经书千年的中国文化的基本精神，由此可见，中国人对于先人的生日和忌日相当重视。

秦汉时期，扫墓风已经注入礼仪的内容。“家祭”就是对于已经逝去的祖父母、父母的祭祀。家祭之外，还有“村祭”和“族祭”，场面宏大。祭祖的方式除了一般的节日祈祷、供奉，伴以演戏、奏乐、舞蹈之外，特殊形式还有悼念、扫墓和立碑等。中国人对祖先崇拜敬重的习俗，对于清明节的衍生和发展有着悠远而深刻的影响；若没有中国传统文化中重视亲情人伦的深厚基础，清明节不会形成一个全民参与的节气，其文化脉络仍然依稀可见。

3.驱瘟辟邪

与现代社会相比，古代的医疗设备相对比较落后，人们对于突如其来并且无法解释的天灾疫病，只能祈求上苍庇佑，并衍生出保护自身的方法，端午节和重阳节就是在这种基础上发展而来的。古时候，人们对于驱瘟辟邪的重视与当时医药卫生条件有着密切的联系。每年春夏交替之时，空气潮湿，瘟瘴将发，如果不谨慎防御，往往会造成重大的伤亡。古代民间相信五月是所在多难的“毒月”，甚至认为“五毒”都是五月初五午时开始孳生的，于是人们习惯当天午前在屋角及各阴暗潮湿地方喷洒石灰和雄黄酒，并且插菖蒲、悬艾草、配香囊、贴午时符来驱邪。重阳节则有登高避祸、喝菊花酒等习俗。

4.宗教祭祀

远古社会，人们认为自然界各种食物都具有生命和神奇的力量，因而对于山川草木、江河湖海表示敬畏，以求其保佑和降福，于是形成了原始的信仰。人们相信，宗教祭祀能保证猎物的捕获、季节的正常序列甚至庄稼的丰收。这种基于原始信仰的宗教祭祀活动，一旦形成习俗，便成为了节日的雏形。如中秋节起源于古老的敬天活动“秋祀”以及“拜月”。

5.社交娱乐

社交娱乐类节庆大都是具有联欢游乐的性质，其主要内容是歌舞娱乐以及游艺竞技活动。最具有代表性的是我国少数民族地区流行的一些节日歌会、歌舞等民俗活动。如大理白族每年农历四月二十三至二十五的“绕山林”，届时，人们身穿节日盛装成群结队，边唱边舞走向苍山洱海之间的山林中去相会。苗族的三月三、彝族的插花会、以及在甘肃回、汉、东乡等地区流行的六月六莲花山花儿会等，都是以社交为目的的歌舞节庆民俗活动。

（二）中国节日的发展时期

1.先秦发生期

就节日风俗而言，许多节日元素早在远古时代已经出现了萌芽。流传至今的春节、上巳、端午、中秋、冬至等节日元素，先秦时代大部分已经形成，但当时的节日比较少，内容不够丰富，时间也不那么固定。节日习俗大都建立在原始崇拜基础上，信仰色彩浓厚。同时一些需要防范、禁忌的日子，如春节避山魈恶鬼、上巳禊祓、端午划龙舟等。

2.汉代定型期

汉代，中国主要节日如除夕、元旦、元宵、上巳、寒食、端午、七夕、重阳等都已基本定型。一方面，一些历史人物如屈原、介子推等成为某些节日的纪念人物，取代了原始崇拜和信仰，增强了节俗的人情味和真实感；另一方面，在节俗自身的发展中，一些风俗上升为礼俗，一些礼俗变为风俗，风俗和礼俗融为一体，被人们约定俗成地接受并沿袭下来。

形成这一局面的原因是：首先，汉代大一统局面的出现，促进了各地区风俗的融合，先秦时期的荆楚文化圈、巴蜀文化圈、吴越文化圈、齐鲁文化圈、秦文化圈等，到汉代逐渐融为一体，强有力的国家政权对节日风俗的统一起了重要促进作用。其次，汉代节日定型与当时科学的发展有密切关系，尤其是“太初历”确立了以寅月为岁首，打破了先秦时代的原始崇拜信仰，为节日风俗注入了新的活力和生机。此外，汉代儒家独尊地位确立以后，儒家伦理道德观念对节日风俗也产生了深远的影响。今天，许多节日礼俗大多可以在汉代找到它的源头。

3.魏晋南北朝融合期

这个时期的民族大迁徙、大融合，推动了民族文化的大交流，促进了节日文化的融合与发展。这种融合与发展主要来自三个方面的推动力：一是北方游牧民族入主中原，带来了节俗文化中那些杂技游艺成分，如骑射、蹴鞠等。二是宗教信仰与节日相结合，使节日更加深入人心，推动了节日的传播和发展。道教讲究阴阳，以偶数为阴，以奇数为阳，节日中多取奇数，为吉利的象征，如一月一日、三月三日、五月五日、七月七日、九月九日。五月五日又叫天中节，体现阴阳均衡之意。十二月八日“腊八节”，佛教谓是佛祖成道日，制粥舍众，此传说传到民间以后，形成了吃腊八粥习俗。三是魏晋玄学和清谈之风对节俗的影响，主要表现在宴饮游乐方面，如高谈饮乐、诗酒风流等，为这一时期的节日风俗增加了新的内容。

4.唐宋高峰期

唐宋社会经济、文化的繁荣，促进了节日文化的发展，其主要特点是：民俗节日从禁忌迷信的神秘气氛中解脱出来，向礼仪性、娱乐性的方向发展，演变成为真正的良辰佳节。春节放爆竹原是一种驱鬼手段，此时变成了欢乐的象征；元宵节祭神灯火变成了游艺观灯活动；中秋节祭月变成了赏月；重阳节由登高避灾演变为秋游赏菊。在节日风俗的演变中，还增添了许多文化娱乐活动，如放风筝、拔河等。节日内容日益丰富多彩，把节日民俗活动推向了高峰。

5.明清稳定期

唐宋以后，节日的发展比较平缓，辽、金、元时期，融入了一些少数民族习俗。明清时期，节日风俗出现了三种变化：一是更加讲究礼仪性和应酬性，如逢年过节，人们出于礼尚往来而互相拜访送礼。二是明代资本主义萌芽出现以后，一些以小农经济为基础的节日风俗逐渐被人们所冷淡，如祭土地神习俗已不像先前那样受到重视。三是游乐性继续发展，如元宵节观灯，宋代的五天假日，明代增加到十天假日，在这期间，昼市夜灯，热闹异常。满清入关以后，又增加了舞狮、舞龙、旱船、高跷、秧歌、腰鼓等“百戏”活动。但从总体说来，这一时期的节日风俗没有太大的变化。

二、影响节庆创意活动的因素

1.时空的影响

任何节日都有一定的时空位置，“时”是指节日在历法中的日期，“空”则是指节日流行地区的地理条件，这些都是影响节日构成的基础。节庆受到历法的影响，与气候、物候、天候密切相关。例如，清明节插柳、重阳节赏菊是受到了物候影响的节庆，因为杨柳是春天发芽的树木，菊花是秋天盛开的花卉。节庆的形成还受到地理条件的影响。端午节划龙舟、吃粽子起源于南方，后来成了全国性的节日，但是北方干旱地区由于受到地理条件的限制，没有流行划龙舟，北方没有粽叶也不能包粽子。因而北方替代粽子的食物是鸡蛋，端午节吃鸡蛋成了北方的习俗。相反的，骑马、射箭等北方草原上常见的节庆活动，在南方水乡难以得到实施。

2.社会生产和生活的影响

在我国的传统节日中，有大量反映社会生产和生活活动的节日，其中生产性的节日涉及到农耕、畜牧、渔猎、猜忌等各方面，不同的社会生产活动在节庆活动中留下了不同的印记。比如从事农耕生产的民族，春季有迎接春耕的节日典礼，秋季有庆祝丰收的节日典礼。

社会生活对节庆活动的形成有多方面的影响。在我国古代社会，迷信思想盛行，祭祀占卜、求神拜佛是社会生活的重要内容，因而传统节日里有大量这方面的习俗。古代社会重视人际交往，逢年过节要拜年贺岁、走亲访友，体现社会的人情世故，这些都显示了社会生活在节庆活动的形成中产生的重大影响。

3.历史传说与事件的影响

历史传说与事件也是影响节庆活动行程的一个重要因素之一。我国许多传统的节日都有相对应的历史传说，甚至有些节日有多个传说。如端午节的来历，有纪念屈原说、纪念伍子胥说、纪念东汉的孝女曹娥说。这些历史传说都给节日增添了神秘色彩。但是民间普遍认为是纪念屈原的，于是，端午节形成祭屈原祠、在龙舟上挂屈原像等风俗，这些明显都是在历史传说的影响下形成的。

历史事件影响节庆活动的例子也很多，比如福建兴化等地方，春节拜年并不是从农历正月初一开始，而是要推迟至初六。兴化人初六拜年的习俗据说形成于明代中期，因为某一年过年时，兴化遭倭寇屠城，从初一一直杀到初五，当地人们为了记住这一历史惨剧，改变了原有的传统，形成了初六开始拜年的习俗。

4.文化传播的影响

节日民俗很多时候也会受到文化传播的影响，通过外来输入的突进建立和形成。一种是通过自然的文化传播行形成的节庆活动，如汉族的春节、清明节、端午节、中秋节，许多少数民族因为受到汉族文化的影响也过这些节日。少数民族的不少节日也有原为一族所有，后来通过文化接触，产生相容性，变为数族共有的节日。如火把节就是四川、云南两省的彝族、佤族、白族纳西族、布朗族等民族共有的节日。这些节日在不同的民族之间存在不同之处，另一传播是人为的，在我国，人为传播的节日主要是宗教的一些节日，如小乘佛教节日和伊斯兰教节日。这些节庆活动行程的原因在实际情况下往往相互渗透、相互影响，共同对节庆活动的形成产生了作用。

总之，节庆活动的形成与发展十分复杂。进入20世纪之后，很多被保留下来的传统节庆活动为了适应新的社会制度而被改造，因而被赋予了新的内容和形式，同时也出现了一批纪念新的重大历史事件和人物、适应新的社会需要的现代节日，如国庆节、教师节、植树节、劳动节等。近年来，不少经贸洽谈、商品展销、休闲旅游等活动也借助节庆进行，这是一个国家在发展整治、经济的形势下应运而生的一种文化现象。

第二节 节庆创意的内涵与特征

一、节庆创意活动的内涵

人类进入21世纪后，随着“闲暇”的增多，物质消费已不再是最终目的，温饱也不是生活的主要问题，人们开始着眼于工作时间以外的休闲活动，此时经济本身出现了“休闲化”倾向。节庆活动在休闲时代具有特殊的内涵，节庆活动既是一种历史现象，也是一种当今的普遍现象；既是一种文化现象，也是一种经济现象，它的生存和发展，是一种历史的趋势。

1.文化内涵

节庆活动是民俗文化的重要组成部分，每一节庆活动的形成都展示这一个地区或一个民族的灿烂的文化、悠久的历史和独特的风貌。也就是说，节庆活动是文化现象的载体。离开了文化内涵，节庆活动不复存在。从中国的春节、西方的圣诞节乃至世界范围内的狂欢节，到突尼斯的沙漠节、中国哈尔滨的冰雪节，无不渗透着深刻的文化意义。要繁荣社会主义文化，必然要有一定的形式，而节庆活动是民族文化、民俗文化和商业文化的综合体现。在节庆活动中，通过展演、展播、展览、巡游等形式，丰富节庆活动内容，使人民群众得到艺术享受，使中外来宾感受中华民族文化的魅力，这既弘扬了中华民族优秀文化、又促进了中外文化交流，从而为我国文化事业的繁荣和发展提供了良好的机遇和良好的条件。

2.经济内涵

任何节庆活动的举行，都需要人力、物力、财力的的投入，故节庆活动中的经济现象也就随之形成了。为了抓住机遇加快发展，加强各地同外界的交往，吸引国内外客商来本地考察、洽谈贸易、旅游休闲。这种交往，除了依靠日常工作以外，都会依托规模巨大的节庆活动，集中邀请一批国内外客商来参加活动，并洽谈贸易，为当地经济发展作出贡献。同时，节庆活动期间，举办各种产品展销会、交易会、拍卖会等，获得了很好的经济效益，促进了经济发展。可以说，节庆活动是经济发展的载体，也是经济发展的舞台，节庆活动这种经济现象，实际上是一种“节庆经济”。各地为了加快发展的步伐，需要举办更多的节庆活动，以满足经济发展的需要。

3.历史内涵

节庆活动是一种历史现象，它的发展源远流长。一个节庆活动的产生必然有它的历史背景和特定目的，无论是国内还是国外都是如此。从我国的情况看，传统的、民族的节庆活动的产生，有的是为了对某个风俗习惯的传承；有的是为了对某个事件或人物的纪念；有的是为了对某个农时节庆的欢庆；有的是为了对某处迷人风光的宣扬；有的是为了对某个神话传说的延续；有的是为了对某种宗教信仰的演绎……因此，传统的、民族的节庆活动是时代的产物，所以它得以延续，而且经久不衰。现代节庆活动也是适应我国新时期两个文明建设发展的需要，为了推动现代化建设的进一步发展和改革开放的进一步扩大而产生和发展起来的，因此，它也是时代的产物，是社会主义现代化建设的产物，是改革开放的产物。历史和现实的发展需要节庆活动，这种节庆现象将与时俱进。随着时代的发展，随着改革开放的不断深入，各种节庆活动的数量必然更多，规模必然更大，效果也必然更好。

二、节庆创意活动的特征

1.农业文化特色

中国岁时节日，随着一年四季的变化和农作物安排的需要，逐渐形成了一系列丰富多彩的节俗活动，表现了鲜明的农业文化特色，这从以下节俗活动中可见一斑。元旦前后的立春节，看风云，占天候，预测年岁丰欠。二月惊蛰节令到来时，民间有预防虫害，预占收成的习俗。三月清明、谷雨前后是春耕播种的大好季节，不少节日如蚕月（小清明）、踏青节、禹生日、麦王生日、龙王节、清明等节日活动都与祈求丰收有关。四月立夏的节俗活动大都是围绕各地生产特点进行的。五月盛夏之初，各种灾害较多，俗称为“恶月”，其节俗活动多与防病、除害有关。夏至许多地方有“祭田婆”、摘新谷荐祖习俗。

六月正值三伏酷热季节，易染疾病，因此，许多习俗偏重于消夏抗暑活动，包含有爱护生产力的意义。六月六日天贶节，不少地方农民为保护耕田要祭祀谷神。七月七日乞巧节，从牛郎织女神话传说演变而来的妇女乞巧习俗，反映了男耕女织的经济生活。八月是一年中的收获季节，农民用新谷酬谢祖宗和家神。中秋节赏月、拜月、赏桂，有喜庆丰收的习俗。九月霜降节令，关系到来年生产的好坏，这一天各地有看晴雨、占收成的习俗。十月一日，一些地区农民庆祝牛王生日，广东有对牛不穿绳的“放闲”习俗，这是农闲之际向牛酬谢的表现，实际上是古代牛图腾崇拜风俗的遗留。十一月“冬至大如年”，农民有看雪的习俗，所谓“一九雪，九九皆有雪”。大雪可冻杀害虫，来年农事丰稔。谚语“冬雪是麦被”，其含义即在于此。

2.风俗与礼俗相结合

讲究礼仪，每当重要节日来临，人们都要祭拜祖先，以表达对祖先的怀念。如春节供奉祖宗牌位，寒食、清明扫墓，对待死者“事死如生”之礼在节日祭祖中得到集中体现。清明祭扫本来是民间风俗，唐玄宗时列入礼典，变成了礼俗。元宵节张灯风俗自汉代形成之后，历代都以张灯、观灯为一大盛事。封建统治者对节日风俗的倡导，把风俗上升为礼俗，以礼仪教化人民，加速了节日的传播和发展，同时也把节日纳入了封建礼教的轨道。

3.传承性与变异性相统一

中国节日具有民俗文化传承性与变异性的一般特点。节日一旦形成，便有一种相对独立性和稳定性而世世代代传承下去。有时社会条件虽然发生了变化，但仍然保留有古老习俗的影子，这是节日传承性的重要表现。中国节日文化根植于数千年的农业文化之中，民间流传下来的许多节日都有两千年以上的历史，其中很多习俗是从远古时代传承下来的，至今还为人们所接受，表现了顽强的生命力。当然，这并不意味着节日风俗是一成不变的，相反，随着社会经济、文化条件的变化，节日风俗也会不断有所变化，有的遭淘汰，有的被更新，总的趋势是积极因素占优势地位，落后的陈规陋习不断被淘汰。如汉代以前上巳节的禊祓习俗，魏晋以后变成了郊游活动。简言之，中国节日文化传承中有变异，变异中有发展，传承与变异相统一是中国节日的显著特点。

4.民族性与地区性

中国是以汉族为主体的多民族国家，汉族的传统节日如春节、清明、端午、中秋等，在其他民族的地区也普遍流行。与此同时，汉族节日中也融入了其他民族的风俗，如春节在院内立灯笼杆，就是受了满族祭神杆的影响。节日中的许多游艺活动，如秋千、高跷、骑射、杂技等，原来都是少数民族的习俗。此外，由于各少数民族历史和文化的差异，因而节日文化表现出鲜明的民族性和地区性特点。除汉族节日外，其他少数民族都有自己的传统节日，如蒙古族的“那达慕大会”，朝鲜族的“老人节”，傣族的“泼水节”，锡伯族的“西迁节”，彝族、白族、纳西族、布朗族的“火把节”，土家族的“七月会”，高山族的“丰收节”等。这些节日都有其特殊意义和习俗，与汉族节日共同构成了中华民族大家庭的传统节日。中国节日的这种跨民族、跨地区的特征，是历史上民族节日风俗互相交流、融合的结果，实际上也是各地区经济、文化交流的结果。在这种广泛交流、融合过程中，中国传统文化具有了广泛的包容性，使中华民族产生了强大的凝聚力，这也是侨居海外的炎黄子孙“每逢佳节倍思亲”的一个重要原因。

三、节庆创意的类型

1.农事类节日

农事类节日是指以农、林、牧、渔、猎等生产活动为内容的节日，是农业生产活动的里程碑。我国的传统节日多数都是在农业的社会中形成，因此，以农事活动为主题的节庆创意活动较多。例如，我国民间四十标志的“二分”和“四立”以及“数伏”和“数九”，都是预报农事季节气候的。又如汉族在立春日举行鞭春牛。唐代诗人元稹《生春》诗：“鞭牛县门外，争土盖春蚕。”先“鞭”而后“争”，是古代送冬寒迎新春风俗语的两部曲。鞭春牛又称鞭土牛，起源较早。《周礼·月令》：“出土牛以送寒气。”后来一直保留下来，但改在春天，盛于唐、宋两代，尤其是宋仁宗颁布《土牛经》后使鞭土牛风俗传播更广，以至成为民俗文化的重要内容。

2.宗教祭祀类节日

宗教祭祀类节日的范围很广，以供奉天神、祭祀神灵、祭奠祖先亡灵、驱灾避邪等信仰和习俗为主要内容的节日。

如苗族的四八“姑娘节”也是苗族青年男女的情人节。唱山歌、吹木叶、听苗笛都是多情的苗族儿女表达火热爱情的方式。相传宋代杨家将后人杨广文在战斗中被敌军俘虏，关在牢房里吃不上饭。妹妹杨金花心生一计，到山上采摘饭叶榨汁，拌在糯米饭里，农历四月初八这天给哥哥送过去。狱卒看到黑米饭不敢抢食。杨文广吃了黑米饭之后力大无穷，砸破牢笼，冲出了困境，杨金花却在救援中牺牲，从此之后苗族人就把四月八定做纪念杨金花的姑娘节。过节这一天，苗族人要把出了嫁的姑娘接回娘家后，在全家人吃黑米饭之前，先要进行庄重的祭拜祖先的仪式。

又如苗族的六月六。苗族六月六起源于远古。据《巫教唱傩愿根源》称，混沌洪荒时候，“六月六日下大雪，六月六日下大霜”造成洪水漫天，人间只剩下傩公傩母二人，兄妹互相婚配，生下六男六女，繁衍后代。在古代的这一天，家家户户进行祭祖活动。民间传说的另一种说法是，六月六是龙晒皮，虎晒毛的大好日子，家家户户都要把所有的棉织衣物、被子等衣物拿出来晒，据说这一天晒的衣物，一年四季都不会发霉，冬天也更加暖和，相习成俗。

3.庆贺类节日

这一类节日主要是一喜庆丰收，祝贺人畜两旺、平安幸福等为主题。最突出的是各民族的年节，年节活动内容非常丰富，主要是围绕纳喜迎福，具有浓郁的清和色彩。如土家族的舍巴节。

舍巴节俗称摆手节，一般按活动大小和参加人数的多少分为大摆手和小摆手两种。时间上又分为正月堂、二月堂、三月堂、六月堂。大摆手活动规模大，参加人数上万，祭祀八部大王。小摆手活动规模小，以村为单位，数十人或上百人参加，祭祀彭公爵王、向老官人、田好汉。大摆手在摆手堂中举行。摆手堂供有八部大王神像，堂外坪场中央设有旗杆，插龙凤旗。大摆手活动阿姆“三年两摆”的传统习俗在正月初九至十一举行。各村寨依姓氏组成哥哥排，每排分摆手队、祭祀队、旗队、乐队、披甲队、炮火队，一路上敲锣打鼓，热闹非凡。乐队一般分为镏子队和摆手锣鼓队，披甲队由青壮年组成，每人身披五彩斑斓的西兰卡普，炮火队少不了鸟铳和三眼铳。摆手队伍中严禁游手好闲者参加。快到摆手堂时，举行“闯架”仪式。进堂后由梯玛主持扫邪安神仪式，众人在梯玛带领下，单腿跪地，齐唱请神歌。歌毕，各排将贡品摆于神案。祭祀仪式完毕后，开始跳摆手舞。人们在掌堂师的带领下，绕场而舞，时而单摆，时而双摆，时而回旋摆。其内容表现出民族迁徙、狩猎征战、农桑耕织等方面，最后一大团摆的形式组成象征吉祥如意的太极图案。到了夜晚，唱山歌的、舞龙舞狮的、玩彩莲船的、玩蚌壳灯的依次在摆手堂里演出，把舍巴节推向高潮。

4.纪念类节日

这类节日主要是追念民族英雄以及地方历史上受崇拜的人物和重大的历史事件等。如侗族的林王节是纪念明代侗族起义的英雄林宽的；锡伯族的“杜因拜专扎坤”节，是纪念该族由东北迁徙至新疆而设立。这些都是纪念类节日。还有一些是因为历史传说的附会而产生纪念意义的节日，也可以列为纪念节日之列。

如寒食节纪念介子推。相传春秋时期，晋公子重耳为逃避迫害而流亡国外。流亡途中，在一处渺无人烟的地方，又累又饿，再也无力站起来。随臣找了半天也找不到一点吃的，正在大家万分焦急的时候，随臣介子推走到僻静处，从自己的大腿上割下了一块肉，煮了一碗肉汤让公子喝了，重耳渐渐恢复了精神，当重耳发现肉是介子推自己腿割下的时候，感动得流下了眼泪。19 年后，重耳作了国君，也就是历史上的晋文公。即位后文公重重赏了当初伴随他流亡的功臣，唯独忘了介子推。很多人为介子推鸣不平，劝他面君讨赏，然而介子推最鄙视那些争功讨赏的人。他打点好行装，同老母亲悄悄的到绵山隐居去了。晋文公听说后，羞愧莫及，亲自带人去请介子推，然而介子推已离家去了绵山。绵山山高路险，树木茂密，找寻两个人谈何容易，有人献计，从三面火烧绵山，逼出介子推。大火烧遍绵山，却没见介子推的身影，火熄后，人们才发现背着老母亲的介子推已坐在一棵老柳树下死了。晋文公见状恸哭。装殓时，从树洞里发现一片衣襟，上写道：“割肉奉君尽丹心，但愿主公常清明。”为了纪念介子推，晋文公下令将这一天定为寒食节。第二年晋文公率众臣登山祭奠，发现老柳树死而复活，便赐老柳树为“清明柳”，并晓谕天下，把寒食节的后一天定为清明节。

5.社交、游乐类节日

这一类节日主要是通过歌舞游艺活动进行社交往来，往往以群众集会的形式举行。如苗族的“三月三”、壮族的歌节、大理白族的“绕山林”。以“绕山林”为例，“绕山林”是白族一年一度最盛大的歌舞集会，于每年阴历四月二十三日至四月二十五日举行。届时，每村组成一支少则数十人、多则几百人的歌舞队。队前是两位长者（或男青年），手执柳树枝和牦牛尾为先导，后随唱“白族调”的人群，边走边唱，最后由男女青年分别手持“霸王鞭”“八角鼓”“双飞燕”组成的舞蹈队伍压阵。一行人浩浩荡荡吹吹打打，且歌且舞，沿洱海绕苍山迤逦而行。当与别村歌舞队伍路遇时，只听得高亢嘹亮的“白族调子”声，此起彼落；唢呐吹奏声震荡山谷；“霸王鞭”“八角鼓”“双飞燕”的敲打声更是响成一片，场面宏大，热烈非凡。这些都是很具有代表性的社交游乐节日。

节日作为一种民俗事像，是一年中有多重传承形成的固定和不完全固定的活动时间，已开展特定的主题的约定俗成的社会活动日。节日的服饰、饮食、家庭活动、利益、亲友的社交往来、信仰的注重仪式、娱乐的多样形式都是节日程序中必不可少的内容。

除了以上的分类方法，节庆活动的分类还有很多种。如按节日性质大致可以分为单一性质的节日和综合性质的节日两类；按规模和影响分为全民性的、民族性的和地区性的三种类型；还可以按节日的地域分布、参加者情况、活动方式、时代性等来划分。

第三节 节庆创意在休闲农业中的运用

一、休闲时代节庆活动的构成要素

1.民族性要素

节庆活动是一种社会现象，总带有强烈的民族色彩。按照节庆活动的族属，可以将节庆活动分为单一民族的节庆活动和跨民族的节庆活动两种类型。单一民族的节庆项目是一些民族所独有的活动，如藏族特有的沐浴节。而跨民族的节庆项目体现为数个民族共有的活动，比如春节。除汉族以外，还有二十多个民族都过春节，是我国跨民族数量最多的传统节庆，但具体形式和内容有差异。按照节庆活动的主题分类，有农事类（如高山族的丰年节）、宗教祭祀类（如伊斯兰教的开斋节、盖得尔夜等）、历史事件或人物纪念类（如侗族的林王节）、文化娱乐类（如蒙古族的“那达慕大会”）、庆贺类（如各民族的年节）、商贸类（如纳西族的骡马会）和生活社交类（如朝鲜族的梳头节）等。这些节庆活动带有很强的民族色彩。

2.事件性要素

节庆活动是一种历史现象，总影射着某个历史事件或历史人物。节庆活动的渊源可以分为历史事件（例如国庆节）、历史人物（端午节）、宗教故事（狂欢节）和神话传说（泼水节）等几类。节庆活动分为两大类：历代传承至今的传统民俗节庆和后来新兴的现代节庆。比如春节逛庙会，端午划龙舟、吃粽子，中秋的赏月、吃月饼，重阳的登高、赏菊等习俗古已有之，至今仍盛行不衰，是我国传统的民俗节庆活动，具有很强的事件性特征。而像哈尔滨冰灯节、上海桂花节、大连槐花节、江苏宜兴陶瓷节、广西民歌节、拉萨藏族服饰节、安徽砀山梨花节、洛阳牡丹节等都是新兴节庆活动的典型代表。是随着人们的需求和时代的发展，城市或者地区为了发展当地经济而造的节庆，这是各地发展节庆产业的一种趋势。各地在挖掘和打造节庆活动的时候，要注重事件性要素的发掘，充分丰富节庆活动的文化内涵，可促进节庆活动的可持续性。

3.文化性要素

一个节庆活动之所以能长久延续和传承，是因为它是长期发展、积淀、演变和发展而来，是根植于人民大众的民族感情、民族信仰和生活习俗之中的。是某个地区因时、因事、因物或因名人等创造出来的一种庆祝活动，或者说是一种展示地方文化的形式，这也是一种聚集人气的方法。

这类节庆活动，有的定位比较准确，能同当地的民情和文化相融合，有可参与性，也有吸引力，经济上能作到良性循环，不给政府和百姓造成负担，它就能够持续存在并发展下去。节庆文化包括传统文化、时代文化和外来文化，传统文化就是节庆文化本身具备的体现地区本土风情的文化，是节庆活动的基石；时代文化是随着时代的发展，节庆文化与时俱进，在传统文化的基础上增加的创新元素；外来文化是节庆活动在举办的过程中，随着当地居民的观点逐渐发生变化，吸收外来游客带来的文化的产物，节庆活动文化是这三种文化的综合体。

4.演绎性要素

节庆活动是历史和现实的共同发展需求，包括大量的时代演绎活动。节庆活动通过演绎文化、演绎故事、演绎人物。时间是土壤，物质、财富、文化、精神是养料，我们现在所看到的大量节庆活动是经历了无数时代演绎进化以后的结果。

例如“嘉年华”是起源于欧洲的一种民间狂欢活动，最早可以追溯到1294年的威尼斯。多年以来，“嘉年华”逐渐从一个传统的节日，到今天成为包括大型游乐设施在内，辅以各种文化艺术活动形式的公众娱乐盛会。全世界各地有着花样繁多的嘉年华会，并成为很多城市的标志。中国媒体经常提到的世界各地狂欢节，比如著名的巴西圣保罗狂欢节、威尼斯狂欢节、牙买加狂欢节都是嘉年华演绎的。而且嘉年华的活动形式和主题都是通过嘉年华原始要素演绎而来，使参与者通过互动来体验节庆的内涵。

二、节庆旅游策划的要点

1.主题鲜明

不管举办什么节庆活动，必须要有一个明确的主题。主题是节庆活动的主旋律，反映了节庆活动的理念，也是其形成竞争优势并保持长久生命力的有力工具。它在整个策划过程中，起到了凝聚、方向指导作用，直接关系到节庆活动的成功与否。一般来讲主题的选择要有利于主题形象的形成，有利于后期的宣传推广，有利于吸引有效的客源市场，所以在主题选择上尽量做到特色与创新相结合，创造独特的项目主题。

主题的选择需要挖掘旅游节庆自身的本底要素，结合当地的地脉、文脉、人脉等特征，运用各种方法和技巧进行充分论证、反复推敲和归纳总结。在合理确定节庆主题的基础上，节庆中的项目来烘托加强主题。一般节庆主题的确定应该遵循民族与时尚相结合，既可以挖掘本地的民族特色也可以通过移植中国乃至世界各地不同的风土人情，表现多彩的民族特色，形成另外一种时尚，满足时尚人群广泛的、普及性的需求。

2.特色突出

当前各地政府新办节会的一个最大问题在于数量过多过滥、水准参差不齐，没有形成自己的地方特色和民族特色。特色是节庆活动的灵魂，因此，在活动中应注意挖掘各民族的深刻文化内涵，突出展示其独特的个性色彩。无论何种性质或类型的节庆活动，若要产生广泛的影响，就必须着眼独特的优势，找准与区域特色相符合或相融合的结合点，来塑造独树一帜又有根基的节庆活动形象。把节庆活动与当地的历史文化、民俗风情、产业特征和自然风光结合起来。张扬个性、追求特色，并善于把特色与个性附着于一定的客观载体。突出节庆活动的民族特色、地域特色、文化特色和时代特色。

3.群众参与

任何节庆活动，都是一种大型的、群众性的活动，必须在群众参与上大做文章，才能把活动搞得生动活泼、有声有色，产生影响，达到目的。因此，在策划过程中要大力宣传节庆活动，增强广大群众的兴趣，吸引他们积极参加，同时举办大量的参与式项目组织群众参与。节庆活动要大众化，办大众化的节，办富裕百姓、快乐百姓的节。形式要开放，参与度要增大，使游客和市民都能从亲身参与中感受到节日的美好和快乐，这样才能集聚人气，渲染气氛，使活动有“气势”，有“声势”，从而产生节日的热烈感觉。具体到对节庆的主题、内容、形式的探讨上，在对节庆的广告语、会徽、吉祥物、纪念品的制定上等，都需要积极发动当地群众和文化界知识界的学者专家文人献计献策。只有事先经过深入的市场调研，有着广泛的群众基础并深得人心的节庆活动才能唤起群众对它的参加热情。

4.国际接轨

节庆活动要体现出国际性，这既是节庆活动档次的表现，也是节庆活动效益的需要。要打造国际化节庆，要做到对外宣传国际化，人员参与国际化和活动组织国际化。

首先，对外宣传国际化就要求宣传的方式、语言、范围、宣传工具的选择都应做到国际化。其次，人员参与国际化，在节庆的策划、开展、参与过程中，尽量邀请目的地市场的知名人事一起参与，实现人员参与国际化。再次，活动组织的国际化，就是活动组织的水平和方式与国际接轨，在保持本土化的基础上做到国际化。西班牙的潘普罗那奔牛节本来也是一个区域性节日，后来经过诺贝尔文学奖获得者海明威在他英文版小说《太阳照常升起》中大肆渲染，在全世界影响不断扩大，再加上奔牛、斗牛的惊险和引人入胜，拉开序幕的“冲天响”和全球电视台播放的《我好可怜》的结束曲，很快变成了一个国际性节日，年年相传，至今已有四百多年。

5.市场运作

经过近 20 年的实践，各地都在探索按市场化机制举办节庆活动，对节庆活动的有形资产和无形资产进行全面开发，由政府操作走向市场运作，节庆活动市场化运作已成大势所趋。目前，我国有各类民族传统节日和现代节庆活动约五千多个，但节庆活动仍带有浓重的政府色彩，真正的市场化运行机制没有形成，经济效益成为节庆活动成功与否的唯一标准。

要实现市场化运作，首先节庆组织要以企业为主体，企业在市场中运作，具有自主性，有利于节庆活动的灵活发展。其次，节庆项目的策划要以市场为导向，节庆活动的策划应该建立在市场分析的基础上，才会是面向大众的节庆。再次，节庆活动的筹资方式要以多元化为目标，要实行公司化运作。

6.整体出发

旅游节庆产品的开发是一系统工程，涉及到当地社会经济生活的方方面面，需要政府、众多的企事业单位和当地民众的协作配合，忽视任何一方都将直接影响到旅游节庆产品的整体功效。从产品自身来看，旅游节庆产品是在一个较短时间内，以市场为导向，围绕某一主题，通过整合当地资源、经济、产业、文化等要素，向游客加以集中展示的旅游产品，它同时要求有广泛的民众参与以烘托节日气氛，它带给旅游者的是从旅游项目本身到当地人文环境气氛的整体感受，因此它的成功推出对诸要素的整合性要求较高。就产品开发的目的来看，由于旅游节庆举办的主要目的在于推动当地旅游业的发展和促进经贸交流，旅游节庆产品和当地众多的产业之间必然有着更为密切的利益关系。同时，作为当地政府从多角度向外界推介区域整体形象、扩大地方影响的重要手段，也需要强调整体性。

三、节庆创意活动的方法

近年来，随着旅游节庆的大量开展，许多不足和缺陷组件显现，如节庆活动内容单一，主题内容不鲜明；宣传力度不大，社区参与度低；缺乏文化内涵，文化品位有待提高等。结合文化创意产业的新理念，通过将文化创意产业与旅游节庆相结合的构想，将节庆旅游产品赋予文化内涵进行深度开发，不仅为公众提供一个参与的平台，更要从旅游节庆的舞台和动态化的产品中获得知识和娱乐价值。

1.确定旅游节庆活动的主题

旅游节庆主题是节庆活动策划的基础和前提，起到一个提纲的作用。策划好旅游节庆的主题对于办好旅游节庆有着重要的作用。纵观国内外成功的节庆策划，大多数都具有鲜明的民族特色和地域特色，富含浓厚的文化底蕴。节庆活动不能盲目跟风，地方要有竞争力的主题来开展。我国各地文化遗产丰富，类型多样，根据其类别，可以从中提炼七个方面的节庆主题：民间文学、民间音乐、民间杂技与竞技、民间舞蹈、民间传统戏剧、民间手工艺以及民间习俗。通过这七个方面的主题的策划，将传统文化进行有效的开发。

2.策划系列节庆活动

文化是一个系统的、复合的概念。任何一种文化都包含着子文化，而且具有可持续效应，这些为节庆活动的策划提供了基础。节庆活动要产生轰动的效应，必须具备较大规模和广泛的参与度，当然，节庆活动本身的盈利也是至关重要。毫无疑问，文化依然是旅游节庆的灵魂要素，若想使这种文化富有生命力，必须使之与商机相结合，利用文化去创造商机，进行专业的市场化运作，进而保证其向企业一样长久地规模化经营下去。此外，在进行节庆活动策划时，可以根据旅游节庆主题、节庆发展条件等多重因素进行相应的策划，以达到主题内涵丰富、节庆活动多样的目的。其他主题也是如此，根据其主题，策划系列节庆活动。

3.与民俗旅游、非物质文化遗产的保护相结合

民俗旅游就是以各民族的民俗风情为吸引力本源的专项旅游形式。民俗作为一种民间文化，蕴含的记忆、设计理念、表演艺术等与文化创意产业有着密不可分的关系。而民俗旅游以体验民俗事像为主要内容，又和节庆旅游的发展模式大同小异，所以在对旅游节庆进行具体的策划时，可以将这两种文化性的比较强的旅游活动方式结合起来，综合策划，以达到良好的效果。

“非遗”往往以无形的形式存在，缺乏载体，因而公众一般无法直观“非遗”。“非遗”传统的开发与保护模式主要有主题公园模式、物化产品模式等。将旅游节庆同“非遗”的保护相结合，相对于以上的模式而言是一种全新的运作模式，它可以实现无形性向有形性的转变，区域“非遗”可以通过旅游节庆这个载体由演出人员进行游行的展示和表演；还可以提高公众的参与性，节庆旅游者通过参与旅游节庆，获得可以与节庆活动的演出人员进行互动，不仅增强了公众的参与性，更增加了该模式的竞争力。通过旅游节庆的开发模式，“非遗”的开发与保护实现了由静态的模式向舞台化的模式的转变，无形的文化通过有形的方式在舞台上有眼缘进行动态展示。

4.倡导低碳节庆的方式

低碳节庆，顾名思义，就是一种降低“碳”的节庆，也是在节庆活动中，旅游者尽量降低二氧化碳的排放量，以低能耗、低污染的方式进行，将旅游节庆与低碳旅游相结合体现了与时俱进的精神。

旅游节庆作为区域性很强的旅游活动，设计“行、住、食、游、购、娱、营销、环境”等多层面，具有响应低碳生活方式理念、推行碳汇机制、运用低碳技术成果的先天优势，也必然成为实践低碳经济发展模式的前沿征地。节庆旅游本身具备一定的低碳产业性质，在创意文化产业的视角下，结合低碳经济模式，可以通过策划一些低碳节庆活动吸引物、用低碳环保的建设途径配置相关的节庆设施、倡导健康低碳的消费方式、营造参与性的体验环境等途径来开展全新的旅游节庆活动，达到良好的经济、社会效应，实现可持续发展。

第四节 节庆创意活动的案例

一、楚雄紫溪山庄“樱桃节”简介

楚雄紫溪山庄是云南省知名的旅游风景区。风景区内森林资源丰富，有成形成片的樱桃园。当地每年都利用这些资源在黄金周举办“樱桃节”。至今已经成功举办了八届，樱桃节期间，每天的游客人流量最高可达 8 万次，平均人流量为 4 万次。

项目定位：过云南人自己的旅游节。

主要目标客户群：楚雄和昆明两地的旅游者。

次要目标客户群：省内其他地区和省外游客。

二、“樱桃节”总体运作思路

1.借势

借助 2005 年国际昆明旅游节在省内甚至国内引起的轰动效应，将紫溪山“樱桃节”融入 2005 年昆明国际旅游节活动当中。将本项目与 2005 年昆明国际旅游节结合在一起，以此来得到社会的关注，从而达到提高宣传效果的目的。

2.目标

争取成为 2005 年昆明国际旅游节的分会场之一。

3.造势

围绕本项目的宣传目标，利用昆明和楚雄两地的媒体广泛宣传“樱桃节”，让更多人了解“樱桃节”的活动，调动旅游者参与“樱桃节”的积极性。

4.目标

通过媒体宣传使“樱桃节”在昆明和楚雄两地达到 50%的知晓率。

5. 盈利模式

项目盈利模式主要是门票、赞助、广告费、餐饮收入、各项活动报名费、特许经营的场地费等。

三、“樱桃节”系列活动

1.野炊、冷餐会：采用军事野炊冷餐会这两种形式，解决游客的就餐问题，同时增加了参与乐趣。

2.登山及长跑：采用设立奖项进行登山及长跑活动。

3.野物捕捉：在相应区域放入鸡、兔、鸭等小动物让游客自行捕捉。

4.樱桃寻宝：在山上沿途藏有篮装的樱桃，让游客进行定向寻宝。

5.对歌大会：以民歌、山歌、流行歌为主，进行对个大会。增加游客游览兴趣。

6.樱桃采摘：在樱桃园进行采摘活动。

思考题：

1.简述节庆创意的起源。

2.影响节庆创意活动的因素有哪些?

3.节庆创意活动有哪些特征?

4.节庆旅游策划的要点有哪些?

5.节庆创意活动的方法有哪些?

第九章 休闲农业科普教育创意

第一节 休闲农业科普教育创意

近年来，我国休闲农业发展迅速，但在休闲农业中，还普遍存在内容单一、结构不合理等现象，尤其是其科普教育功能没有得到充足的发挥。然而，当今社会是一个提倡全面教育、终身学习的社会，充分发挥旅游的教育功能是未来旅游业发展的趋势。游客在游玩的过程中，不仅需要开阔视野，还希望提高知识水平和文化修养。寓教于游是一种很好的模式，开发休闲农业的科普教育功能意义重大。休闲农业又因其鲜明的体验性而具有显著地科普教育功能，参与者不仅可以再轻松愉快的观光旅游过程中获得科普受益，甚至有相当一部分的游客是以家庭为单位的家庭旅游，是出于对休闲农业的科普教育兴趣而成为顾客的，这样就能够使休闲农业的科普功能具有的价值得到实现，并因此形成良性循环，才能更好地全面实现休闲农业在农业、生态、旅游、科普教育等方面的综合效益。

一、休闲农业科普的内涵及特点

休闲农业是指利用农村自然资源、田园景观、生态环境资源，结合农林牧副渔等农业生产、农业经营活动、农村文化及农家生活，围绕农业产业发展为核心，以缩短农产品流通环节与保障农产品质量安全为基本要求，发展提供自然观光、休闲旅游、消费购物、农事体验、游乐活动、教育认知、养生度假等多种服务的一种新型高效农业产业形态。主要结合农业和农村等有形资源及其背后隐含的休闲观光、教育体验与经营管理能力等无形资源所形成的一种新兴休闲服务产业。

随着社会的发展、时代的进步，科普教育史兼顾农业生产与科普教育功能的形式，即利用农园中所栽植的作物，饲养的动物以及配备的设施，如特色植物、热带植物、水耕作物栽培、传统农具展示等，进行农业科技示范、生态农业示范，为青少年和城市居民传授农业知识。

休闲农业是利用农业景观河农村自然环境，结合农牧业生产、农业经营活动、农村文化生活等内容，吸引消费者前来观赏、品茶、购物、劳作、体验、休闲、度假的一种新型农业生产经营形态。主要围绕“农”字做活农业旅游，以体验“农”的氛围，参与“农”的生活，享受“农”的风情，感受“农”的文化，接受“农”的佳偶为内涵。精心打造原滋原味的大自然产品，营造放松自我、乐在其中的氛围，让游客找到心灵的归宿和家的温暖。

（一）休闲农业科普的内涵

科普教育可以用科普旅游来提高农业休闲文化品位。科普旅游本身就是旅游文化活动，农业休闲科普旅游是融合知识性、教育性、观赏性、趣味性、参与性为一体的农业休闲旅游文化活动。应该充分发掘乡村景区丰富的科普资源，广泛建立乡村景区科普教育基地，提高乡村旅游景区的文化品位，是游客在休闲农业旅游活动中获取科学知识、发展休闲农业科普旅游教育，用科普旅游带动休闲农业文化建设。科普旅游教育是在农业休闲中普及科技知识的文化活动，能够提高农业休闲景区的文化品位。

科普教育是提供演示农业生产、了解农业过程的场所，特别强调公益服务性，以一定的参观费作为收入的补偿。这种形式集教育性、娱乐性与休闲性与一体，使游客在参与游乐的同时，掌握基本的环境和农业的知识，同时自觉地保持环境的整洁。代表性的有法国的教育农场、中国台湾的自然生态教室等。经营单位可以与农业科研部门和农业院校合作，把农业科技新成果展示在农园内，体现科技农园的特点，对很多人都具有强烈的吸引力。还可以建立相应的服务设施，为游客的休闲观光、学习提供必要的物质条件。

科普教育在休闲农业中是农业与旅游相嫁接，生产与消费相结合，把单纯的农业生产变为集生产、休闲、观光、旅游等消费于一体的产业业态。通常，休闲农业都会把生态审美、现代科技与农业情趣富寓于旅游过程，通过实现生产过程的商品性、动手实践的有益性、观赏品尝的趣味性、科普宣传的知识性等方面的有机结合，使旅游者在轻松愉快的观赏与劳动中，既能体味山野田园的情趣，又能领略其他风景名胜所不具备的、新颖的、现代的农业艺术，还能学习农业、生物、生态等方面的科学知识。在推动休闲农业上新台阶、进高水平的发展时期，有必要充分发挥其文化教育功能，实现其全面价值。

（二）休闲农业科普的特点

1.生活生产的自然性

休闲农业生产的自然性：农业与自然有着密切的联系。休闲农业不是人类可以独自完成的产业，而是必须由人类、自然共同完成。人们在休闲农业中与农业接触，实际上也就是与自然接触。休闲农业很好地将农业生产与农业旅游、科普教育结合起来。人们既可以通过自己耕作、采摘、体验、加工等方式，深入到农业的生产过程中，又可以通过各种农事活动、农业产品、农事体验、农业科普教育馆等教育中心来体验生活，同时又可以促进农业的生产发展。

休闲农业生活的自然性：参观游览活动以农业自然生态为本色的中心而所需要的旅游设施。休闲农业生态环境和文化科普教育环境的原始性，可使得游客通过各种形式的生态旅游和生态教育，进一步了解各农业的自然要素如何发展。通过农业生产、加工、销售、疗养、旅游娱乐等综合形式，使得参与者可以从中得到满足、休憩、教育。

2.持续发展的社会科普性

文化教育的可持续性：休闲农业的科普教育对象不仅仅是单纯的农业生产过程，同时还促进人类的农业文明与工业文明，因而才有利于文化教育的可持续发展。它既可在形式上以观光、体验、教育、旅游为一体，在对象上以自然、人文、社会等有形和无形的资源相互交融，又可以在效果上实现参与者同时获得农业文化的一种熏陶，保留传统农业文明。例如，融入休闲与教育于一体的农业科普教育、宣传农业传统文明的农村民俗村，体现现代农业科技的主题公园等，很好地将农业文化传播开来。

社会的可持续发展：休闲农业贯穿于第二、第三产业，将三个产业紧密地联合起来。根据其产业融合的特点，农业生产的发展促进了农产品工业延伸。休闲农业也带动了旅游业扩张，休闲农业成了人们休闲、度假、旅游新项目，在其推进旅游业发展时，也必将得到其反作用力，帮助休闲农业在满足广大消费者的需求中不断完善自己。

二、休闲农业的科普功能

科普教育本身就是休闲农业的重要内容之一。通过设立农业科普馆和现代农业科技博览区等科普教育中心，向更多的人介绍农业历史、农业发展现状，普及农业知识和加强环保教育。还可在现代农业科技博览区设立现代农业科技研究中心，采用生物工程方法培植各种农作物，形成特色农业。这样，一方面可以为当地及周边地区的科普教育提供基地，为大中院校和中小学生的科普教育提供场所，同时也为各种展览和大型农业技术交流、学术会议和农技培训提供场所。

休闲农业是以农业和农村作为载体，以农业活动为基础，农业和旅游业相结合的一种新型交叉的产业。它将传统的农业从第一产业延伸到第三产业，把第一、第二、第三产业连接起来，是农业与旅游、生产与消费的有机结合。除生产食物等农业产品这一主要的功能外，还具备其他功能，如环境功能、社会功能、文化功能等，农业多功能性随着社会经济的不断发展日渐彰显，并得到人们的普遍认同与重视。随着社会经济的快速发展，农业生产离城市生活越来越远，但作为人的一项基本需要，每个人都有必要亲近作为第一产业的农业；这种需要是基于对农产品的物质需要，却又超越了这一需要的，可以被描述为心理的、精神的、生命本身的需要。

（一）经济功能

1.农产品供给功能

休闲农业通过建设和发展玻璃温室、塑料大棚等种植、养殖，有土和无土相结合的方式生产农产品。一年四季农副产品均衡供应的可控农业生产基地，为都市居民生产和提供着更多的优良、鲜活的农副产品，以满足不同层次的物质消费需要。休闲农业利用现代工业技术，大幅度地提高农业生产力水平，为市民提供的农产品不仅满足于数量，更有质量上的保证。

2.农业创收功能

农业不能停留在初级农产品的生产上，而是应该通过农业产业化的发展，建立农副产品的生产、深度加工和市场销售的生产经营体系，从而不断提高农业生产效益。休闲农业可以推进资源优化配置，提升城乡产业结构，增加城乡劳动力就业，保证农业经营者增产又增收的功效。依托大城市优越条件，打破地域局限，实现与国际大市场接轨，发挥先进的农产品加工业和开放型农业的创汇功能。

（二）社会和谐功能

休闲农业集农业生产过程与旅游、餐饮和服务于一体，包括吃、住、行、游、购、娱等多个要素，一处休闲农业的开发，可以带动农副产品和手工艺品的加工、餐饮、住宿、交通运输、通信、商业、娱乐等多个行业的快速发展，实现不同产业的共赢。休闲农业是劳动密集型产业，工作的技术含量不高。发展乡村旅游可以促进农村剩余劳动力的就地转移，有利于促进农村生产发展和农民生活富裕，缩小城乡差距，统筹城乡发展，实现城乡和谐。

（三）教育功能

1.对于城市人群的教育

通过休闲，游客接触农业、体验农业生产和农业文化，从而使他们在回归自然中获得一种全新的生活乐趣的同时，培养出热爱农业、热爱劳动的思想观念，受到祖国传统文化教育和民族教育。

2.对农民群体的教育

休闲农业实际上是城乡居民的互动，随着这种互动，必然使得农民接受更多先进的科学文化的知识，既培养了农民良好的生活习惯，又实现了乡风文明，对全面提升农民素质有重要的教育作用。

（四）环保功能

1.对城市的环保

休闲农业充分发挥其绿、美的特色，合理利用资源，维护生态平衡，营造优美宜人的绿色景观，防治城市环境污染，改善空气、水源，保持清新、宁静的生活环境，建立人与自然、都市与农村和谐的生态环境。

2.对农村的环保

休闲农业是一个可持续发展行业，可有效解决城市扩张与农业生产的矛盾，提高社会公众保护资源和环境的意识，实现人与自然的和谐发展。

（五）游憩功能

休闲农业为城市居民提供清洁优美的休闲、游览场所，提高了人们的休闲生活质量。采取让游客参与生产活动的方式，激发了人们的农业生产实践中学校农业生产技术，体验收获和品尝乐趣，增进了游客之间的情感交流，提高了城市居民休闲生活的层次。近年来，休闲农业发展迅速，深受城市市民欢迎，它既能满足市民对观光旅游的要求，又可获得较高的经济效益。

（六）文化传承功能

中国是一个历史悠久的农业大国，其发展过程中形成的传统农业文化，是中国文化的基础。它渗透于农业、工业等各个领域，蕴含着丰富的自然社会科学知识。而休闲农业正是一个良好的农业文化传承的平台，它增强了人们对现代农业和文化内涵的感知，为人们由物质满足转向较高层次的精神文化追求提供场所和机会，为工业化和城市化发展中国家保持民族传统文化造就了基础，从而为中国悠久的农业文化不断发展创造了良好的条件。

三、科普教育类型

科普教育是面向社会开展的知识、精神以及技术成果的教育，是提高国民的科学素养的教育，是向公众开展的科普教育活动。

1.学校教育

学校教育是科学文化素质的教育，是人类传承文明成果的一种方式和途径。学校教育要使青少年学融入群体与社会当中；要使青少年获得终身学习和终身发展的动力、热情和必备的基础；要使青少年在纷杂的事物中学会选择，具有正确的价值判断能力；要为青少年多样化的发展提供可能和条件，使他们具有独立健全的人格和鲜明健康的个性；要使青少年拥有善良的人性、美好的内心和优雅的举止；要使青少年学会清醒而客观地认识自身的价值和在社会上恰当的位置，并养成时时自我反省的习惯，学会自我调整，使自身不断完善；要使青少年逐渐懂得自己所承担的责任，包括对自己、对家庭、对社会、对人类和对后代的责任。

2.家庭教育

家庭教育是人生价值观的教育。家庭教育作为一种教育形式，自从人类社会产生了家庭，它便也随之产生了。这种教育与学校教育、社会教育一起，构成了人类所接受的全部教育。由于家庭教育是在家庭成员之间进行，这就决定了它的初始性、持久性和施教者与受教者之间的关系的亲密性，自然，家庭教育对人的影响之大就不言而喻了。纵观历史，我们可以看到良好的家庭教育使人终生受益，而不良的家庭教育常常贻误终生。

3.社会教育

社会教育是一种活的教育，它的深刻性、丰富性、独立性、形象性远非学校教育可比。协调社会教育力量可培养学生积极参加社会活动的能力，能将分散的、自发的社会影响纳入正轨。社会教育的好坏依赖于国家法律法规的建设程度和整个社会教育大气候的形成，这需要全社会较长时间的努力。社会教育主要指学校以外的社会文化教育机构对青少年及成年人的教育。主要任务是使受教育者进一步确立符合社会要求的思想品质和世界观；普及科学文化知识，增加和更新人们头脑中储存的知识和信息，引导人们从事健康的文体活动，使受教育者成为合格的公民。社会教育的内容很多，如传统教育、理想教育、道德教育、文化技术教育等。形式也多种多样，如参观游览、举办讲座、开展文体活动、阅读书报杂志等。教育社会学将社会化视为贯穿人的一生的活动；认为个人在结束学校生活以后，社会教育取代学校教育继续影响人的社会化过程。社会教育在帮助个人正确履行自己所扮演的社会角色的职责和义务方面，起着十分重要的作用。

现代的社会教育具有其他教育形态不可比拟的特殊作用，它的作用主要表现在下述各个方面:

第一，社会教育直接面向全社会，又以社会政治经济为背景，它比学校教育、家庭教育具有更广阔的活动余地，影响面更为广泛，更能有效地对整个社会发生积极作用。

第二，社会教育不仅面对学校，面对青少年，更面对社会的成人劳动者。这不仅可以弥补学校教育的不足，满足成年人继续学习的要求，有效促进经济发展，还可以通过政治、道德教育，促进社会安定与进步。

第三，社会教育形式灵活多样，没有制度化教育的严格约束性。它很少受阶级、地位、年龄资历限制，能很好体现教育的民主性。

第四，现代人的成长已不完全局限于学校，必须同社会实践相结合，通过社会教育更有利于人的社会化。

由此可见，社会教育在现代社会里其意义愈加重要，是现代社会教育体系中不可忽略的部分。

四、科普教育创意的重要作用

以休闲农业带动生态教育的科普推广，发挥科普教育基地作用，积极普及科学知识。科普教育在休闲农业中，充分发挥现代农业及生态旅游相辅相成的优势，通过整合蕴含的科普资源，多形式、多渠道地为普及科学知识，培养创新精神和实践能力提供了良好的场所，既丰富了科普教育的内容，又发挥了良好的科普示范作用。

首先，科普教育基地是具有科学教育与科学传播功能的公共设施，是开展科普工作、宣传科学思想的阵地。实施科普教育，提高科学素质，对于增强获取和运用科技知识的能力、改善生活质量、实现全面发展、对于提高国家自主创新能力，建设创新型国家，实现经济社会全面协调可持续发展，构建社会主义和谐社会，都具有十分重要的意义。

其次，在休闲农业中，进行科普教育创意是为充分发挥农业科技成果转化作用，加快农业科技成果的有效推广。

第三，通过现在设施农业展示观光平台，能在一定程度上了解现代设施农业种植发展情况，感受现代农业文化，体验现代休闲农业的趣味，创新现代教育模式，使其在观赏愉悦中产生学习的兴趣。以园区或者农业科普教育基地，打造集农业科研、生态观光、休闲度假、环境教育、科普教育于一体的多功能现代农业示范区，以特色来增强科普产品的吸引力。开发科普活动，以资源信息共享为手段，推进文化建设，以丰富的活动项目，提高展教功能，精心开辟各类农业科普教育，能在观赏愉悦中丰富知识。传播农业科普种植技术、体验现代农业文化，展示风景风情及特色农业成果等，更能了解中国农业发展的知识。

第二节 休闲农业科普教育的发展意义与市场

一、休闲农业科普教育的发展

1.经济发展

目前，体验式营销已成为最有特色、效果也最好的营销方法之一，农业上的成功营销也是如此。给城市居民创造到农村的机会和动力，让他们有机会作一回农民，紧跟农业发展的最新脚步，体验现代科技在农村生产生活中的应用，激发他们的消费欲望，也培养他们对农业、对大自然、对生态环境、对周边人群的感情。

当然，在参与休闲农业的生产或消费的过程中，除了经由亲身体验而直接获得的经验性知识外，还可以在这个过程中自然而然地习得文化性的知识。因此，有意识地把农业科普知识的宣传设计到这个过程中，就不仅使来访的居民能够感受到农村田园独有的自然风光，还可以学到很多重要的科学知识，尤其对求知欲极强的儿童来说是非常有益而轻松的学习机会；甚至对那些来自农村的城市居民而言，也具有良好的教育作用。通过发挥休闲农业的教育功能，可以为游客提供参与农业生产活动、感受农业景观、学习农业知识、了解农业文化的户外教学场所。还可以通过发挥休闲农业的环保功能，提升环境品质，维护自然景观的生态状况，推进生态环境的保护和改善，从而对游客进行现场体验的环保教育。

2.趋势发展

休闲农业已经形成田园风光休闲模式、森林休闲模式、海洋（渔业）休闲模式、乡村休闲文化模式、农业科普实验园模式、休闲购物模式等几种相对成熟的主要模式。其中，农业科普实验园模式主要利用农业科研机构的农业品种资源、先进的科研设备和农业技术等科技资源，开辟农业实验观光园，作为青少年学习和体验农业的实践场所。但产业主导型休闲农业的科普功能是最值得开发的。因为它是依托农业产业提升而发展起来的一种休闲农业形态。这种模式通常依托当地良好的农业资源和旅游区位优势，引进技术集成，通过农业综合开发，打造生态农业园区，通过旅游带动，把生态园区农业向旅游产业延伸，融合农业生产、休闲、生态、科教、文化、旅游服务等多种功能为一体，形成特色农业与旅游业有机结合的休闲农业。实践证明，在生态园区发展设施农业，不仅可以开辟水果采摘、花卉观赏、体验等休闲旅游主题游景点等农业观光项目，还可以展示现代农业新品种、新技术，突出生态园区的科技展示、科普教育等功能。

3.文化发展

休闲农业从单一观光型农业向休闲、教育、体验型农业发展。休闲农业过去多是以农业观光和农家乐为主，功能单一，层次较低，现在休闲农业还开发乡村民俗文化、农耕文化、生态文化资源，增加了休闲、娱乐、养生、健身和回归自然的内容，从而使休闲农业的科普教育向高品位、高层次、多功能教育方向发展。

二、休闲农业科普教育的意义

（一）社会意义

1.发展市民和中小学生的科普教育基地

发展休闲农业，将知识性、科学性、趣味性融为一体。对于长期居住在城市的市民和青少年，参加休闲农业旅游活动，既能增加城市居民和青少年对农村、农业和农民的感性认识，又能通过参与农业生产活动，锻炼动手能力，寓教于乐，使其获得很好的接受教育的机会。传承中国悠久的农业传统文化。

2.有利于提高综合科学文化素养

开展科普教育是为提高全民科学文化素质提供了良好的智力条件。可以使更多的人学习科学知识，拓宽知识领域，增加获取知识的乐趣和渠道。有利于从小培养热爱科学技术知识的兴趣和精神，增加科技后备力量。

3.是中国农业与世界农业接轨的重要选择

目前中国的休闲农业的科普教育已经得到了发展，逐渐渗透在休闲农业中，以休闲农业中的体验、产品等体现出来。休闲农业依托现代高新技术，以生态环环保为理念，不断提升农产品的科技含量和附加值，该产业的广阔前景也被普遍认同，因而休闲农业是中国农业与世界接轨的一个重要选择。

4.有利于促进农业资源要素的有效整合

休闲农业在充分挖掘和有效整合利用土地、生态、劳力等要素，推动农村进一步发展方面具有其特殊功能。一是多元文化投资提供了有效平台；二是有效推动土地流转；三是开发人文资源和生态环境资源。

（二）经济意义

1.密切城乡交流，促进城乡一体化

休闲农业作为一种旅游资源，其主要消费群体是城市居民。休闲农业的发展，为城市居民提供了走进农村，接近大自然和体味田园之乐的机会，引导城市居民熟悉农村，促进城乡交流。其结果是使得城市居民加深了对农村、农业、农民的认识和了解，同时也使农民传统的思想观念得到更新，既提高了农民物质生活，又丰富了农民精神活动。此外，通过城市对农村在资金、技术、人才等全方位的投入，更有效地保护了和发展了农村旅游环境，为城市旅游增添了新的功能和项目，促进城乡一体化，使之成为资源、环境和生产共享，优势互补、结构稳定、良性循环的旅游系统。

2.有助于新农村建设，形成新的文明乡村

可以充分开发利用农村旅游资源，调整和优化农业结构，拓宽农业功能，延长农业产业链，发展农村旅游服务业，促进农民转移就业，增加农民收入，为新农村建设创造较好的经济基础；可以促进城乡统筹，增加城乡之间互动，城里游客把现代化城市的政治、经济、文化、意识等信息辐射到农村，使农民不用外出就能接受现代化意识观念和生活习俗，提高农民素质；可以挖掘、保护和传承农村文化，并且进一步发展和提升农村文化，形成新的文明乡村。

3.促进区域经济发展，提高整体收益

休闲农业的科普教育产业，能不断提升该经济发展的水平。休闲农业提供了经济科技信息的交流与合作的机会，有力地促进了科学技术的传播和接收。

三、休闲农业的科普教育的市场价值

一般来说，科普是一项不以盈利为目的，却往往需要大量公共财政投入的公益事业。但很多盈利产业本身却可以因自身的外部效应而向公众提供外溢的科普服务，同时，这些盈利产业也可以因主动向公众提供科普服务而增加顾客流量并获得相应的经济效益。休闲农业的科普功能就是如此体现它的市场价值，也因此形成良性循环，实现经济效益与社会效益的统一，为农业科普和生态科普提供一种有效的良性运行机制。现代农业的科普教育农业与生物学科有密切关系，农业科技的广泛内容对城市居民尤其是青少年有很大吸引力；将知识性、科技性与趣味性相结合的农业科普教育模式，是农业观光旅游项目中一个极具发展前景的模式。这种模式一般可分为两种类型：一是农业科研院所将现代科研成果与农业知识融合，在科研示范基础上发展观光旅游；二是结合现代农业发展，建设成果转化示范基地。

据湖南省社会科学基金课题《建设新农村与发展乡村旅游研究》，被调查的休闲农业参与者中：欣赏自然风光、休闲度假者占67%，增长见识、摆脱工作压力者占20%，经贸往来、开会洽谈者占9%，其他目的者占4%；可以看出，合计达87%的前两项参与者中有相当一部分是出于对休闲农业的科普兴趣而成为顾客的，而全部参与者又都可以从中获得科普受益。

（一）从农业与旅游业的嫁接基础来看

休闲农业本身是一种物质价值和文化价值的互补业态。农业追求的是物质生产价值，旅游业追求的是精神文化价值，两者的效益是通过各自的价值实现才得以体现的。由于生产性和可观赏性的不完全一致；一般的农业和旅游业项目，具有物质生产价值的，不一定同时具有精神文化价值；具有精神文化价值的，也不一定同时具有物质生产价值；通常是鱼与熊掌不可兼得，往往不得不为了实现这种价值而牺牲另一种价值。

休闲农业却可以实现这两种价值的互补：一方面可以其可观赏性和可参与性提高农业的附加值，另一方面又可以其生产性、文化性支撑和延伸旅游业价值，促进农业与旅游业有机融合，将农业从单一的生产功能向产品生产、休闲服务、社会交际、娱乐健身、科普教育等多功能拓展，使农业得以在发展生产的基础上逐步增加观光、服务、科技、教育等资本形式，从而产生乘数效应，有效改变农村第三产业比例偏小的局面，带动农村交通、住宿、餐饮、文化、土特产销售等相关产业的发展，不断推动农村产业结构优化升级，拓宽农民收入渠道，促进农民增收，实现农业、旅游、教育、生态等综合效益的提升。

（二）从休闲农业的发展实践看

目前，我国的观光型休闲农业市场初具规模，体验型休闲农业的市场经济效益明显，度假型休闲农业实现了市场发展规模化，民俗节庆型休闲农业实现了市场发展特色化。全国各地开发了许多特色水果、特色蔬菜、特色养殖等特色农业基地，重点发展了以高档特色养殖业为基础的特色主题生态观光园和游客参与、体验性强的农业科技主题园，以城市居民、学生和农业科技参观者为主要客源市场，让前来参观的游客入园观景、赏花、摘果、摘菜，从中体验自摘、自食、自取的田园生活，体味田园逸趣。

如福州龙台山农业生态园通过引进设施农业新技术项目，设立起生态栽培区、科普展示区、采摘体验区、健身娱乐区和综合服务区等五大功能区，并对示范基地进行相应的区域布局调整，强化农业科技、科普、教育、示范、旅游、观光等功能，形成功能配套相对齐全的二十多个小区，建设成以亚热带水果柑橘为主，其他品种配套、周年瓜果飘香，具备科普教育、旅游文化、休闲服务等综合功能的休闲农业示范园，年增加游客 3 ~ 5 万人；其中仅设施农业园就接待青少年学生夏令营、科普教育学习实践等活动达 50 批次 / 年，既达到科技示范、科普教育、农业观光、采摘等综合效果，又取得了显著的经济效益。

四、休闲农业科普教育的基本策略

休闲农业本身就具有特别的市场动力，业内的企业可以按照自身的经济规律进行市场化发展，宏观经济管理者也可以据此制定一些产业政策给予刺激和扶持。同时，休闲农业还具有科普功能，就企业而言，通过发挥休闲农业的科普功能，可以带来相应的经济收益；对政府来说，也可以就此完成所担负着的科普工作任务。具体体现为：

（一）从企业的产业主体性功能发挥来看

可以基于各种已经成功探索出来的休闲农业发展模式，以生态园建设为基础，通过品种资源收集与整合利用，建成具有各自特色的周年水果、花卉采摘、供应的休闲农业示范园，解决普通农业休闲园区季节性的水果供应短缺和季节性的游客不足等问题。这要求在具体的功能分区上，要做好相应的产业规划。

①在综合服务区，要设立游客接待中心、农产品展销中心、餐饮服务中心和游客休息中心等，为游客提供贴心周到的服务。

②在健身娱乐休闲区，要使休闲体验项目既贴近生态、自然、文化和健身休闲的特色，又老少皆宜，可以因地制宜地设置烧烤、射箭、骑马、野战等青年人喜爱的项目，钓鱼、书画摄影展等适合老年人的项目，手工、水上游乐和亲子游乐室等适合儿童的项目。

③在栽培、观赏、体验区，通过集成示范绿色、安全的栽培技术，构建模式化技术体系，吸引游客观光、采摘、体验。

④在科普示范展示区，通过引进示范设施栽培技术，建设青少年科普教育示范基地，设立大学生课外（生态）讲坛，塑造设施农业主题游项目，进行（温控、湿控等）设施栽培示范，并可以结合采摘、体验和动植物标本制作，为游客提供学习农业技术、了解农业历史、增长农业知识的旅游活动。

当然，这尤其需要加强宣传，树立品牌，充分发挥休闲农业和旅游业相结合的综合竞争优势组成策略发展同盟，实现规模效益。目前尤其要注重拓展以家庭为单位的家庭旅游市场。从具体的情况来看，合家出行的比例已经占到休闲农业游客的54%。一般而言，合家出游的游客在景点停留的时间相对较长，旅游消费支出也相对较多；对经营者来说，开发家庭旅游，可以有效地带动老年市场和少儿市场，从而可以获得相对较高的收入。

（二）从政府的产业发展职能来看

1.加强基础设施建设

政府应加强基础设施建设，解决企业自己不能解决的困难和问题。包括做好绿道建设，设立一批自行车租赁点、服务点、驿站等，改善农村水、电、路、网络等基础设施配套建设。同时，要牵头引进一些龙头企业，加快推广“公司＋农户”“公司＋村委会”等市场化的合作模式，促进休闲农业规范、有序合理地发展。

2.加大资金和政策的扶持

可以突出示范效应，整合农业综合开发、农村环境治理、旅游发展、土地整理、新农村建设等项目资金，采取财政贴息、税收优惠和用水、用电、用地扶持等方式，帮助解决发展休闲农业所必需的餐饮、住宿、停车场、厕所等配套设施，扶持壮大一批休闲农业重点示范基地。尤其需要积极探索促进休闲农业发展的土地管理政策，在农民自愿的前提下，推进农村土地流转，采取出租经营、转包、股份合作等多种形式的有偿转让，破解休闲农业用地难等瓶颈。政府有关职能部门还要在研发新品种、新技术，和人才培养等方面给予休闲农业各种必要的帮助。

五、科普教育创意在休闲农业中如何体现

科普旅游指的是集科普教育和旅游为一体的旅游产品，其目的在于使游客在旅游的过程中受到教育，寓教于游、寓教于乐，是以旅游活动为载体，在旅游产品中增加科普教育含量，使游客在旅游过程中身心受到陶冶与熏陶，提高游客素质的一种新的旅游形式。科普教育在休闲农业中通过农耕文化、教育农园等方式体现。

(一) 农耕文化

农耕文化是指由农民在长期农业生产中形成的一种风俗文化，以为农业服务和农民自身娱乐为中心。农业最早是在中原地区兴起来的。中原农耕文化包含了众多特色耕作技术、科学发明。且有关遗存中出土了不少农业生产工具，为早期农耕文化的发达提供了实物证据，尤其是琢磨精制的石磨盘棒，成为我国所发现的最早的粮食加工工具。

作为农耕文明组成部分的农耕文化，则是以农作物种植、农副产品粗加工和依托于农作物种植的小规模家畜家禽养殖、零星渔猎活动、小规模商贸活动为基本生产方式的农业社会文化，它是在传统的自给自足的自然经济基础上形成的一种思维方式、价值取向、生活和社会行为模式的总和。其中，居于中心地位的是思想意识形态和价值观念，这是整个农耕文化的根本所在。

1.培养造就新型农民

培养造就新型农民要依靠以下主要途径：一是加快发展农村教育事业，全国农村普遍实行免费义务教育；二是加强农村劳动力技能培训，创新培训机制，提高培训效果，使农民素质总体上发生根本改观；三是利用文化活动整合社会资源，帮助农民提高组织化程度；四是这要求广大农民适应农村发展的新思路，树立争先意识、自主意识、环境意识、发展意识，为新农村建设不断注入新的活力。

2.建立股份制合作企业

要想有针对性地进行理论创新和体制创新，就必须根据中国国情，不能照搬西方。我国农村需要多种形式的合作化模式，但效能最高的，应该是建立股份制合作企业：由国家、集体、公司和个人共同出资组建立股份制合作企业，吸收农民已拥有的资源加入，开展与农村经济有关的规模经营，如种植、养殖、加工、购销乃至于进一步进入餐饮休闲业、金融、保险等领域。政府应给予股份制合作企业资金支持和优惠，要充分相信广大农民的创造力，让农村劳动力成为乡村建设的主力军。

(二) 教育农园

教育农园是兼顾农业生产、农业科普教育、园林和旅游的农业经营形态，即利用农园中

所栽植的作物、饲养的动物以及配备的设施，如特色植物、热带植物、农耕设施栽培、传统农具展示等，进行农业科技示范、生态农业示范，传授游客农业知识。教育农园是农业园区的一种特殊类型，它兼备农业科技示范园区的科普教育功能和休闲农业园区的观光休闲娱乐功能，集生态型、科普型、休闲型为一体，具有浓郁乡土文化特色，也是随着经济的快速发展逐渐从农业园区中分离出来，成为一种独立的形式存在。

1.科普旅游的首要功能在于普及科学知识。

科普旅游的主要宗旨在于使游客获得科普知识，宣传与大众日常生活相连的、与自然或社会热点问题相关的科学知识，逐步培养相信科学、尊重科学、依靠科学、崇尚科学的意识。游客通过旅游活动，了解有关自然现象的成因、特征、规律；明了人类历史上各民族的重点任务和典型事件以及各个政权的发展演变；参观当今社会科技进步的文明成果，激励自己为了人类更加美好的生活而努力。另一方面，科普旅游的产品具有专门性。对于科普旅游来说，没有哪一个旅游区可以将所有的科学知识全部加以介绍，因此，科普旅游必然具有专门性的特点，每一个科普旅游项目或产品只能就一个层面或一个专题来进行科普旅游活动。

2.科普旅游正从特定旅游者向大众延伸。

在科普旅游发展的早期，科普旅游的参与者多为具有较高教育背景和文化素养的人；随着旅游活动的不断发展，特别是人们认识水平的提高，科普旅游将逐渐普及，其队伍会不断扩大，成为人们的一种时尚，一种消费热潮。科普旅游是科普教育和旅游为一体的产品，而观光农业中又无处不体现科普教育，科普教育在观光农业又体现为：

①观光农园。在城市近郊或风景区附近开辟特色果园、菜园、茶园、花圃等，让游客人内摘果、拔菜、赏花、采茶，享受田园乐趣。

②农业公园。即按照公园的经营思路，把农业生产场所、农产品消费场所和休闲旅游场所结合为一体；是利用农村广阔的田野，以绿色村庄为基础，融入低碳环保循环可持续的发展理念，将农作物种植与农耕文化相结合的一种生态休闲和乡土文化旅游模式。

③民俗观光村。到民俗村体验农村生活，感受农村气息。

第三节　休闲农业科普教育创意的必要性与方法

一、科普教育创意的必要性

发展休闲农业已经成为强农富民、建设社会主义新农村的一条重要途径。在多年的休闲农业规划设计实践过程中，得出一些基本认识。

其一是要选准模式。目前倡导以高人气的休闲农业为切入点，整合高附加值的创意农业、高品质的有机农业、高科技的生物农业和高市场竞争能力的品牌农业，简称“五农整合”高效模式，以此实现农业产业的提质增效和可持续发展。

其二是把握趋势。保持大的发展潮流，并时刻把握一些新的流行概念与时尚元素，比如“乐活”“慢生活”“第三生活空间”“无景点旅游”“偷菜”“创意集市”和“社区支持农业”等。

其三是制造美丽休闲农业经济、体验经济、创意经济、低碳经济这些新的产业形态。休闲农业正成为后工业时代世界各国竞相发展的新型产业，发展休闲农业必须符合是一个关于自然之美、人文之美、心灵之美、生活之美的永恒产业，不仅要通过休闲农业来打造美丽乡村，还要以此提升经营者与消费者素质教育。

科普教育的开展，让广大农民进一步了解保护生态环境、节约资源、保护耕地、防灾减灾，倡导健康生活、科学种植，逐步形成用科学的良好风尚，掌握现代农业技术，无公害农产品生产等技术，提高科技知识，发展生产的改善生活，更新思想观念，促进传统农业向现代农业转变。科普教育是农业经营形态的一种教育科普园，集探索自然、接触农业、培养良好观察能力、动手能力，兼社会实践教学性与休闲性与一体的科普教育基地，多具有民族特色、科普性、趣味性、文化性等功能。

科普教育有利于培养创新精神和实践能力，在教育中占有极为重要的地位。加强科普教育的实施策略科普教育是一个社会系统工程，如果仅仅依靠学校单枪匹马地实施，是远远不能实现预期目标的。这涉及到人们的价值取向、认识导向和运作定向等多方面的社会问题。以社会为延伸，强化科普教育保障。社会的科普教育情况起着导向、激励的作用。以家庭为补充，增强科普教育实效。家庭是社会的细胞，是孩子成长的摇篮，家长是孩子的首任教师，也是终身教师。因此，家长的科学素养及对科普教育之重视程度，直接影响着孩子接受科普教育的效果。

实施科普教育，还可以通过开展参与型活动、比赛活动、集会类活动、报告会、现场参观、旅游休闲等一系列来实施科普教育。在休闲农业的科普教育中，可通过了解农业知识、科普产品、文化知识来进行，以休闲农业的观光农园、民宿农庄等项目，去直接体验来自田间地头的“绿色蔬果”等方式。

二、科普教育创意的方法

随着休闲农业的发展，科普教育也体现独特的魅力。休闲农业科普教育，既可以以农业风情为背景，农业高科技为内涵，提高农业休闲观光旅游、青少年的素质教育、体验农事生活、野外拓展露营为特色，深入挖掘青少年素质教育基本的文化内涵，不断开发喜闻乐见的活动，突出了体验式、互动式的教育方式，还可以深入开发夏令营、亲子活动等项目，在很大程度上提高了科普产品的吸引力。

（一）丰富活动项目，提高科普教育功能

1.活动项目的丰富多样

充分利用资源优势，围绕以高科技农业主题，开展各项农业科普教育、参观、学习活动。结合烧烤活动、篝火晚会、野外露营、定向运动、摘菜摘果、农耕体验等活动，将丰富的科普教育活动做到寓教于乐，突出体验式和互动式的教育特点。

2.打造活动基地

利用自然环境与人文环境资源相结合，建立农事体验区、野营区、教育中心、活动区、高科技农业观赏区等各种平台，传播绿色健康消费观、绿色生活理念等。

（二）建立管理资源、创新机制

1.完善建设

以开发活动为标杆，加强管理，以市场需求为导向，开发科普活动产品。

2.资源的开发利用

利用蔬菜种植、水果采摘、教育基地等资源，设计各类的体验活动，形成了以基地形式为中心的区域性科普教育环境。随着日益完善和科普教育功能的不断提升，打造科普教育的管理，创新将进一步提高。

三、科普教育的重要意义

科普教育是面向社会开展的科学知识、科学精神和科学技术成果的普及性教育，是立足提高国民科学素质的教育，涵盖学校教育、家庭教育和社会教育，贯穿学历教育、成人教育和终身教育。科普教育十分有利于培养青少年学生的创新精神和实践能力，在素质教育中占有极为重要的地位。历史证明，任何科技的发现、发明、传播和应用都离不开高素质的人，科技只有与高素质的人才结合起来，才能促进社会生产力的发展，这种结合的根本途径就是教育。

当前，不仅仅是教育系统，整个社会都应该十分重视科普教育，并充分发挥学校、家庭、社会三结合教育的整合育人优势，逐步向社区教育、成人教育和终身教育延伸，普遍提高包括青少年在内的全民科学素质，增强人们对歪理邪说的免疫力，促进全民族素质的整体提高。

教育是培养科学技术人才的基础。教育是科学技术转化为现实生产力的前提和智力基础，是培养高素质劳动力的根本途径。在实施素质教育过程中，应该将科技素质教育贯穿始终，并作为核心工作来抓，其意义主要有三个方面。

（一）有利于推进现代化建设

党的十一届三中全会以来，全党全国人民的中心任务就是振兴经济，实现现代化。现代化呼唤新的科学技术生产力，现代化需要创造型的高科技人才。从青少年身心发展的特点来

看，科普教育不仅能丰富青少年的科技知识，完善知识结构，更有利于培养青少年的科学精神和创造能力，塑造青少年探求科学的意志品质。

（二）有利于增强国际竞争能力

当今世界，国际竞争就是综合国力的竞争，归根到底就是科技和人才的竞争。中华民族能否参与国际竞争并在竞争中取胜，同样需要依靠科学技术，依靠大批高科技人才。教育如果不能迅速高效地“生产”出高科技人才，那么“振兴中华”必将是一句空话。从青少年时期加强科普教育，为长大后攀登科技高峰夯实基础，其意义十分深远。从这个意义上说，它关系着祖国的“生死存亡”，不能不引起每一个爱国的中国人的思索和重视。

（三）有利于实现祖国的伟大复兴使命

回顾三次技术革命的历史，从蒸汽机、电力技术的广泛应用，到电子计算机的问世，社会生产力的性质规模、发展速度发生了质的飞跃，从原子能时代、太空时代、信息时代跨入生命科学时代，整个社会都面临着新科技革命的严峻挑战。目前的知识更新周期也越来越短，几乎每十年科学技术知识就要淘汰 30%。如果不加强科普教育，不注重培养学生科技前沿的新观念、新方法和新思维，培养学生的想象力和创造力，那么，当代青少年很有可能在未来世界中落伍于时代。

四、科普教育创意的体验项目设计

科普旅游，指的是集科普教育和旅游为一体的旅游产品，其目的在于使游客在旅游的过程中受到教育，寓教于游、寓教于乐是以旅游活动为载体，在旅游产品中增加科普教育含量，使游客在旅游过程中身心受到陶冶与熏陶，提高游客素质的一种新的旅游形式。科普旅游在我国的发展已经初步形成了一定的体系，科技界市场化的意识已经初步形成，各类科技资源在旅游市场上也正在初步得到应用。

科普旅游体验设计的研究，对于实践中科普旅游产品的体验化开发，具有一定的理论指导意义，有助于提高科普旅游产品综合能力和综合效益，主要体现在以下几个方面。

（一）体验设计有助于提升科普旅游产品的综合能力

1.体验设计有助于提高科普旅游产品的吸引力

体验经济是一种“人本主义”的经济，它通过关注人们内心深处潜在的个性化需求，为消费者创造令人惊喜的深刻体验，使得他们产生难以忘怀的美好记忆。把体验经济融入到科普旅游产品中，找准与科普旅游者心里的最佳契合点，把握最容易让人感动的关键，设计足以引起旅游者心里共鸣的感官环境，适时开展新鲜、刺激、充满趣味性的活动，就会让游客获得深刻的体验，这样的科普旅游产品必然对游客充满了强烈的吸引力。

2.体验设计有助于提高科普旅游产品的竞争力

产品竞争力是一个相对的概念，竞争力的提升可以从横向和纵向两个维度进行了理解：横向，是某一产品相对于同一时期其他产品而而言；纵向，是对产品的现在与过去进行比较。无论从哪个角度看，体验经济对提升科普旅游产品的竞争力都有很大的帮助。

3.体验设计有助于提高科普旅游产品的可持续发展能力

一方面，体验经济融入科普旅游产品开发，为游客创造难以忘记的美好回忆，能够培养顾客忠诚，吸引顾客再次消费；另一方面，体验经济融入科普旅游产品开发，能够创造较高的经济和社会效益，企业经济实力不断增强，有能力对产品的科学文化内涵进行更深层次的挖掘，产品不断创新，对旅游者产生更强烈的吸引力，这样就形成一种良性循环，有利于科普旅游产品的可持续发展。

（二）体验设计有助于提升科普旅游产品的综合效益

1.体验设计有助于提高科普教育旅游产品的经济效益

体验经济对科普旅游产品经济效益提升的促进作用，可以从两个方面来说：一是产品的综合能力与其经济效益相互推动，当产品的综合能力提高后，经济效益也会相应提升；二是体验本身可以创造更多的价值。

体验经济本身具有经济价值的高增进性特征。企业以商品为道具，以服务为舞台，为消费者创造条件，使其以个性化的方式参与一系列的事件之中，并留下非常美好的回忆。在这个消费过程中，消费者不但要为所消费的产品和服务付费，还要为这种附加的美好体验付费。把体验经济融入科普中，在科普旅游中增加深刻体验的成分，旅游者在科普旅游产品消费过程中获得的美好体验付费，科普旅游产品的经济效益得到提高。

2.体验设计有助于提高科普旅游产品的社会效益

科普旅游时一种以教育体验为主，兼有娱乐、审美和遁世体验的旅游活动，体验经济融入科普旅游产品的开发，增强了科普旅游产品的参与性和趣味性，加大了科普旅游产品的吸引力和竞争力，市场范围扩大，产品生命力增强，必将产生更大的社会效益。如提高大众科学文化素养，促进创造发明、科技进步；弘扬和继承丰富的历史科技遗产；促进引进技术经验的研究和借鉴；促进技术成果的扩散与交流；促进精神文明建设等。

3.体验设计有助于提高科普旅游产品的文化效益

体验经济融入科普旅游产品的开发，使得更多的人了解先进科技、接受更多的科学和文化知识，人的科学文化素养得到提高。同时，通过对文化的深层次感悟，人的品位和格调也会随之提升。因此，科普旅游产品的开发，一定要注重挖掘科普旅游资源中所蕴含的丰富的科学文化内涵，提高产品的文化品位和档次，使科普旅游者得到更高层次的体验，而非单纯的感官体验。

第四节 科普教育创意案例

一、教育创意型案例—— 中国台湾台一生态教育休闲农场

中国台湾台一生态教育休闲农场位于中国台湾神探南投县埔里镇，以自然生态教育为主，为台一相关事业体多元化发展后所衍生出来的体系之一。农场面积由最初的4 500平方米扩增至50万平方米，场地跨区分布在埔里镇、仁爱乡及鱼池乡三个乡镇。

台一生态教育休闲农场宗旨以自然生态教育为主。有一座全亚洲最大的蝴蝶生态馆和甲虫生态馆、押花生活馆、亲子戏水区、浪漫花屋、可爱动物区、渡假木屋、景观花园及各类生态标本区等。近年来农场内也增加了水上花园餐厅、花屋、光合广场、仙人掌生态区、押花生活馆等休闲、生态区，最特别的就属农场内的“花神庙”。庙旁还设有“花神许愿池”可供来此的民众许愿。除外，还有园区内还养有一群“自由之鸽”它们会飞到农场内你可亲身体验喂食鸽子的乐趣。目前为提升休闲品质以及文化教育内涵，更延聘多位艺术、文化顾问在农场添设许多融合生态、艺术的典雅设施，让前来观摩、旅游、研习的游客、学生都能在安全、浪漫的缤纷花香蝶舞之中，放纵情思，沈醉自然。这是一处兼具农业休闲和教育的观光景点。

（一）雨林风情馆

雨林风情馆占地面积1 800平方米，早期用来生产花卉种苗的温室，为了让历史文化继续传承下来，重新赋予它新的生命，并利用自然材质打造出来的原始风味，仿佛置身热带雨林中，各种蕨类争长绿意，处处透露着勃勃生机。

（二）花神庙

花神庙占地面积2 000平方米。台一是种花木苗起家的，因此花卉和苗圃可以说是台一的基本功，无论是花卉、观赏植物、香草类作物或是蔬菜水果类的植物栽培，无一不是海内外名闻遐迩。花神庙具有神话性，起因是“九一二”地震后在现在花神庙的土地上，出现了一条裂缝，在填土后，生长出许多的花草，所以在这里供奉花神的庙，让更多的游客可以看见不同的花草。花神庙旁设有“花神许愿池”可供来此的民众许愿，如许愿成功花仙子还会给你一个小小的惊喜。

（三）蝶舞馆

蝶舞馆占地面积500平方米。埔里早期是“蝴蝶王国”，有着极为丰富的蝴蝶资源，但因人为的捕捉及食草、栖息地被破坏而造成蝴蝶不在漫山遍野，农场利用多种农业有机质打造并种植多种蝴蝶所需要的食草及蜜源，看着数百只蝴蝶翩翩飞舞及欣赏蝴蝶炫丽变身的过程，感受体验生命的神奇，这是一座极富生态教育意义的自然教室。

此外，为了加深游客对蝴蝶习性的了解，农场专门建起了蝴蝶生态馆。在这个利用多种

农业废弃物打造蝴蝶生态馆里，可以亲近观察了解蝶类的生态特点，给予它们更好的保护。

二、科普创意型案例——武汉“农耕年华”农业风情园

武汉“农耕年华”农业风情园坐落在武汉市黄陂区武湖农场汉施公路旁，占地面积200万平方米，以农耕文化为主题修建。园内农业旅游资源丰富，景色秀丽，平原、草原、丘陵、山坡、湿地、湖泊、溪流、池塘错落有致；农耕作物品种齐全，花草瓜果满园飘香，珍稀植物种类繁多，飞禽走兽千姿百态；各类建筑巧夺天工，镇、村、塔、桥星罗棋布；农耕文化源远流长，农政思想底蕴厚重。

该园系国家级生态农业观光休闲园。已建成金牛广场服务区、农业科普示范区、农事农活体验区、农具博览游乐区、百果观赏采摘区、藤园彩林浏览区、珍奇动物观赏区、运动健身活动区、登塔眺望烟瘴区、生态湿地浏览区、农家美食休闲区、木屋度假会务区等12个功能区。园内吃住行游购娱设施齐全，服务项目成龙配套，硬件软件质量一流，是广大市民学生旅游观光、普及农科知识、体验农家生活、会务休闲度假的绝佳去处。

农业风情园，自然环境保持完好，农业旅游资源丰富，景色秀丽，风光旖旎。地形地貌错综复杂，平原、草原、丘陵、山坡、湿地、湖泊、溪流、池塘，共处一园。园内农耕作物品种齐全，五谷蔬菜应有尽有，家禽牲畜兴旺茁壮，温室大棚布列井然。呈现出农耕园、植物园、动物园、园林园的巨幅画卷。园内文化底蕴厚重，到处深刻着农耕文化、农政思想的历史印记。

（一）农耕园

“农耕年华”农业风情园系是国家级生态农业观光休闲园。农业园中已有农业科普示范区、农事农活体验区、农业技术培养基地、农具博览游乐区等具有教育性意义的活动，文化蕴含深刻，处处留有农耕文化、农政思想的历史印记。

（二）动植物园

珍稀植物种类繁多，彩树竹林色彩斑斓，青藤缠绕果实累累，花草果瓜香飘满园。飞禽走兽竞展英姿，马鹿奔驰百鸟歌唱，孔雀开屏天鹅振翅，百鸡啼鸣玉兔穿梭。

（三）园林园

园内建筑巧夺天工，墨溪古镇古色古香，乡村木屋别致大方，诸多桥梁各式各样，五级宝塔巍峨雄壮。

三、精致创意型案例——新社古堡

新社古堡，又称为新社庄园，坐落在中国台湾台中市新小区大坑风景区圈内，海拔500~860米，为一处充满绿意的庄园。自踏入庄园的那一刻起，处处是令人惊艳的景致，开

得正旺盛的梅林道、独特的树屋、仿佛进入中古世纪的欧洲古堡、花园、酒庄、迷雾瀑布、虹桥、特色六角餐厅、南洋风味餐厅等，每一处的设计与建筑都与大自然巧妙地结合，展现山林中朴实的秀丽，漫步在其中就像是置身于仙境王国里，十分惬意悠闲。顺着游园的动线沿路走来，除了有地道的南欧建筑城堡与争奇斗艳的花园。

近年欧风城堡在中国台湾旅游区大受欢迎，尤其受旅店和餐馆青睐，但多数城堡走现代风，新社庄园却是有古典味，让人有置身欧洲的错觉。

以新社花海打响名号的台中新社，是中国台湾中部典型的农业乡镇，早年以盛产香菇知名，尽管登上宝岛旅游舞台，香菇和花卉至今仍是新社最重要的特产。认真说起来，新社并没有让人眼亮的自然风光，能够吸引游客造访，全靠人工打造的花海和一家家的特色旅店，以欧风古堡引客的新社庄园，堪称是新社最亮眼景点。新社庄园，四季气候宜人，拥有珍贵的绿色森林。庄园的设施与建筑，都经过缜密的思考与规划，从度假村欧式的建筑设计、树木花草的种植，新社庄园都保留原始自然的元素，让人不用出国就可以感受欧洲仙境般的美景。新社庄园的开发，配合山势的起伏，呈现原始风貌，依照不同的地貌重整再造。在秀丽山林中展现磅礴气势。庄园用原石砖瓦打造城堡，保有原始的百年林木，让人流连忘返。

（一）古堡

人们总爱以“古堡”称呼新社庄园，只因为宽广的园区内，最抢眼的景点便是那栋宛如中世纪欧洲古堡的建筑物，叫它“新社古堡”一点儿也不为过。虽然新社古堡的建造，不若真正的欧洲城堡，但红砖堆砌而成的建筑色调，委实让城堡看来很古典，还有几分岁月的味道，因而一推出便吸引了大批游客参观。拥有古堡建筑、也拥有宽广庭园，新社庄园其实就是以城堡为主体的主题园区，也是新社最大引客卖点，让人有置身欧洲的错觉。庄园里除了古堡建筑，并有罗马造型的拱柱，与古堡相互辉映。有中世纪风味的古堡虽美，还需有水景搭配，古堡前方便是大片的湖塘流水，还辟有拱桥和步道，引领游客走进水景之中。

（二）枫树林

枫树的观赏性很强，当枫树成片形成枫林时，深秋的景色极美，在中国最著名的赏枫胜地有四处，并称中国四大赏枫胜地。枫是植物学上面的一个属，早先独立成枫树科。大概有110到200种枫树。枫是夏绿乔木或灌木。叶呈手掌型，对生。枫树的木材用于建筑材料或器材材料，乐器材料，雕塑材料等，也可以以观赏的目的种植。

（三）虹桥

“虹桥”是当地最有名的一座桥，俗名栏干桥，传说以红石筑成，始建于哪个年代已无法考证，最早一次有记载的重建是在1205年，最近一次重建是在1978年，地名虹桥就是因此桥而得名。

虹桥是一个田野里也能抛出名歌的地方，一首《对鸟》抛向全国，走向世界，抛进了中国的小学音乐课本，走进了联合国教科文组织亚洲文化中心的《亚洲、太平洋地区民歌集》。

（四）滨水休闲娱乐

古堡内设有特色美食体验区、湖畔游憩区、木屋餐厅等一些休闲娱乐的场所，又种植多种植物。新社古堡，在“九一二”震灾后，是新社古堡走上休闲观光的契机，庄园的辟建，也象征着新生，更是庄园主人的童年梦想的实现，提供游客一个走进童话世界的机会。推出以来一直受到游客喜爱的新社庄园，四时植有各色花草，建有迷雾瀑布、湖畔休憩码头、酒庄、虹桥等设施，还有许多的餐厅。很欧洲的庄园，也成为拍婚纱热门去处。

四、农业产业创意型案例——成都“三圣花乡”

“三圣花乡”位于成都锦江区，涵盖五个村落，总面积 1 200 万平方米，按照“因地制宜、政府补助、产业支撑、市场运作、农民参与”的思路，创造性地打造了以花香农居、幸福梅林、江家菜地、东篱菊园、荷塘月色“五朵金花”为主题景区为主的集商务、休闲度假、文化创意、乡村旅游为主的旅游度假胜地。“三圣花乡”是中国第一家农家乐的诞生地，中国乡村旅游的发源地，2006 年被评为国家 AAAA 级旅游景区。

（一）五朵金花之——活色生香，花香农居

“花香农居”位于锦江区三圣街道办事处的红砂村，全村 4 个社，971 户。红砂村种花历史悠久，村民世代以种花为主。已经形成了 200 万平方米的花卉种植规模，是西南地区最早发展花卉产业的地区之一，经过多年的经营，现在已成为全国花卉产业的重要基地。现今，这里以不是单纯种花、卖花的单一模式，而是发展到以观光、赏花为主题，对花卉的科研、生产、包装、旅游等方面进行全方位深度开发的复合型观光休闲农业产业。景区内有茉莉花故里的茉莉园、具有农耕社会图腾崇拜的牛王庙、百亩玫瑰主题风情园、维生花卉园艺等众多的景点，拥有科技示范区、苗木种植区、精品盆花区、鲜切花展区、川派盆景区、彩色植物区等六大花卉生产、观光片区，以及形形色色、林林总总近百家休闲娱乐场所，成为成都近郊著名的休闲度假胜地。

（二）五朵金花之——疏影横斜，幸福梅林

幸福梅林是一个集观光、旅游、休闲、娱乐、消费、美食、品梅、赏梅为一体的返璞归真的农业休闲旅游观光胜地。

景区总面积 200 万平方米，100 万平方米的梅花环抱 8 万平方米的湖面。约有各色梅花 20 万余株，两百余品种，其面积堪称中国四大梅花之首，品种数仅次于武汉，位居全国第二。主要栽植的梅花品种为品字梅、江梅、宫粉、玉蝶、朱砂、垂枝梅、杏梅、樱李梅等。

梅林区域内共涉及农户六百余户，农居建筑风格充分借鉴了“川西民居”的特点。景区内，林木葱茏，竹树掩映，青瓦白墙的“川西民居”点缀其间，显得古朴典雅、秀丽清朗。

景区内建有“梅花知识长廊”“照壁”“精品梅园”“梅花博物馆”等人文景观，这些人文景观分布于“赏梅路”“探梅路”“醉香路”，在幽静雅致的环境中透出浓郁的文化色彩，充分展现出中国梅文化的博大精深；“名花园”“川西照壁”“君子乐”“岁寒三友”四大景点贯穿于梅林致之中，衬托出梅林的秀丽典雅；在这梅花的世界里不仅可以看到巧夺天工的梅花盆景和中国稀有的梅花品种，还可以了解梅花雨中国精神，梅花与中国文学、中国书法、绘画艺术的渊源，梅花的生长规律、品种、分类、品梅的方法等相关知识，全面领略梅花文化的独有魅力。

内设有完善、周到、细致的基础设施，如：绿色网吧、超市、旅游纪念品商店、游客服务中心等等，为游客尽可能的提供了方便；还拥有一百余家特色休闲农家乐，向广大游客提供各种美味可口的特色乡村美食。

（三） 五朵金花之——秋色无边，东篱菊园

东篱菊园位于驸马村，它有3个社，507户，面积200万平方米，是一处拥有绚丽菊花美景和丰富菊花文化的观光休闲农业、乡村旅游度假胜地。

景区内地形以浅丘台地为主，当地的村民世代都依靠种植菊花卫生，已形成了菊花种植规模66.7万平方米，菊花品种一百多个，拥有盆栽菊花约120万盆的景区。大田栽种的春、夏、秋、冬四季菊花，形成了菊园独有的四季菊园景观。

此外，东篱菊园拥有精美的乡村酒店，形成集居住、休闲、餐饮、娱乐与一体的特色产业。其中有为城市人、旅游者、退休老人提供一个可以供长期包租或可短居的“乡村酒店”，让人们更多时间品位快乐的乡村休闲时光。

（四） 五朵金花之——返璞归真，江家菜地

江家菜地位于江家堰村，江家堰村是城市蔬菜种植基地，当地的村民长期从事蔬菜种植，经验非常丰富，“江家绿色蔬菜”品牌知名度极高，在成都许多超市专门有销售。江家菜地景区面积达200万平方米，以时令蔬菜、水果种植为主体，以“休闲、劳作、收获”为形式，游客到这里认种土地、认养蔬菜，享受收获的喜悦，体验乡村生活的惬意与悠闲、辛勤与汗水。这种“农家生活”已不再饱含农耕的艰辛，而是超越了种瓜得瓜、春播秋收的单纯农业产品价值，转变成为现在都市人体验生活、修身养性的极佳生活方式。

（五）五朵金花之——香远益清，荷塘月色

荷塘月色位于万福村，地形为浅丘台地，沟河从区域内穿过，水资源丰富。区域总面积约71.6万平方米，当地农户主要从事花卉、莲藕种植，现有荷塘种植面积40万平方米。

“荷塘月色”景区借助了人们爱莲、赏莲的喜好，依托数百亩荷塘形成的优美风景，利用自然的田园风格打造人文环境，在景区内道路两边设立姿态各异的艺术雕塑，吸引了中国著名画家等入驻从事艺术创作，逐步形成了万福春光画意村，使荷塘月色散发出自己独有的艺

术气息。景区内风景秀丽、环境幽静、空气清新，富含有氧离子和荷花的芬芳。种植的荷花以“睡莲”“晚莲”等观赏性荷花为主，形成大面积的生态荷塘景观。其丰富的水资源，非常利于发展水岸生态经济。

景区内拥有收获季节赏画廊、精品观赏荷塘、莲花广场、乡村天空、万福春光画意村等景观。荷塘、水岸生态景观与乡村酒店、休闲会所、艺术村相互借景，形成了荷塘月色独有的生态、人文景观。景区内还形成了书画加工，画框、画具生产，颜料、画笔、油布批发销售等产业。

思考题：

1.休闲农业科普的特点有哪些？

2.休闲农业科普教育的社会意义和经济意义有哪些？

3.科普教育创意在休闲农业中如何体现？

4.科普教育创意的方法有哪些？

第十章 休闲农业产品创意

第一节 休闲农业产品创意概述

产品，从经济学角度而言，是可以提供给市场的任何一种东西，它能够吸引注意、被得到、使用或消费，以满足某种需要。这让我们联想到产品的有形物象，也就是人们日常生活中通常使用的实物性物品。随着服务业的发展，人们感受到这个概念已经无法涵盖产品的全部内涵，于是对其进行了修订，学者们普遍认为服务业的产品是有形制品和无形服务的结合。到目前为止，有关旅游的产品的概念众说纷纭，这是由旅游这一新兴学科的复杂性、交叉性、边缘性所决定的。学术界对于旅游产品的争论，归纳起来大致表现在四个方面：旅游产品是旅游线路，旅游产品是旅游景区，旅游产品是无形服务，旅游产品是整体产品。

学者们站在不同的角度，对旅游产品进行了不同的解释，他们的观点都有其依据也存在不足。旅游产品是一个整体概念，是旅游经营者为了满足旅游者在旅游活动中的各种需求，而向旅游市场提供的各种有形实体和无形服务的整体组合。

一、休闲农业产品创意的内涵

产品生产是市场行为，所以休闲农业整体产品概念的核心是需求，休闲农业企业在市场上所销售的产品应该是根据旅游者的需求而产生的，无论是从生产的角度还是消费的角度来看，旅游者的需求是产品供给的最终决定因素。

从旅游者的角度而言，他们支付一定使用费用，只是获得和价格等值的休闲农业产品的享用权，而并没有获得休闲农业产品的所有权。可见，旅游者最终获得的是一次旅游经历和沉淀于心灵的感受。而这种获得是旅游者在观光游览期间经历的各种有形和无形因素的总和。

从旅游供给的角度而言，休闲农业产品是整体旅游产品，主要包括初级农产品、农作物加工品以及具有旅游产品性质的农业景观、农业体验性实物和为游客提供的各项服务等，是实物和服务的综合。旅游整体产品通常以旅游线路的形式出现。旅游整体产品的优质生产，要求旅游业各部门、各行业密切配合，只有有目的地将住宿、餐饮、交通、游览、娱乐、购物等企业协调配合好，休闲农业产品才能最大限度地满足旅游者的物质需求和精神需求。

综上所述，休闲农业整体产品的概念是：通过市场交换以满足休闲农业旅游组合某种需求和利益的有形实物和无形服务的总和。

休闲农业整体产品应该包含以下三个层次：

一个层次是核心产品。核心层次是休闲农业整体产品的基本效用（即使用价值），它主要通过旅游的六大要素——食、住、行、游、娱、购得整体融合性而集中体现出来，休闲农业旅游者大都是城市居民，他们对六大要素的要求有特定的农业偏好，旅游者获得了核心层次的效用就获得了核心利益。但是，在市场交换的时候，如果仅仅只考虑核心层次的产品是不够的，因为旅游者在不同时间、地点，对产品所产生的认知是不同的。

第二个层次是形式产品。休闲农业核心产品向旅游者提供了基本的使用价值，但是市场上无论实物产品还是纯粹劳务产品，其基本使用价值必须依托某种形式的载体才能实现交换，所以第二个层次是产品借以实现的形式，即市场上出售休闲农业产品的实物或劳务的外观。即使是纯粹劳务产品（例如导游讲解、茶艺表演、民俗歌舞等）也是具有类似形式上的特点。因而，任何意见休闲农业产品都具有某种特地的外观。形式产品包括：类型、品质、形态、商标、价格等。

第三个层次是延伸产品。延伸产品是指休闲农业企业为了旅游者在购买和消费的过程中提供的相应服务和附加利益。例如，旅游咨询、优惠付款、礼品赠送和安全保卫等。企业可以利用附加利益和附加服务提高休闲农业产品的满意度和信任度。

由此可知，休闲农业产品室一个整体系统，每一个层次的完善才能真正满足旅游者的需求，任何一个层次出现差错，都会影响整个产品的场竞争力。例如，旅游者品尝乡村美食的时候遭遇价格陷阱；旅游者流连忘返的时候找不到留宿地点；旅游者需要服务的时候面对冷漠和嘲笑……每一种不足都足以让休闲农业产品受到致命的打击，因此必须注重有形产品和无形服务的整体质量，从而提高休闲农业整体产品的竞争力。

二、休闲农业产品创意的类型

休闲农业产品是整体旅游产品，丰富多样的产品要素正是为了满足市场的需求。农家生态饭菜、田园特色料理满足旅游者对饮食的需求；农村风光小屋、天然趣味的度假村、野营地能满足旅游者住宿的愿望；农业风景园区、农产品和相关的娱乐设施能满足旅游者游览、购物、娱乐的需求。大量研究表明，单一要素无法最大化满足现代旅游者的各种需求，只有相互关联、相互交融的整体产品，才能真正满足旅游者的需求。

（一）休闲农业餐饮——食

中国作为世界的烹饪大国，饮食魅力无与伦比。人们离开城市进入乡村，除了欣赏田园风光，领略自然山水之外还要品尝风味独具的乡村佳肴。现代饮食追求健康和自然，这正是休闲农业餐饮最大的卖点，所以休闲农业餐饮及相关服务时构成休闲农业整体产品不可或缺的基本要素。

休闲农业餐饮不同与都市餐饮，其特点主要体现在：制作所选用的原料是当地生产的无公害绿色产品；烹饪的方法与饮食的原则讲究原汁原味；佳肴美食是当地传统品牌或特产；

符合健康、营养的饮食潮流；环境营造以农家生活为主题、餐厅建筑、装修风格和桌椅餐具等具有地域特色；餐饮服务人员主要选用当地人，身着本地服饰，使用当地特色称呼为旅游者服务。

例如，海南省谭牛镇的文昌鸡，使用天然的榕树籽喂养，按照当地传统的白斩鸡手法烹饪，制作好后，骨中带血、皮脆肉酥。品尝时配上新鲜的小橘子汁、鸡汤熬制的鸡汤饭，能让游客充分领略其优美风味及其所折射的当地饮食文化的精髓。

休闲农业餐饮是利用自然生态的农业资源开发，不但为游客提供了物质上的感官感受，而且引导了生态饮食的潮流。它不仅满足率人们一饱口福的心理需求，还能促进休闲农业产品的经济效用。例如，广州市番禺百万葵园的葵花鸡供应广州高档饭店；中国台湾九品莲花生态园的莲花茶行销国际。如此优良的饮食项目形成了无形的品牌效应，增强了休闲农业产品的生命力。

（二）休闲农业饭店——住

休闲农业饭店是指地处乡村，具有农家特色、向旅游者提供住宿和餐饮等服务的场所。传统的景区通常把价值明显侧重于审美，而休闲农业却注重轻松愉悦、回归自然、融入天籁的田园氛围。这充分体现了旅游的节奏感，即“旅速游缓”。怡然自得的旅游其实就是慢生活节奏的一种表现，而慢的体现就在于旅游时间的长短和项目安排的多少；住宿过夜是慢慢体会的最佳方式。那星空映射下的原野湖泊、虫吟、蛙鸣都与白天的感受截然不同。

苏州地区 2007 年的调研结果显示，有近 80%的游客都会在乡间小住，苏州乡村旅游这平时停留的时间最多的是一夜，占 39%；停留两夜的占 32%；停留三夜及以上的占 8%；当天返回的仅为 21%。潜在市场的调查结果：有 49%计划在乡间停留三天以上，42%计划停留两天。由此可见，休闲农业各种类型的饭店及其所提供的服务是保障休闲农业长久发展的重要基础。

休闲农业饭店的建设必须与产品的整体定位相适应，其结构、档次可以依托自身条件和客源需求，依山傍水、视野开阔，用自然之表行现代之实；简之可以帐篷烟火，繁之可以高贵典雅，既要设备齐全又要服务完善。按照观光饭店的使用方式，可以把饭店分为客房加早餐型、客房旅馆型、村舍自助型、度假村、自驾车营地、露营地六种类型。不同类型的产品有着不同的客源市场，因而有着相对应的经营模式。

（三）休闲农业交通——行

休闲农业交通是指伴随休闲农业了才有全过程的交通线路、交通工具、交通设施以及相关服务的总和。休闲农业交通主要包括三个方面：

①客源地和旅游目的地之间的交通。

②旅游目的地景区之间的交通。

③休闲农业园区的交通。

休闲农业交通是休闲农业产品必须具备的一个构成要素。休闲农业交通方式主要有空中、水路和陆路三种。经调查，目前国内外休闲农业园区外的交通工具主要是汽车。而园区内的交通形势多种多样，且具有一定的特殊性，主要体现在四个方面：

①适应当地自然环境。

② 灵活轻便、经济环保。

③反映当地历史文化。

④体现景区服务水准。

例如，多人自行车、自驾电瓶车、马车牛车、竹筏小舟，贵宾专用车等。它们既解决了交通需要，也增添了生动情趣，旅游者与交通工具的和谐更成为一道流动的风景。休闲农业园区内的道路和沟渠，不仅是连接不同场景的线性单元，也是农业园区景观的视觉走廊。它可以将不同的景点和背景组成景观序列，例如，田成方、林成网、路相通、渠相连，各要素组合井然有序、脉络清晰、标志鲜明，结合着天际优美的轮廓，带给了旅游者活动的便利和视觉的美感。

（四）休闲农业景区——游

休闲农业景区的朴实、天然、生动不仅可以促进旅游者求新、求异、求知的一半愿望，而且可以更加深入地满足现代旅游者回归自然、放松心灵的需求。可以说，休闲农业景区时休闲农业产品要素中最直观和最核心的部分。

休闲农业景区指在具备旅游服务设施并提供旅游服务的独立管理区内，各种农业要素所构成的能够成为人们审美对象的形式及信息的综合。它是由最初的农业资源发展到统一规划的集观光、休闲、娱乐、教育为一体的有组织的高级形式。休闲农业景区将生态、休闲、科普、体验等有机结合在一起，改变了传统农业仅专注土地本身的单一经营思想，进而有效地促进城乡经济快速发展。

按照休闲农业景区性质，可以将其划分为生态型、科普型、休闲型、观光型、度假型。无论是何种类型，它都具备以下两个特点：一是专用性，休闲农业景区时专门提供给游客进行各类休闲娱乐活动的场所，它与可以再特定的时间接受参观学习的乡村、民居或加工厂有明显的区别；二是可控性，休闲农业景区必须有人行使各项管理，比如，质量管理、安全管理、效益管理，否则它就只是一般的公众或总区域。

目前休闲农业景区的管理和评定有两个依据：一个是国家旅游局 2002 年 11 月颁布的《全国农业旅游示范点、工业旅游示范点检查标准（试行）》，这是推进我国农业旅游、工业旅游实现产品化建设和产业化发挥咱的重要举措。

其评选检查项目的指标主要有：

①示范点的接待人数。

②示范点的旅游收入。

③间接提供劳动就业岗位数。

④本单位因兴办旅游业而增加的纳税额。

⑤示范点内已经形成的参观点数量。

⑥检查参观点的吸引力评价。

⑦旅游线路数量及旅游内容编排。

⑧示范点的旅游设施。

⑨示范点的旅游管理。

⑩示范点的旅游经营。

另外一个是依照国家旅游局的《旅游景区质量等级的划分与评定》细则，按照此规定，休闲农业景区质量等级划分为5级，从高到低依次为AAAAA、AAAA、AAA、AA和A级旅游景区。旅游景区质量等级的标牌、证书由全国旅游景区质量等级评定机构统一规定。旅游景区质量等级考评项目是：旅游交通、游览状况、旅游安全、卫生状况、邮电服务、旅游购物、经营管理、资源与环境保护、旅游资源吸引力、市场吸引力、年接待量和游客抽样调查满意率。

（五）休闲农业购物——购

旅游者在旅游过程中所购买的休闲农业商品是休闲农业企业生产的实物性产品。为了区别整体休闲农业产品，统称又将它成作为纪念品或者是购物品，它是在满足旅游者食、住、行、游得基础之上产生的高层次的需求，是休闲农业产品的重要组成部分。

休闲农业企业所生产的商品类别主要有旅游纪念品、旅游工艺品、旅游服饰、旅游食品、旅游保健品、旅游活动用品及当地土特产等。无论是何种类型的休闲农业商品都承载了满足旅游者购物需求和传播旅游目的地形象的双重价值。一件精美的休闲农业纪念品，能唤起旅游者的美好回忆，再现旅游者的生活历程。同时，由于其既可保存又可馈赠，因而是宣传旅游目的地的良好媒介。优秀的休闲农业商品具备四个基本特征，即纪念性、艺术性、实用性和收藏性。要突出这些特征，休闲农业商品的开发应该做到以下四点：以当地农业资源为主要原材料；保持传统制作工艺特色；挖掘一定的实用性；包装精美且彰显本土文化。

（六）休闲农业娱乐——娱

娱乐是一种表现喜怒哀乐，并带有一定启发性质的活动。它是人类的一种天性。参加娱乐活动的程度和形式，已经成为衡量生活质量高低的一个重要指标。休闲农业娱乐是指人们在旅游过程中通过观赏、参与、体验等多种形式而获得轻松愉快的精神感觉。旅游者对异质文化身临其境的探求正是为了获得轻松和愉快的感受。从旅游产品的发挥咱来看，参与和体验式旅游产品的一种趋势，休闲农业产品依托于以自然属性为主体的农业，其参与性和体验性具有很强的操作空间。在参与和体验当中，旅游者感受的快乐更为真切，所以休闲农业娱乐是其产品构成的一个基本要素，休闲农业产品娱乐的特点包括农业化、多样化、知识化、趣味化。

其娱乐形式可以分为四种类型：

①健身型娱乐，如登山、划船、攀岩等活动。

②文化型娱乐，如观看乡村民俗表演、参与婚嫁仪式、跟随渔民出海捕鱼等。

③创作型娱乐，如亲自炒作农家菜肴、进行工艺品创作等。

④团体型娱乐，团体型娱乐强调家庭成员和单位同事之间的团结配合，共同参与来达到娱乐的效果，如野外拓展训练、大板鞋走路等各种游戏、比赛。

这些项目简单热闹，有乐趣、有挑战，有满足感，深受游客欢迎。随着休闲农业的发展，其娱乐类型将会更加丰富。

上述休闲农业产品的六个基本要素，就是产品的核心构成要素。一个完整的休闲农业产品应该是六个要素的完美结合，确实任何一个要素，都会影响休闲农业产品在旅游市场上的交换价值。

三、休闲农业产品创意的功能

（一）审美功能

审美是一种主观心理活动的过程，是人们根据自身对某种事物的要求表达出一种对事物的观点。旅游者选择了休闲农业，旅游者选择了休闲农业，就是为了在旅游过程中获得愉悦享受，因此审美是休闲农业产品的重要功能之一。

一般意义的审美具有三个层次：悦耳悦目、悦心悦意和悦志悦神。这三个层次由表及里、由浅到深，代表着不同层次的审美效果。因此，休闲农业的审美不仅包括休闲农业产品的色彩、形状、质地等表象之美，还包括休闲农业产品的功能、价值等实用之美，更涵盖休闲农业产品的文化、历史等所传达的精神之美。不同背景、不同文化的游客审美感受存在差异，但是无论是哪一种层次的审美，都是游客透过眼前具有审美价值的感性形象，或者在参与、体验的过程中，直观或间接地领悟到对方某些深刻的意蕴，获得什么享受和情感升华，从而进入到欢快喜悦的境界。比如，在休闲农业园中，春季繁花似锦、夏季碧日荷花、秋季层林尽染、冬季腊梅傲雪，游客的神志伴随着愉快的心境在时空交错间感悟到大地的哺育和生命的璀璨；当游客在农家菜园亲手采摘新鲜美味的绿色蔬菜，在静谧的山涧聆听着婉转悠扬的民间小调，一切尘嚣和烦扰也都在广阔的自然空间中烟消云散了。

（二）体验功能

从20世纪90年代开始，体验变成了可以销售的经济商品，体验的出现使所有旅游产品增值成为一种新的价值资源。休闲农业体验是指企业以大自然为舞台、以农业元素为道具，环绕着旅游者创造出让人回味的活动。休闲农业的商品和服务对旅游者来说外在的、感性的；而体验是内在的、精神的。正如中国台湾学者段兆麟所说的那样，体验是个人在形体、情绪和知识上参与的所得，没有两个人的体验是完全一样；因为体验是来自个人心境与事件的互动。体验经济被称为继农业经济、工业经济和服务经济阶段之后的第四个人类的经济生活发展阶段，或者成为服务经济的延伸。

体验式休闲农业产品最为突出的功能。随着旅游业的发展和旅游意识的成熟，人们对旅游的需求已经远远不能满足于感官的简单享受和服务企业的程式化安排；参与、体验式旅游者对于休闲农业产品娱乐性的深层次要求。休闲农业园区空间广阔，内容丰富，为旅游者提供体验服务具有得天独厚的优势。例如，土地可以让市民短期租种；观光采摘园可以让游客采摘蔬菜和水果；观光茶园可以让游客亲手采茶、炒茶并学习茶艺；观光牧场可以让游客挤牛奶、做奶酪。美国心理学家席克真特米哈伊所描述的最佳体验效果是：具有适当的挑战性而且能让人深深沉浸其中，以至忘记了时间的流逝、意识不到自己的存在。游客只有广泛地参与园区生产、生活的方方面面，才能在自娱自乐中享受到原汁原味的乡村文化氛围，从而获得明确而独特的价值体验。这种体验功能不但延长了游客的游程，提高了游客的兴趣，满足了游客的好奇心，更激发了游客的想象力和创造力，加深了游客的精神感悟。独特的体验过程提高了休闲农业产品的吸引力、强化了休闲农业产品的感染力。

（三）科普功能

从本质上说，科学普及是一种社会教育。休闲农业产品的社会性、群众性和持续性完全符合科学普及的要求。休闲农业产品是从人类生存的基础——农业拓展而来，在其悠久的农耕历史和文化沉淀影响之下，休闲农业产品既注重了农业科技知识的外在价值，又彰显了农业内在的科学思想、科学方法和科学精神。休闲农业产品可以通过实物、图片、影像、体验展示历史和未来的农业发展状况，对于旅游者尤其是城市旅游者而言，具有感受农业、宣传农业和普及农业科学知识的积极作用。例如，许多休闲农业园区中开辟的自然科普长廊、农业生态教师、昆虫世界、蝴蝶谷、蜜蜂王国、农耕历史文化馆、农业高新科技展示区等，人们可以从中了解和学习自然与农业科学知识，体会人与自然共荣同衰以及和谐相处的原理，感悟人类智慧的结晶所带来的震撼和喜悦，不仅让旅游者获得科学知识和理念，而且可以反思人生，教育自我。

（四）消费功能

休闲农业产品的生产就是为了实现消费，所以消费功能也是其必须具备的。当游客在旅途中，“享受”世外桃源般的生活，如住农家小院、尝粗茶淡饭、宿茶园木屋、品茶香茗韵、眠临海渔村、看潮起潮落、听涛声阵阵，品海味鲜珍……这些原生态的生活体验，是休闲农业消费功能的体现，也是休闲农业审美功能的延伸。正因为休闲农业产品具有消费功能，使得休闲农业自身的生存能力得到有效地巩固和拓展。旅游者不仅会在休闲农业园区忍不住现场消费，而且也乐于将休闲农业的商品携带回家。例如，绿色产品土鸡蛋、时鲜蔬菜和瓜果大米等。由于旅游者已经看到所销售产品的生产与加工过程，也品尝到其中的一部分，于是对商品表现出了极大的购买热情，即使价格比市场一般农副产品稍贵一些，也会慷慨买下。

休闲农业企业也是生产性企业，它能充分利用自身的优势，最大化地开发和利用农业资源，生产出各种档次的产品共消费者使用。休闲农业企业应该认真分析目标群体的需求特点，结合自身优势生产出优质实惠的休闲农业产品，既满足旅游者的需求又增强自身创收能力，形成良性循环，更好地反哺农业产业并保障其可持续发展。

（五）康体功能

虽然人类的生活水平不断提高，但环境变化、工作压力、食品安全等诸多因素使人类的生存受到了极大的挑战，身体健康和生活质量越来越受到人们的关注，休闲农业产品本身所具有的生态性、天然性是康体功能的基础和优势。休闲农业产品的康体功能主要表现在四个方面：环境康体、食物康体、娱乐康体和文化康体。环境康体是指阳光空气、碧水蓝天的自然环境带给人们的健康享受；食物康体是指绿色食品带给人们健康饮食；娱乐康体是指游戏、体育或文娱比赛、团队素质拓展训练、攀岩打猎等活动带来的美妙快乐；文化康体源自对农业文化的理解和感悟以及返璞归真的体验而获得的精神愉悦。这四个方面相互交融形成了从体表到心灵的最佳康体效果。

由此可见，休闲农业产品的功能是为了满足消费者需求而产生的，各种功能之间并非相互排斥，而是交叉融合。它使得休闲农业产品种类繁多、层次错落、主辅互补，塑造了功能齐备的休闲农业整体产品。

四、休闲农业产品创意的特点

休闲农业产品既具有一般旅游产品的基本属性，也具有自身的特殊性，这种特殊性构成该产品的特点，体现在以下六个方面。

（一）农业性

休闲农业是在农业生产的基础上开发的旅游功能，其产品所依托的就是农业资源，产品的重点和核心也是农业资源。因此，休闲农业产品可能会改变原有的生产程序，改变原来的生产结构，但农业生产活动不会因为旅游产品的诞生而发生改变。休闲农业产品策略的本身就是以农为本，以农业、农民、农村为背景体现生产、生活、生态的内涵。因而休闲农业产品的本质具有明显的农业性。

从休闲农业产品的核心要素分析得知：住、食、行、游、购、娱六个要素都是农业元素的载体，核心要素离开了农业主题就失去了核心价值。例如，上海孙桥现代农业开发区，其定位为都市型现代农业；江苏江阴华西村则展示农业历史文化变迁和新时代农村建设发展成就；昆山的丹桂苑则定位为回归大自然。这些产品各有不同的主题，但是他们都紧紧扣住了农业脉搏，从不同的角度表达出农业的特性。

从休闲农业产品的旅游者来分析，久居城市水泥森林的现代人是因为向往宁静温馨的田园生活才走出家门回归自然地，休闲农业产品如果没有农业元素就丧失了对旅游者的吸引力。清新的空气、宁静的田园、纯朴的民风、原野的花草、鲜嫩的蔬菜、挂满枝头的鲜果……这些都是农业元素赋予休闲农业产品的特殊魅力。

（二）生态性

休闲农业产品的生态性是指产品在生产和交换过程中都注重保护和改善农业生态环境，遵循生态学和生态经济学规律，运用系统工程方法和现代科学技术而培育出来的产品特性。休闲农业发展目标之一就是协调人与自然、经济发展与生态环境保护之间的关系。人类对自然掠夺式的开发和利用，已经威胁到人类的生存和发展。因此，保护和保持生态完好已经成为全人类共同的追求，休闲农业产品的生产也肩负着这一使命。

休闲农业产品的生态性包括两个层次：其一，休闲农业产品为自然景物。例如，特定的动物、植物、群落以及整个生态系统。其二，休闲农业产品中的自然景物应该受到保护而不是损害。对休闲农业产品的生产企业而言，盈利不应该是唯一目的，而是实现保护生态对象的一种可持续性发展手段；对游客来说，休闲农业产品的生态性要求更高于对舒适度和观赏性的要求；对当地居民来说，休闲农业产品的生态型提高了其文化层次和收入水平，使他们能够自发地参与到生态保护中来。例如，休闲农业所倡导的生态农业模式——稻田养鱼养萍，林—粮、林—果、林—药间的立体农业模式，农、林、牧结合，粮、桑、渔结合，种、养、加结合等生态系统模式，既创造经济效益，又有效地保护了当地的生态环境。

（三）季节性

休闲农业产品以农业为主题，因此具有明显的季节性，是一种典型的季节性产品。

季节性的产生首先是由农业生产的节律性所决定的，休闲农业产品大多受到自然气候条件和农事季节的影响，春种秋收，夏荷冬梅，农作物都有其自身的生长规律，产品的最佳表现时间就具有一定的时限性。在产品最佳时段，产品消费异常旺盛。比如，樱花、桃花开放的时候，客潮如流，而花季一过旅游者几乎销声匿迹，原因自然是由植物的物候性所引起的。其次，旅游者出行都必须利用闲暇时间，而大多数人的闲暇时间是公共假期，所以节假日产品供不应求，而非节假日则供过于求。

休闲农业产品消费需求的季节性使得淡季资产闲置浪费，经济下滑，旺季资产又常常超负荷运转，质量下降。产品明显的季节性不利于休闲农业的发展，但农业科学技术的进步可以弥补这一缺憾，生物技术、设施农业、反季节栽培技术、科学安排配置作物的种类和品种等措施不但能弱化休闲农业产品季节性的不良影响，而且能够变敝为利，使四季莺歌燕舞、周年姹紫嫣红的梦想成真。

（四）不可储存性

休闲农业产品的价值主要由生产拿着提供的即时劳务构成，因而休闲农业产品的生产和消费具有同步性。从生产转向消费这一过程所包含的各种劳务都构成休闲农业产品的价值。如同商品是价值和使用价值的统一体一样，休闲农业产品同样是物质产品和劳务的统一体，而劳务具有一个最突出的特点——生产和消费的同步性。只有劳务的消费而没有生产，好比画饼充饥不能成为商品；只有劳务的生产而没有消费，其价值得不到社会的承认，没有实现的前提。只有当生产和消费同时进行时，才能实现其劳务价值。休闲农业产品的消费受到时间和空间的双重限制，产品从生产到消费的时值很短，更无仓储。例如，淡季的美景无法留待旺季时出售；鲜美得果实等不及游客的到来。这种客观性决定了休闲农业产品在时间上的不可储存。而旅游组合如果不进行空间上的位移和消费，休闲农业产品的价值也是无法实现的，这就体现出了休闲农业产品在空间上的不可储存性。

（五）不可转移性

休闲农业产品的不可转移性表现为两个方面：一方面，从供给的角度而言，休闲农业产品本身并不发生运动，发生运动的通常是旅游者；另一方面，在旅游者消费的过程中，休闲农业产品所有权不发生转移，旅游者只是在特定的时间和特定的地点对休闲农业产品具有暂时的消费使用权。根据产品的这个特点可知，休闲农业产品的质量感受大多是通过消费过程而获得的，这就要求休闲农业企业必须要克服短期行为，注重口碑和品牌的长远效应。

（六）综合性

旅游者需求的综合性决定了休闲农业产品的综合性。由前面的章节可知，为了满足旅游者的各种需求，休闲农业产品形成了整体产品，包括核心产品、形式产品和延伸产品。食、住、行、游、娱、购以及相关的配套服务，几乎涉及日常生活的各个方面；从旅游者所需求的成分来看，既有物质方面的，又有精神方面的；再从旅游产品生产经营所囊括的领域来看，包括农业、商业、建筑业、金融业、运输业、餐饮业……单单一个农业有包括农、林、牧、副、渔，还会涉及科技、教育、文化、海关、公安等部门。因此，休闲农业产品形成跨部门、跨行业、涉及面多、关联度广、产品边界模糊，是其他类型的产品难以比拟的。

综合性的特点反映出休闲农业产品在消费过程中不是由单一子项所供给的，相关行业及部门的协调配合，才能满足旅游者的各项需求，这也体现出休闲农业产品的整体性。而这种综合性也使得休闲农业产品具有脆弱性，相关因素的波动会直接影响休闲农业产品的需求。例如，发生传染疾病、金融危机等，会立即缩减产品的市场，这就要求休闲农业企业在开发旅游功能的同时，提高自己的生产智能，从而增强自身的生命潜力。

第二节 休闲农业产品创意设计

一、休闲农业产品创意的设计方法

旅游产品有一套完整的设计方法。首先应该确立一个旅游产品的核心竞争物，例如，高科技、古文物、自然山水等最为突出的特色。再从旅游产品的级别和结构入手，按照旅游产品的三级标准及四大组成的量化标准来设计，分为初级设计、中级设计和高级设计。

1.初级设计

初级设计的任务是配置旅游资源及旅游服务，实现旅游产品“小型、粗品、经济”的特征，完成旅游产品四大组成：①主题命名；②低层次需求内容；③形式“轻快”；④“疑难服务收费”等的价格。

2.中级设计

中级设计的任务是通过配置旅游资源和旅游服务实现旅游产品“中型、细品、标准”的特征，完成旅游产品四大组成：①主题美名；②中层次需求内容；③形式“轻快”；④“疑难服务收费”等的价格。

3.高级设计

高级设计总的任务是在初、中级设计的基础上，合理配置旅游资源，实现“大型、精品、豪华”，完成旅游产品四大组成：①主题品牌；②高层次需求内容；③形式“舒缓”；④代收代付的价格及部分纳税。

而初、中、高三个级别的不同标准是交织在一起的，并不能机械划分。如此区分是为了清晰地了解和掌握旅游产品的级别设计，同时为将来制定旅游产品设计的评定标准和收费标准奠定基础。休闲农业产品强调与城市生活的对话，构建“城市——郊区——乡间——田野”的空间休闲系统，其产品的营造应保持原有风貌，风格纯朴，乡风浓厚；景观功能突出还要结合生产。只有这样才能使人们真正领略到农耕文化及乡土民风的神奇魅力。

二、休闲农业产品设计的原则

（一）特色原则

休闲农业产品的特色首先就是“农”。它既是吸引消费者的主题元素，更是市场竞争的关键因素。开发休闲农业产品的基本原理就是要充分利用农业资源的地域差异和季节差异，生产出表现民族性、地域性和原真性的产品。

然而，农村、农业具有共性的东西很多，休闲农业企业就必须要针对本地农村资源优势和风土人情进行认真调查和研究，结合实际，研究特色、挖掘特色、突出特色。休闲农业产品的“农味”要充足、“农味”要自然、“农味”要有韵律、“农味”要有个性，唯有如此才能保证休闲农业产品的生命力。例如，海南的天涯镇文门村，在展览馆里除了树皮衣、钻木取火器等生活工具，还有非物质文化遗产的继承人为游客县城房子黎锦、调泥制陶；村后形态各异的巨石上保留着完好的古代摩崖石刻；即便是品尝黎家美食，这里也有自己的绝活：崂叶狗肉、槟榔山鸡、羊肉鱼汤，千年黎寨的古色古香扑面而来。如果只是简单地把休闲农业理解成为吃饭钓鱼，这种同质化的产品既缺乏吸引力也缺乏消费力。甚至简单把城市娱乐搬进山村，就等于失去了休闲农业的本质属性，相当于摧毁这个产业，某些休闲农业的产品打不开市场的根本原因就是没有形成自己鲜明的个性，而没有地域、民族和文化特色的产品就是失色的产品，就是失败的产品。

（二）主题鲜明原则

主题是指休闲农业企业通过产品的构成要素和表现形式多表达出来的旅游思想。鲜明的主题是休闲农业产品成功开发和可持续发展的关键。

开发休闲农业产品应该首先确定它的发展方向和性质。这就好比书写一篇文章，只有明确了主题才能充实相关的内容，休闲农业产品的设计也是如此。主题形象的塑造是一个产品的核心问题，依据本地资源优势，休闲农业产品的主题设立分为两个层次。首先是确定主题物。例如，以湖泊为主题、以音乐为注意、以茶叶为主题、以云雾为主题，产品所有的内容都是围绕主题物进行设计的。其次是确立主题形式，例如度假主题、休闲主题、生态主题、健身主题、教育主题等。确立主题物和主题形式之后，产品就被赋予了一种市场生命和独特形象，依据主题而设计的产品，个性突出、形象鲜明，就会吸引自己的目标群体，进而形成长时间的竞争优势。例如，绍兴十里香雪梅海以梅花为主题，产品内容与梅花紧密相扣，咏梅廊、梅花桩、问梅亭、梅花轩、异梅园、疏影横斜、落英缤纷、青梅竹马、梅映清溪、王成喜梅花艺术馆、病梅馆记等，这些别出心裁的主题让爱梅人流连忘返，刻骨铭心。

（三）多样原则

休闲农业产品在创造自身特色的同时，必须辅助多样的形式来强化和丰富产品的内涵，使产品的消费丰富多彩，变化有趣。更重要的是，休闲农业产品的主题是旅游者，旅游者因为不同的文化背景、经济能力、家庭状况等因素会产生不同的需求，文化旅游、风情旅游、休闲旅游、运动旅游、购物旅游、探险旅游等多样化的旅游方式正越来越受到人们的欢迎。多样化的产品就是为了适应市场的需要，从而扩大消费规模，挖掘消费潜力。

多样化原则主要体现在两个方面：一是提供多种选择方案，它是指产品类型、产品项目、旅游线路、游览方式、时间安排、消费水准等。比如，华西村的世界公园可以周游世界；苏州未来农林大世界开启了农林视窗；上海浦东孙桥体现了上海的农业现代化先进水平。多样的主题、多样的模式、多样的项目、多样的档次才能满足多样的旅游者的需求。二是园区景观资源配置突出丰富多样的原则。例如，农事体验可以推出推磨、舂米、踩水车、耕作、采摘、饲养、编织、加工等多种形式，使得体验生活生动充实。在常州金坛有一个奥金鳄鱼乐园，是我国目前最大的鳄鱼养殖基地，由于观赏性和互动性不强，产品吸引度不高，而把它与山（茅山）、水（天目湖）包装成一条线，老树新花大受欢迎。这说明产品的多样性增强了产品的生命力。

（四）文化原则

农业文化石休闲农业产品的精髓。我国的乡土文化博大精深，源远流长，不仅体现了“天人合一”的生态哲学理念，而且表现了比传统美学更加迷人的生态美学。现在许多休闲农业缺乏对乡土文化的挖掘和表现，基本上是在原有农业基础上稍加改动就开始接待旅客，没有对具有浓郁乡土气息的传统作物、动物、饮食、服饰、手工艺品、音乐舞蹈、风俗习惯以及农作方式等乡土文化进行深层次的挖掘，其结果是产品不能形成休闲农业所应有的乡土氛围，单调乏味，肤浅苍白。因此，休闲农业企业应充分利用地方文化资源，创造出内涵深厚的休闲农业产品传承民族优秀文化，打动旅游者内心世界，从而提升产品品位和知名度，让产品经久不衰。例如，把人们熟悉的常见食物作为原型，经过概括、提炼、抽象，成为造型语言，从而让人联想并领悟到某种含义，以增强感染力。例如，八卦农田、基因塔峰等都是利用典型意义的文化符号，向人们传递了和谐、安宁和休闲自乐的田园牧歌式生活情趣。

另外，根据2007年苏州休闲农业客源的调查结果显示，其市场是一个高文化程度构成的市场，高中文化程度以上游客要占到95.54%，其中受过高等教育的游客比例为75.3%，占绝对优势，高文化素质的游客必然向往文化底蕴深厚的高品位生活，休闲农业产品应该力争提高档次，提升文化，丰富科学和文化信息，加深旅游者对农业的认识和理解，让旅游者在休闲旅游中获取文化的熏陶。

（五）创新原则

休闲农业产品的创新是指主题创新、内容创新和模式创新。目前我国大多数休闲农业产品单一，无非是“吃农家饭”“住农家院”“摘农家菜”，直接导致市场吸引力的相对下降和相互竞争的加剧。创新就是创造产品的经济能力和吸引力，是占领市场的有力武器。例如，四川成都郊区的“江家菜地”，每到周末，租了地的城里人都携家带口到地里劳动，亲力亲为“种、摘、食”，享用不完的菜可以委托销售机构代为销售，也可以“以物易物”，交换别人地里的菜，这种形式使农业生产轻松惬意，经济收入稳定；而包租的消费者在体验田地之间亲情融融之时，还可以吃到放心蔬菜，可谓皆大欢喜。在这里创新形成特色，特色形成竞争力。

休闲农业的产品创新更是科技创新。科技创新是现代农业的一面窗口，它是创造力、生产力、吸引力的完美结合。在陕西杨凌农业示范区的动物克隆基地、昆虫博物馆、人工模拟降雨大厅，都让人耳目一新，让旅游者深深地感受到自然界的神奇和农业科技成果所带来的生活巨变，从而激励游客崇尚科学。

（六）市场原则

休闲农业产品的生产是为了满足市场的需求，当然就必须充分遵循市场运行的规律。一方面，休闲农业产品的生产应以市场为导向，满足市场需要；另一方面，休闲农业企业要依据自己的实力，客观分析产品的投资效益，不要盲目跟风，要有计划有步骤地进入市场。在投资、建设和管理的过程中，要本着环保经济的原则，用最小的经济创造最大的效益。另外，在日益激烈的市场竞争中，休闲农业产品不能简单地依靠降价、广告、推介会等单一的营销手段来参与市场，而要注重树立自己的品牌形象，通过鲜明的个性、独特的形象、优质的服务赢得市场。为了增强产品的竞争活力，企业还应结合自身优势，瞄准差异市场，明确定位，做好产品设计，造就出属于自己的优势市场。

三、休闲农业项目设计

在休闲农业中，最突出的是依托城市近郊附近的国家级或省级风景名胜区，开发度假式乡村农业旅游形式，随着乡村地区的交通状况改善，人们对乡村旅游提出了更高的要求，而地处大城市周边，位于乡村地区的一些自然环境优美，森林覆盖度高、设施条件优越的景区，成为旅游者的新宠。这些以乡村旅游地为依托的景区距离城市中心都在一小时左右的车程，交通便利，景色优美，受到旅游者的欢迎。乡村可以开发避暑、疗养、回归自然等旅游活动，并且借助著名景区的知名度来提高该乡村旅游地的知名度。目前，这种休闲度假产品已经走向市场，许多本地老年游客夏季整月都在这些景区的农家度假。

（一）乡镇旅游活动项目设计

休闲农业是农业功能的拓展和延伸，是深度开发农业资源、增加农民收入的新途径。为延长游客在乡村逗留时间，刺激其消费，带动旅游乘数效应，带动地方经济增长，休闲农业旅游项目可以从以下几方面着手建设。

1.建设田园农业休闲旅游

即以乡村田间风光，农业生产活动和特色农产品的制作为休闲吸引物，开发以供旅游者游览的农田耕作、果树采摘、花卉观赏、垂钓、牧业等不同特色的主题休闲活动，吸引游客前来吃、住、行、游、娱、购等休闲活动，满足游客体验农业、休闲养生的需求。

2.建设村落乡镇旅游

利用乡村古村落宅院建筑的文化、建筑特色，发展乡村旅游。如安徽古村落就吸引了大批旅游者来探寻、体验古老民居的魅力。新农村建设的成果也能成为乡村休闲吸引物，吸引旅游者休闲游览。

3.建设自然休闲旅游

利用自然优美的自然景观、乡野风景，舒适宜人的清新气候等，开发登山、滑雪、滑水等活动，让游客能感悟大自然，放松休息，回归大自然。

（二）教育农业旅游活动项目设计

随着知识经济的到来，城市家庭特别注重对儿童的教育，教育旅游兴起。教育农业旅游活动需要以设施农业、农业新技术和新成果等手段来展示教育农业旅游活动的旅游项目，充分发挥农业旅游的教育功能，加强旅游者对于农业生产活动的了解，特别注重对青少年动手、动脑能力的开发与教育。教育农业旅游针对这一现象要充分体现教育功能，在旅游项目设计方面要突出教育目的。如有的农业旅游开发多功能的教育农业园，旅游者在此可以从事原始的耕作、垂钓、狩猎、制作工艺品、学习烹饪等活动，使人们充分体验劳动乐趣的同时，增长知识、受到教育。教育农业旅游项目具体来说可以从以下两个方面着手建设。

1.展示型教育农庄

展示型教育农庄主要以展示种植业的栽培技术及生产过程为主，如展示植物的优良品种等。展示性教育农庄突出高科技与农业的结合，将传统农业文化与现代农业高科技、农业生态文明与城市工业文明有机地结合起来，让游客，特别是中小学生在参观过程中学到更多的高科技农业知识和农村文化，受到农业启蒙教育和现代农业知识的普及。

2.体验型教育农庄

体验型教育农庄主要以地方特色的民俗活动、农事劳作、居住习俗为主，设计一些游客参与性项目，如在景点栽种瓜果和蔬菜，让游客自采自食，自得其乐；或者，让游客亲自参与农产品的加工制作，使其一边学习，一边品尝劳动成果，使游客特别是城市学生感受到浓郁的农业农民风情，了解质朴的民间文化。

（三）自然生态旅游活动项目设计

自然生态环境是农业生态旅游吸引游客的动因，保持农村自然特色及其原始、纯朴的风情以及人与自然和谐发展的生态系统都是都市农业生态旅游的基本条件。都市农业自然生态旅游资源主要包括陆地、水体、农村田园、自然保护区等，自然生态旅游项目包括游览农业景观、科学考察、山地探险、狩猎、垂钓、生态农业等主题活动，呈现多样化的格局。在自然生态旅游项目的建设中，应注意以下两个方面。

1. 强调自然生态的回归

应避免过分依赖非自然的科学技术手段，大兴土木，破坏农业自然生态，农业生态旅游要以自然环境的开发保护为前提，充分体现人与自然的和谐，遵循乡村自然生态景观的生成规律，保护人与自然生态系统的完整性，如湖南桃江县是中国的竹乡，这个县利用这一优势发展“竹乡农家乐”生态旅游，围绕“竹”字，挖掘特色，突出“做客竹乡农家，亲近美好自然”的主题，开发多种生态旅游项目，如吃竹宴、用竹家具、观竹海等，集中展示了江南竹乡的生态特色。

2. 自然生态和民俗旅游的结合

在农业自然生态旅游的开发过程中，应融入深厚的民俗文化，突出农耕文化、民俗文化、民居文化，使人们在放松、享受田园风光的同时，汲取农业文化的精神营养。因此，农业自然生态旅游须做到生态主题突出，并能与当地的人文资源相依托，使游客得到物质和精神的双重享受。

（四）民俗旅游活动项目设计

不同地区、不同民族的特殊文化、民俗差异才是重要的旅游吸引物，差异越大，吸引力越大。因此民俗旅游的经营户要学会研究游客的心理需求，因地制宜地设置反映当地民俗的旅游项目。现在很多地方都失败于民俗旅游项目趋同的问题，没有深入、细致地挖掘，为此，在民俗旅游项目的建设中应该注意以下两点。

1. 找出当地民俗项目的特异性

有很多民俗项目各地都基本相同，比如说婚俗项目，大多是让游客坐在花轿中，抬一抬，晃一晃，这种千篇一律的项目不能体现当地的风俗，反而使之平庸化，应把特殊项目拿出来做文章，比如说天津婚俗就有接新娘的人必须是单身，并且头戴“喜”字的习俗。在设计婚俗项目是，就可以把这一项目设计为民俗项目，体现当地风土人情。

2. 着重发展最具标志性的民俗事物

让游客通过标志性的民俗能直接辨认出该地区的风土人情，比如农业区域中乡村的一些重大仪式，能直接反映出该村落的制度，解释出某种约定成俗的生活秩序，这种具有代表性的民俗具有特异性，是值得开发的。

（五）农业特色餐饮旅游活动项目设计

人们在厌倦了都市饮食文化的时候，越来越向往农区的农家菜，天然生态的菜品和浓郁的乡村饮食文化吸引着大批都市旅游者来农业区域体验饮食文化，以饮食为目的的农业生态旅游区特色餐饮逐渐兴起。特色餐饮旅游活动项目主要包括以下几点。

1. 选择特色的绿色生态食物

食物要突出乡土气息，就地取材，尽量采用当地特有的、城市难得见到的烹饪原料，肉类如土鸡、土鸭、腊肉等；菜类要选择当地新鲜的时令蔬菜，如鲜竹笋、鲜菌、南瓜等；野菜类，如芥菜、蕨菜、马齿苋等；富有地方特色的菜肴，如小米饭、锅贴、菜团子、南瓜汤等；还有农家自制的腌菜，干豆豉、家常豆瓣、豆花、凉粉等。在烹饪方式上，也要保持农家的“粗”“野”“鲜”“土”特色，将农家的朴实、爽口、味美的特点体现出来。具体来说，绿色生态实物的选择要遵循以下四个原则：①就地取材，符合当地饮食习惯；②适量原则，保持“保证经营，节约至上”；③优质原则，保证食品原料的质量；④善藏原则，用科学的方法保管。

2. 营造特色的农家特色餐饮文化

通过以文化故事塑造形象、讲述农业特色饮食的文化背景、保持农业特色饮食的“土”文化、突出农业特色饮食的文化包装等方式来增添文化内涵。

3.农业特色餐饮经营

农业特色餐饮经营要体现农业特色，是游客吃得饱、吃得好、吃得有营养、吃得物有所值，真正体会到宾至如归的感觉。从餐饮菜单的设计以及餐饮服务上下功夫，体现当地乡村特色。一份好的农业特色餐饮的菜单，要使客人对菜肴的内容、价格、分量、色泽、营养和吃法一目了然，是人闻得其名，如尝其鲜。菜单中对菜肴的介绍要措辞得当，配以图片、主料辅料、味道说明等，是游客很快就能懂得餐厅提供什么菜品，菜单上菜肴的排列顺序也是按照人们吃饭的习惯排列，如一般显示提供凉菜，然后是热菜。在餐饮服务上，要体现当地农家特色，首先表现在仪容仪表上，如服务人员要穿着整洁、朴实、统一的服装，给人以端庄、亲切之感。其次在工作态度方面，要提供热情、礼貌、耐心、周到等具有亲和力的服务。

四、休闲农业旅游线路设计

旅游线路是产品的具体表现，是对外销售的旅游产品的具体形式，主要由吸引物、交通、住宿、娱乐、购物等设施及其服务要素组成。旅游此案路设计的好坏直接影响着当地旅游业及地方经济水平，好的旅游线路能形成具有主题特色和强势竞争力的旅游产品，从而全面提升旅游综合效益。下面就休闲农业旅游线路设计原则和设计程序做一讨论。

（一）休闲农业旅游线路设计原则

1.突出设计主题

旅游线路设计要突出主题，形成鲜明的特色。设计时，要把性质相似但形式不同的景点串联在一起，并使每一景点在烘托主题方面都有不同的作用或功能，从而形成一条主题突出、特色鲜明的旅游线路，并在食、住、行、游、购、娱等方面的安排选择上也要与线路主题有机结合起来，做到合理选择、层次鲜明，达到突出主题的目的。

2.应对市场需求

没有游客游览的旅游线路是失败的，因此，在旅游线路设计时，首先要分析游客的旅游动机，旅游偏好，只有针对目标市场的需求设计的线路才能满足旅游者的需求。休闲农业旅游线路的设计应考虑生态旅游市场的需求，在生态旅游活动允许的范围内，尽可能地满足旅游者的需求，在关注旅游经济效益的同时，也要注重生态环境的保护与环境教育的目的。

3.注重环境保护

旅游资源是有限的，这要求在旅游线路设计中，要全方位保护好资源、生态环境和社会文化环境，以资源、环境的永续利用为目的，进行旅游环境承载力分析，寻求一个旅游环境承载力的最优值，并将对旅游讲点的开发控制在这一范围内，保证环境系统的自我调节，实现可持续旅游。主要通过价格控制、时空分流和宣传教育等手段，实现都市农业生态旅游的环境保护。

4.符合游览规律

在设计旅游线路是，要把质量品位高的景点安排在后，相对较差的景点安排在前，在游览时，前面的景点印象颇好，就会与后面的景点产生对比，随着旅游者在旅游过程中付出不断地时间、体力，如果在后面的景点不如最初的景点，就会产生一种失落感，进而对整条旅游线路都不满意。因此，在设计旅游线路是，要符合景点“越来越好”的规律，这在旅游者心理上就会产生一种成功感与认同感；其次，在旅游线路的设计上，要避免走回头路，不能让人在同一段路上往返，耽误旅游时间，应当使景点成环行游线分布。

5.结合教育观赏

旅游线路的设计，要考虑景点的相似性与差异性，性质相近的景点结合起来，可以突出旅游线路的主题，打造经典旅游线路。例如，都市农业生态游，有的旅游地让游客参观农民耕种场景、参与农事、品尝农产品等，这种组合有利有弊，景点性质相似，可以对同类实物加深了解，但也容易产生单调感，甚至厌烦现象。因此，要注意教育性与观赏性相结合，人文景观与自然景观的搭配，如在休闲农业旅游中，体验乡村农业活动的同时，还可以寻找一些休闲农业的自然美景等，将自然与人文景观相结合、相辅相成，这样才能符合旅游者的行为特征，设计出符合游客行为规律的线路。

6.把握旅游节奏

作线路设计时，应充分考虑到旅游者的心理、体力、精力状况，做到旅游活动的节奏适宜，有紧有松，时间安排太松，有人觉得没有充分游览，有种被欺骗的感觉；时间安排太紧，则不仅游览效果不佳，游客疲倦，反而对旅游产生倦怠感，因此旅游线路的时间安排要恰到好处，既不能只紧不松，一紧到底，也不能只松不紧，冗长拖沓。此外，考虑到游客自身的体力情况，线路安排也要动静结合，在紧张的运动过程中，要有一安排一点放松缓冲的游览节目。在游览过程中，有的游客步行，体力消耗大，就应当适当进行休息，有的游客乘缆车参观，就应该多增加一些参与体验项目，因此在设计中要做到动静交错安排，而不至于过度劳累或过于娴静。

7.冷热结合，旧景点带动新景点

较冷或者新的景点，应与一些热景点和较为成熟的景点相结合，发挥其带动作用，提高整个旅游经济增长点，我们所说的较冷或新的景点不等于是旅游价值小，缺乏特色地的景点，而是一些新的刚开发出来的景点，还需要进一步宣传，扩大其影响力，如果以一些成熟的景点为载体，附加或者考虑以赠送景点的方式来组合了才有线路，带动旅游者来此地观光游览，将对新、冷旅游景点起到很好的推销作用，这样同样丰富了一些旧的旅游线路的内容，增加了游客的新鲜感。

（二）休闲农业旅游线路的设计程序

休闲农业旅游线路设计主要涉及以下三个方面的基本问题：第一，休闲农业旅游的主体，即旅游目标市场的需求如何，这决定了旅游线路设计的目的和方向，即满足旅游者的需求；第二，休闲农业旅游的课题，即旅游资源的属性、环境承载力如何等，其决定了都市农业生态旅游的内容与实质；第三，休闲农业生态旅游的中介媒介，即旅游交通、食宿、和公共媒体等设施的建设情况，它为都市农业生态旅游创造了外部条件，决定了旅游地的接待服务水平。下面就这三个方面进行讨论。

1.旅游客源市场的调查分析

首先要对客源市场规模进行分析，主要包括目标市场的人口基数、城市化状况、年龄阶段等因素；其次，研究目标市场的实际购买力，包括家庭构成、收入、可支配收入等；最后，结合休闲农业旅游地的基本情况，在设计线路时，要考虑旅游者的成本和支出，使其成本最小化、利益最大化，所谓成本最小化是指，在设计旅游线路是，要着重考虑影响旅游者出游的三个基本因子，即时间、距离和旅游花费，使旅游成本达到最小化，而利益最大化。

2.旅游地资源调查分析

首先应对旅游资源的条件，如资源价值特色和功能、资源空间分布规模、资源间的关系等进行分析，了解旅游命目的地的自然环境特征、人文环境特征、不同区域间的自然和人文环境的关联性与差异，明确旅游地资源的竞争力。其次，在此分析的基础上定位旅游资源功能，旅游资源有众多功能，能很好地反映其旅游价值，要充分利用能反映其资源特色的功能，最后，线路的主题定位，即根据旅游资源的特色，确定旅游线路的类型、特点和主题。

3.旅游中介媒体调查分析

旅游中介的信誉和服务水平是吸引客源的保障，将直接影响到旅游线路成本的高低。旅游线路将各个中介媒体有机地联系起来，旅游线路中中介媒体的选择既考虑到线路设计的成本，又要体现出其在旅游过程中给游客提供舒适、安全、便利和快捷服务的作用，从而使游客获得最大的利益。旅游交通要考虑到景区的可达性、主要交通工具、特色交通及价格等；旅游食宿设施的要素因子则与各景点的距离、设施规模、价格和服务水平等有关。

以上关于旅游主体、旅游客体及旅游中间媒介的分析是旅游线路的基础，决定着旅游线路主题的确定、景点的取舍以及旅游活动的通达性等问题，要将这三个方面作为一个整体来分析、整合，根据专家意见及实验分析，选择最优的生态旅游线路，并且通过游客的反馈，不断优化调整旅游线路。

（三）休闲农业旅游商品设计

休闲农业生态旅游商品是旅游产品的一个重要组成部分，旅游商品设计的成功与否不仅关系到当地旅游业经济的发展，还影响着新时期新农村的建设。旅游商品收入是增加当地旅游收入的重要来源，是建设新农村的重要举措，开发出适应休闲农业旅游者需要、有较高文化内涵的旅游商品时蓬勃发展的生态农业旅游的必然需求。

休闲农业旅游商品的设计，应具备休闲农业生态旅游和旅游商品设计的原则，尽量挖掘旅游地自然人文资源的生态文化内涵，创造出体现当地地方特色，具有艺术性、实用性、教育性和纪念意义的生态旅游商品，其设计应该遵循以下四项基本原则。

1.维护生态环境，强化生态意识

要以保护当地自然遗及人文旅游资源为前提，体现旅游地原汁原味自然资源特征及历史文化特色，充分利用当地资源，根据资源的不同特性，有区分的开发设计，如再生能力比较强的资源可以重点开发利用，再生能力比较弱的特色资源则要特别注意控制其开发规模，而对于缺乏再生能力的资源则以保护为主。

2.开发绿色食品，发挥教育意义

发挥生态教育意义是指商品的生产和销售，将资源环境保护知识融入商品中去，发挥其对旅游者的生态教育功能。近些年来由于地球环境污染日趋严重，人们对环境的反思与觉醒导致消费观念也随之改变，绿色生态食品异军突起，都市农业生态旅游地一般都具有优越的生态环境，其大气环境质量、水质量、土壤质量都较高，具备了生产绿色旅游食品的环境条件，利用区内丰富的绿色食品资源，开发绿色旅游食品，发挥旅游商品的生态教育意义。

3.突出文化内涵，创新旅游商品

突出都市农业生态旅游文化内涵体现在将商品的地域特征和历史文化特性两者有机地结合起来，利用生态旅游文化拓宽生态旅游声频反映的内容，创新生态旅游商品。都市农业生态文化具有多面性，既可以用指一定的地域范围内的语言文字、性格特征、社会心理、传统道德、生活方式、哲学思维模式等，也可以指由多种要素综合作用的表现形式，如文学、节庆、风俗、艺术、建筑等，这些都可以作为增加旅游商品文化内涵，创新商品的素材。

4.符合市场需求，生产优质商品

在国内旅游商品市场上，存在很多相同或类似或粗制滥造的商品，这直接损害了旅游地形象，导致了当地民族特色文化的逐渐丧失。因此，在设计旅游商品时，一定要先进行市场调查，根据当地的旅游资源状况，研究不同旅游者对旅游商品的需求情况，积极开发适宜旅游者需求的生态商品，提高商品内在质量和外在质量，树立品牌意识，建立良好的主客关系。

第三节 休闲农业产品创意设计案例

一、山东烟台栖霞苹果贴字创意

贴字艺术苹果起源于山东栖霞，现在各省市苹果产区都有种植。主要包括：节庆祝福系列、爱情果系列、圣诞果系列、婚礼喜庆果系列、民间艺术系列、生日祝福果系列、企业定制系列。该创意被赋予了丰富的人文气息，融艺术情感入苹果，让苹果成为传递情感祝福的媒介，提高了苹果本身的价值。

1.贴字苹果产生发展历史

贴字艺术苹果是栖霞农民的杰作，从1992年开始栖霞果农就在藏家庄镇，蛇窝泊镇尝试种植艺术苹果，经过多年的尝试摸索，栖霞果农终于生产出了健康、时尚、吉祥又满含浓浓胶东文化的贴字艺术苹果，在栖霞艺术苹果的影响下，现在全国多个省份也纷纷开始种植艺术苹果。

2.贴字苹果的关键技术

苹果的着色必须有阳光照射，如果某种不透光的物体在果实表面挡住了阳光，该部位果面就显示原始色（绿色或黄色）。依据这个原理，把字模贴在苹果表面，待苹果充分着色后再取下字模，使字模在果面造成的色差部分与果面着色部分产生对比，看上去字就像“长”在果面上一样了。

①字模的选择。目前生产上主要应用不干胶字膜，要注意字模的质量。不干胶字膜要求做工精细、边缘整齐、不带异味。

②贴字苹果的选择。应选择经济价值高的苹果品种，如红富士、红王将、新红星等，并要求果形端正、高桩，单果重200~250克。

③贴字方法。套袋果要在去袋后进行。操作时，先将果面贴字处的果粉轻轻擦拭，揭开字模贴在果面上。将字膜在果面摆正，然后用两手大拇指从中间向四角展平压实。采摘时将贴有相同字词的苹果集中放置，经分级后用礼品盒包装。

不干胶塑料应贴在果实阳面和背面的结合部位，切不可贴在中午阳光直射的阳面，否则果实产生日灼。贴字时一定要粘贴均匀实在，否则显字效果不好。

3.贴字苹果市场完善

全国各省市苹果优势产区，各地苹果都有自己独特的别处无法比拟的优势，栖霞苹果、花牛苹果、秦冠苹果在国内外都久负盛名。目前各省市艺术苹果的从业者们正在携手一起努力，完善规范艺术苹果这个大市场。

二、北京蝶翅画创意

在北京花露蝴蝶养殖专业合作社的展位，其展示的一幅幅惟妙惟肖的蝶翅画让人赞叹称奇。但是，养殖蝴蝶制蝶翅画仅是这个合作社的产品之一，他们还依托蝴蝶养殖园搞科普教育，同时为婚庆、节会提供蝴蝶放飞等服务项目，每一个项目都带来一笔不菲的收入。

蝶画是纯手工制作的艺术作品，工序多达三十多道，而主要需要经过软化、展翅、干燥等过程。由于蝶翅需要经过严格的甄选才能采用，制作一幅大型蝶画，要采用数百种上万只蝴蝶、耗时经年。中国有蝴蝶一千二百余种，除国家保护品种和珍稀种不能用蝶画外，其他共有五百余种普通蝴蝶可以利用。

蝶画，是利用蝶翅的天生丽质、绢绸丝绒般的质感，不同角度泛出的光泽和自然天成的图案纹理,经过精心构思和巧妙拼贴的画。蝶画以蝶翅组成块面，强调原有外形和斑纹的表现，突出不同品种蝶翅的肌理、图案和金属光泽。蝶画发挥蝶翅网纹的特点，使之与物体的造型结构相吻合，看上去片片蝶翅似有丝绒感，蝴蝶画往往厚重紧密，繁而不乱，一旦置于亮处，光彩夺目。

蝶画制作者在制作蝶画时，选择不同外形的蝶翅巧妙组合，强调结构与色彩的关系，运用疏、密、厚、薄的手法，以充分体现每种蝴蝶翅翼的独特之处。一幅好蝶画作品，往往能体现出作者高超的想象力，扎实的绘画功底和丰富的蝴蝶知识，每一幅成功的蝶画作品，都是不可多得的艺术精品。

重庆民间工艺大师张翔先生将自己精心设计的两幅“巴渝人家”系列蝶画送到了磁器口工艺美术中心。这些蝶画是用上万只蝴蝶粘贴制成。张先生送出的两幅画中，一幅是以黑色蝶翅为材料，绘制了老山城江边的吊脚楼。而另一幅则以黄绿蝶翅为主料，绘制了一幅巴渝山水画。“吊脚楼”一图中每一片瓦都是用不同的蝶翅制成，而透过光线的折射瓦片显出了独特的立体感；而巴渝山水一图中，一草一木均清晰可见，黄绿两种蝶翅又有数不清的细微色差变化，让画面更加斑斓。

思考题：

1.休闲农业产品创意的类型有哪些？

2.休闲农业产品创意的功能有哪些？

3.休闲农业产品创意的特点如何？

4.休闲农业产品设计应遵循的原则有哪些？

5.休闲农业旅游线路设计的原则有哪些？

参考文献

[1] 李卫东，李兴华.聚焦三农，湖南农业科技创新问题的思考，北京：民航出版社，2007. 89–94.

[2] 李卫东，丁桂花，李兴华.发展休闲农业，促进新农村建设[A].湖湘三农论坛[C].北京：红旗出版社，2008.440–447.

[3] 李卫东，丁桂花，等.发展休闲农业，促进新农村建议[J].世界农业，2009，（2）：109–111.

[4] 李卫东，丁桂花.论休闲农业与社会主义新农村建设的融合发展，中国乡镇企业，2013，（6）：50–52.

[5] 李卫东，李兴华.新农村建设过程中休闲农业发展的思考[C].湘·台休闲农业合作论坛论文集[A]，2007（1）：219–224.

[6] 段兆麟. 休闲农业——体验的观点[M].台湾：华都文化事业有限公司，2014.

[7] 郭焕成.我国休闲农业发展现状与对策研究[A].湖南省乡镇企业局、湖南省休闲农业协会.湘·台休闲农业合作论坛论文集[C].长沙：湖南省乡镇企业局、湖南省休闲农业协会，2007（08）.

[8] 章继刚.创意农业学[M].成都：四川出版集团四川科学技术出版社，2011.

[9] 任荣、刘树等.创意农业探索与实践[M].北京：人民出版社，2009.

[10] 胡豹.创意农业发展理论与实践[M].北京：中国农业出版社，2013.

[11] 刘军、邓文等.湖南创意休闲农业发展战略研究[M].长沙：湖南大学出版社，2014.

[12] 史亚军、黄映辉等.小康之路观光农业项目与技术[M].北京：科学普及出版社，2011.

[13] 潘贤丽.观光农业概论[M].北京：中国林业出版社、北京大学出版社，2012.

[14] 史亚军等.城郊农村如何发展观光农业[M].北京：金盾出版社，2012.

[15] 顾鲁同.融入创意为休闲农业注入持久活力[A].农业部农村社会事业发展中心、江苏省南京市高淳区人民政府. 2013 中国（高淳）休闲农业与美丽乡村建设系列活动论文集[C].北京：中国言实出版社，2013.

[16] 段志军，刘崇锦. 休闲农业中长期体系的构建与应用[A].农业部农村社会事业发展中心、江苏省南京市高淳区人民政府. 2013 中国（高淳）休闲农业与美丽乡村建设系列活动论文集[C]. 北京：中国言实出版社，2013.

[17] 都大明.现代酒店管理[M].上海：复旦大学出版社，2008.

[18] 王衍用，宋子千，秦岩. 旅游景区项目策划（2 版）[M].北京：中国旅游出版社，2012.

[19] 葛婷，张建华.对农家乐住宿功能创意开发的思考[J].上海商业，2013，（2）：63–66.

[20] 蒋英.成都饮食文化旅游探析[J].中共成都市委党校学报，2013，（1）：64–69.

[21] 邵万宽.试论地区性美食产品的开发与利用[J].饮食文化研究，2004，（1）：59–65.

[22] 萧庆元，李卫东.经济动物养殖新技术[M].北京：北京农业大学出版社，1993.4

[23] 胡贤良，李卫东.农村实用新技术[M].北京：地震出版社，1994.

[24] 蔡立湘，彭福元，李卫东，等.农村实用技术培训教程[M].长沙：中南大学出版社，2004.

[25] 李劲松，李松青，李卫东，等.农产品简易加工[M].长沙：湖南人民出版社，2005.

[26] 叶晓言.长沙市休闲农业竞争力研究[D].长沙：湖南师范大学，2014.

[27] 牟双艳.湖南省休闲农业发展研究[D].长沙：湖南农业大学，2009.

[28] 白兴平.贵阳市城郊休闲农业问题研究[D].武汉：华中师范大学，2014.

[29] 秦志红.休闲农庄特色营造研究[D].北京：北京交通大学，2014.

[30] 朱永红.泰山风景区观赏蝶类区系及麝凤蝶生物学研究[D].泰安：山东农业大学，2010.

[31] 湖南省乡镇企业局，湖南省休闲农业协会. 湘台休闲农业合作论坛论文集[A]. 2007.

[32] 黄爱莲.乡村旅游与创意休闲农业发展研究[J].安徽农业科学，2011，39(20)：12373-12374，12378.

[33] 孙向军，史东杰，夏艳洁，等.北京市休闲渔业发展探究[J].中国渔业经济，2010，(2)：62-66.

[34] 朱元恩.游乐的概念与分类[J]. 中国集体经济，2013，（35）：65-67.

[35] 况红玲.试论数字视觉创意服务在旅游休闲行业中的运用[J].西部经济管理论坛，2012，（3）：57-60.

[36] 胡丹，张建华.上海农家乐景观美学创意利用初探[J].上海农业科技，2013（5）：18-20.

[37] 侯彬洁，张建华. 试论上海农家乐游乐项目的创意与开发[J].上海交通大学学报，2012，30（5）：78-84，94.

[38] 王衍用，宋子千，秦岩. 旅游景区项目策划（2 版）[M].中国旅游出版社，2012.

[39] 陈世才.玩家创意——旅游产品的设计与创新[M].北京理工大学出版社，2010.

[40] 王志伟.在休闲农业中体验中国农业文明[J].农业科技与信息，2007（9）：24-30.

[41] 孙安民.文化产业理论与实践[M].北京：北京出版社，2005.

[42] 朱道华.农业经济学[M].北京：中国农业出版社，2002.

[43] 冀献民.中国休闲农业的现状与趋势[J].中国农学通报，2007.

[44] 潘贤丽.21 世纪全国高等院校旅游管理系列实用规划教材—观光农业概论[M].北京：中国林业出版社，2009.

[45] 叶美秀.休闲活动设计与规划—农业资源的应用[M].北京：中国建筑工业出版社，2009.

[46] 郑健雄.休闲旅游产业概论[M].北京：中国建筑工业出版社，2009.

[47] 史亚军. 观光农业项目与技术[M]. 北京：科学普及出版社，2008.

[48] 陈红武，邹志荣. 休闲农业概论[M]. 北京：科学普及出版社，2014.

[49] 黄翔，连建功，王乃举.旅游节庆与品牌建设[M].南京：南开大学出版社，2007.

[50] 任荣，刘树，白儁风.创意农村探索与实践[M].北京：人民出版社，2009.

[51] 侯元凯，刘庆雨等.休闲农业怎么做[M].北京：中国农业出版社，2012.

[52] 侯芳梅.民俗概论[M]. 北京：气象出版社，2010.

[53] 黄翔等.旅游节庆策划与营销研究[M].南京：南开大学出版社，2008.

[54] 刘际星.浅析旅游节庆的主题策划方法[J].旅游学研究，2010.

[55] 于森.我国现代旅游节庆的特征[D]，重庆：西南大学，2012.

[56] 严贤春.休闲农业[M].北京：中国农业出版社，2011.

[57] 刘俊.科普旅游资源格局与游客行为[M]. 北京：气象出版社，2013.

[58] 安娜.蓬勃发展的现代农业[M].北京：北京工业大学出版社，2012.

[59] 何丹.科普资源配置及共享的理论与实践[M]. 北京：冶金工业出版社，2013

[60] 李士.科学中心与科普教育基地建设与发展研究[M].合肥：中国科学技术大学出版社，2011.
[61] 郭正兵.现代农业科普读本[M].南京：江苏科学技术出版社，2012.
[62] 孔令亚.科普教育基地模式创新与探索[J].陕西农业科学，2008，（5）：191-193.
[63] 王冬敏，房国达.浅谈科普与农民的科技创新[J].安徽农业科学，2007，（27）：8710.
[64] 李国甫.试论科普在企业技术创新中的作用[J].武汉冶金管理干部学院学报，2006（2）：30-32.
[65] 刘荆洪.科普旅游与休闲农业[J].海口经济学院学报，2011，（3）：17-20.
[66] 江晶，刘学瑜. 北京市农业文化创意产业的主要模式和借鉴启示[J]. 农业经济与管理，2013，（6）12-20.

附 录

1.种植创意——湖南省长沙县开慧镇国际露营基地种植的彩色水稻

2.种植创意——紫油菜与红苋菜的设施种植

3.种植创意——中国台湾的番茄主题农场

4.种植创意——铁皮石斛生态与设施种植

5.林业创意——湖南邵阳双龙紫薇园的创意园林景观“花龙出海”

6.林业创意——湖南省林木种苗繁育示范中心园艺造型“和谐”

7.林业创意——五色杜鹃盆景

8.林业创意——园林造景“音乐会”

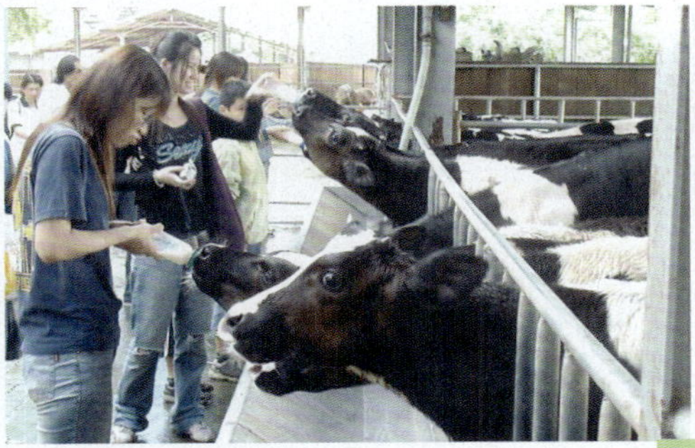

9.养殖创意——中国台湾飞牛牧场

10.养殖创意——香猪与土鸡的生态养殖

11.养殖创意——鳄鱼生态养殖

12.吃的创意——玩偶食物

13.吃的创意——特色菜谱

14.吃的创意——生态餐厅

15.住宿创意——原生态休闲

16.行的创意——瓜棚廊道

17.行的创意——废旧铁路枕木铺成的游路

18.行的创意——浮桥

19.游乐创意——创意瓜果园景观

20.游乐创意——第八届中国花卉博览会景观

21.游乐创意——高山茶园采摘体验

22.游乐创意——中国台湾立川渔场摸蚬体验

23.文化创意——牧童与水牛

24.文化创意——湖南新田孝文化公园

25.文化创意——民俗文化墙

26.节庆创意——舞龙

27.科普教育创意——雏鸭喂食

28.科普教育创意——台湾飞牛牧场的科普画板

29.产品创意——中国台湾金勇 DIY 休闲农场出品的联合国番茄礼盒

30.产品创意——艺术插花“道德经”

31.产品创意——手编工艺猫头鹰

32.产品创意——带字的苹果